Dr. Michelle HAINTZ

HSP - bin ich hochsensibel? Hochsensibilität im neuen Licht

HSP Test und wie man hochsensibel authentisch und glücklich sein kann

Bibliographische Information der Deutschen Nationalbibliothek
Die Deutsche Nationalbibliothek verzeichnet diese Publikation in der deutschen Nationalbibliographie; detaillierte bibliographische Daten sind im Internet über http://dnb.d-nb.de abrufbar.

Umschlaggestaltung: © Angelina SCHULZE und Michelle HAINTZ

Umschlagbild: © Mr Twister - Fotolia 97008260

Autor des Buches: © Michelle HAINTZ

Layout und Satz des Buches: Michelle HAINTZ

Verlag:

Angelina Schulze Verlag
Vor dem Walde 9
38268 Lengede

Schulze-Verlag@gmx.de

www.angelina-schulze.com

Druck und Verarbeitung: Angelina Schulze Druckerei, Deutschland

1. Auflage März 2017

ISBN: 978-3-943729-70-2

Inhaltsverzeichnis

Danksagung

Danke dir, Georg Parlow!
Der Test auf deiner Homepage „Zart besaitet“
hat mir die erste Klarheit gebracht,
dass ich hochgradig hochsensibel und hochsensitiv bin!
Das war damals eine tief bewegende Offenbarung,
der beim Lesen deines gleichnamigen Buches
noch viele andere folgten!
Ich habe mich immer wieder gefragt,
wie ein Mensch, der mich gar nicht kennt,
mich so treffend beschreiben kann ☺.

Danke auch Elaine Aron,
deren Bücher mich noch weiter
in dieser neuen Einsicht bestätigt haben!

Danke all den vielen HSP,
die zu meinen Seminaren und Beratungen gekommen sind
und mir zahllose Gelegenheiten geboten haben,
mein Bild der HSP immer weiter abzurunden
und meinen Blick für diese Anlage zu schärfen!

Danke wie immer auch hier
meiner hochsensiblen und hochsensitiven Tochter
für ihre unermüdliche Unterstützung
bei der Geburt meiner „Wortkinder“!
Aber auch für all unsere gemeinsamen Aktivitäten,
die schon immer so typisch waren für HSP;
was mir allerdings erst nach und nach klar wurde.

Danke meinem HSP Vater jenseits der Schwelle – ebenfalls HSP –
für die vielen Gemeinsamkeiten,
von denen ich noch heute zehren kann!
Möge er auch dieses Buch in die Hände jener begleiten,
die von den darin gebotenen Offenbarungen profitieren können.

Danke den guten Geistern, die dieses Buch Korrektur gelesen
und sicher auch noch ein paar Fehler übersehen haben ☺!

Danke auch hier wieder Angelina Schulze
für all ihren Einsatz und ihre wertvollen Impulse,
die mir immer wieder neue Wege öffnen!

Vorwort

Liebe Leserin, lieber Leser, selten noch habe ich so lange gezögert, einem Thema, das mir so sehr am Herzen liegt, ein Buch zu widmen, wie bei diesem! Einerseits wohl weil ich mich immer wieder gefragt habe, ob es wirklich noch ein HSP-Buch braucht – eines für hochsensible, hochsensitive Personen; und eines über diese Menschen und ihre spezielle Anlage.

Aber das war es offenbar nicht allein. In meiner schreibenden Annäherung an dieses Thema (das mir selbst übrigens erst recht spät in meinem Leben zugekommen ist) hat sich ein Teil in mir ganz stark zu Wort gemeldet – und mich immer wieder zu Vorsicht gemahnt! Jener Teil in mir, der sich so verwundbar, so überaus empfindsam, oft so exponiert, ja geradezu ausgeliefert fühlt. Wie rasch ist eine böse Rezension geschrieben, ein vernichtendes Urteil gefällt!

Das Argument, es gäbe schon genügend Bücher zu diesem Thema, ist leicht zu widerlegen. Ich meine, dass es gerade bei einem noch \`jungen´ Wissen, das in die Welt hinaus kommen soll, gar nicht genug Informationen aus den unterschiedlichsten Quellen geben kann. Einfach weil jede einzelne Sichtweise dem bekannt zu machenden Inhalt eine neue Dimension, neue Aspekte und neue Impulse hinzuzufügen hat.

Und Sie werden sehen: dieser Ratgeber unterscheidet sich in vielem von anderen HSP-Büchern; vor allem weil er Aspekte mit einschließt, die Sie sonst vermutlich nirgends in dieser Kombination finden werden. Daher bringt er aus meiner Sicht tatsächlich eine Komplementierung des Wissens über die HSP, die hoch sensible Persönlichkeit.

So hat mir der Begriff \`Komplementärmedizin´ immer schon besser gefallen als die Bezeichnung \`Alternativmedizin´ – mir liegt einfach das Sowohl-als-Auch mehr als das Entweder-Oder. Daher möchte ich keineswegs mit all den anderen Büchern zum Thema HSP konkurrieren, sondern der bestehenden Literatur eine Ergänzung hinzufügen, eine Erweiterung und hoffentlich für viele eine Bereicherung!

Vielleicht kennen Sie die Geschichte von den Blinden, die in ihrer Beschreibung eines Elefanten in Streit geraten: einer behauptet, der Elefant sei ein längliches, säulenartiges Gebilde mit rauer Oberfläche, das am Boden steht. Daraufhin korrigiert ihn ein zweiter und meint, länglich ja, aber doch ganz dünn; und er würde nicht am Boden stehen, sondern frei in der Luft hängen; und hätte außerdem am Ende eine Art Quaste. Gar nicht, schaltet sich der Nächste ein und beschreibt den Elefanten als eher große, gerundete Fläche mit rauer Oberfläche, ja das wohl; aber von einer Säule sei keine Rede! Und am Boden stehe er schon gar nicht, sondern er würde tatsächlich in der Luft hängen. Absurd, meint der nächste und beschreibt den Elefanten als länglich gebogen und in der Luft hängend, aber weder großflächig noch rau, sondern mit glatter, sehr harter Oberfläche...

Sie sehen schon: alle diese Beschreibungen sind zwar im Einzelnen richtig, aber keine von ihnen zeigt das ganze Bild. So ähnlich empfinde ich als bekennender Bücherwurm unterschiedliche Publikationen zu ein und demselben Thema – jede behandelt bestimmte Aspekte; und erst in der gegenseitigen Ergänzung rundet sich das Gesamtbild ab. Nicht zuletzt weil die Autoren charakterlich und in ihrer Schreibweise unterschiedlich sind. So gesehen möchte ich hier einfach meine, hoffentlich für das Ganze nicht allzu blinde ☺, und dabei recht spezifische Sichtweise dieses komplexen Themas beitragen!

Aber weil es sein kann, dass einigen unter Ihnen dieses Buch als erstes zum Thema HSP in die Hände gefallen ist, möchte ich doch auch einen kleinen Überblick zur Besonderheit hochsensibler und hochsensitiver Menschen in wichtigen Lebensbereichen wie Beruf oder Liebe geben. Sehe dies aber wirklich nur als Appetitmacher und lege Ihnen wärmstens ans Herz, auch jene HSP-Bücher zu lesen, die vor allem diese Themen weit ausführlicher behandeln.

Jeder Autor und jede Autorin wird Ihnen – wohl auch aus eigener Betroffenheit – eine sehr persönliche Sichtweise und damit völlig unterschiedliche Impulse bieten. Und selbst wenn Sie da und dort Wiederholungen finden, sind diese meiner Ansicht nach durchaus sinnvoll; weil wir vor allem durch Wiederholung lernen. So wird Ihnen jedes Buch zum richtigen Zeitpunkt und auf richtige Art und Weise die jeweils richtigen Impulse geben; ich hoffe, auch dieses!

Und da beim Lernen die begleitenden Emotionen (und deren Intensität) wichtig sind, hoffe ich natürlich sehr, vorwiegend positive Stimmungen in Ihnen zu erwecken! Mir ist klar, dass die Botschaft vor allem beim Empfänger entsteht; daher wird es vor allem auf die Resonanz zwischen uns ankommen, ob Sie sich mit mir und meiner Art zu schreiben wohl fühlen. Jedenfalls werde ich versuchen, Ihnen mein Wissen, meine Erfahrungen, Einsichten und Erkenntnisse so zu servieren, dass Sie sich gern von meinem Buffet bedienen und meine vielschichtigen Angebote möglichst widerstandsfrei und mit Genuss verwerten können ☺.

Viel ausführlicher als auf allgemeine Themen werde ich auf meine Spezialgebiete eingehen: einerseits die Hirnphysiologie mit all den wertvollen Erklärungen, die sie uns bietet. Da es für HSP so wichtig ist, sich selbst und die Welt zu verstehen, empfinde ich gerade die hirnphysiologischen Erkenntnisse – und die Aha-Erlebnisse, die sie zu bieten haben – als ungemein wohltuend und hilfreich.

Andererseits biete ich Ihnen einige Instrumente zur vertiefenden Selbsterkenntnis – unter anderem auch HSP-spezifische Einblicke in die Astrologie und die Numerologie. Und zur Abrundung lege ich Ihnen einige von den Spielen ans Herz, die sich bei mir selbst (und all jenen, denen ich sie bisher ans Herz legen durfte) gut zur Blockadenlösung und Potenzialentfaltung bewährt haben.

Nun zum zweiten Argument, dem des Mich-ausgeliefert-Fühlens. Dieses mag merkwürdig klingen für eine Autorin, die bereits mehr als zwanzig Bücher herausgegeben hat. Vor allem dann, wenn diese (und das gilt nicht nur für meine Romane, sondern auch für meine Ratgeber) immer sehr persönlich geschrieben sind und vieles von mir preisgeben. Warum zögert dieser hochsensible und hochsensitive Teil in mir jetzt auf einmal, sich/mich zu öffnen – und damit verwundbar zu werden?

Diese Frage scheint mir eher eine prozess-orientierte zu sein, als eine, die unbedingt eine verbale Antwort fordert – so lasse ich sie tief in mir weiter wirken. Sie mag, so nehme ich an, auch für viele unter Ihnen relevant sein. Vor allem wohl für die extravertierten HSP unter Ihnen; denn diese sind es ja, die immer wieder Gefahr laufen, in ihrer Offenheit – und meist auch Offenherzigkeit – verwundet zu werden.

Daher werden vor allem jene unter Ihnen mich ganz gut verstehen können, deren sehr empfindsame und verwundbare Anlage sich mit der Tendenz zu Extravertiertheit (und vielleicht auch noch mit einer Scanner Persönlichkeit – also einer Vielbegabung) paart. Das ist keine einfache Kombination, nicht wahr? Scheint, als hätten wir uns ganz schön viel vorgenommen für diese Inkarnation ☺!

Damit habe ich schon einen interessanten Punkt angesprochen: es gibt introvertierte und extravertierte HSP; die ihre Anlage jeweils sehr unterschiedlich aus- und erleben. Ich werde in einem eigenen Kapitel näher darauf eingehen.

Daneben gibt es aber auch die eher feurigen, die luftigen, die erdigen und die wässrigen HSP – was jeweils ganz gut aus dem Horoskop zu erkennen ist. Auch damit werde ich mich in diesem Ratgeber befassen; da ich die entsprechenden Zuordnungen und ihre speziellen Charakteristiken bisher noch in keinem HSP-Buch gefunden habe.

Aber auch aus numerologischer Sicht gibt es verschiedene HSP-Typen mit einer jeweils sehr spezifischen Ausprägung ihrer hochsensiblen und hochsensitiven Anlage. Auch diese möchte ich hier etwas näher betrachten; weil mir bisher noch kein Numerologie-Buch in die Hände gefallen ist, das die neun wichtigsten Lebenszahlen in Bezug zur Hochsensibilität setzt.

Sie sehen schon, ich habe mir einiges vorgenommen, was ich in diesem Buch behandeln möchte. Dennoch möchte ich es eher im kleinen Rahmen halten, weil ich die Erfahrung gemacht habe, dass viele Menschen sich von meinen eher umfangreicheren und daher recht dichten Büchern überfordert fühlen – vor allem wohl HSP! Allerdings sehe ich sehr wohl auch noch ein weiteres, ausführlicheres Buch zur Kombination von Astrologie und Numerologie (vor allem in Bezug auf HSP) am Horizont – irgendwann vielleicht…

Einen Wunsch habe ich an Sie – vor allem mein inneres Kind wünscht sich das ☺! Möge es mir gelingen, Sie auf unserer gemeinsamen Wegstrecke möglichst oft zum Lachen, Lächeln oder Schmunzeln zu bringen. Nicht nur weil die damit verbundene Stimmung angenehm und heilsam ist; sondern weil Ihr Lachen, Ihr Lächeln und Ihr Schmunzeln Sie aus dem Höhlenmenschen-Modus in den eines Homo Sapiens Sapiens versetzen. Und erst in diesem können Sie Ihr gesamtes Potenzial als hell strahlendes, liebevolles göttliches Lichtwesen (ja, so sehe ich uns!) erst wahrhaft und authentisch ausschöpfen.

Wenn etwas in diesem Buch Sie zum Weinen bringt, dann möge die damit verbundene Trauer möglichst rasch wieder vorübergehen. Ab und zu braucht es wohl Tränen, um alte Blockaden und Verkrustungen hinweg zu schwemmen! Wer wüsste das besser als eine HSP, die sehr nahe am Wasser gebaut ist ☺. Wenn es Freudentränen sind, dann freut mich das ganz besonders.

Ein weiteres Thema werde ich hier streifen; ausführlich behandle ich es in meinen diversen Büchern dazu: die Anlage als `alleingeborener Zwilling´. Und ich werde Ihnen erklären, warum ich persönlich der Ansicht bin, dass diese Anlage zumindest in den meisten Fällen mit Hochsensibilität, Hochsensitivität und oft auch mit der Vielbegabung einer Scanner Persönlichkeit oder auch mit Hochbegabung vergesellschaftet ist.

Hans Kruppa, den ich sehr schätze, spricht sinngemäß von *„Gesprächen, in denen jeder Satz ein Satz nach vorne ist“*. In diesem Sinne bin ich überglücklich, wenn es mir gelingt, Sie zumindest zum einen oder anderen „Satz nach vorne“, zu motivieren; ja Sie vielleicht sogar zu einem kleinen Quantensprung zu inspirieren.

Aber dieser Autor empfiehlt auch, wir sollten uns keine Türe verschließen, durch die wir nicht zumindest einmal gegangen sind. Dem entsprechend bitte ich Sie um die nötige Toleranz, um mir auch jene Begriffe oder Wendungen nachzusehen, mit denen ich unbeabsichtigt Trigger bei Ihnen auslöse! In persönlichen Gesprächen können wir dieses Phänomen (besonders als HSP) rechtzeitig erkennen; und dann auch die damit verbundenen Missverständnisse sofort klären. Diese Möglichkeit fällt in der Begegnung von Autorin und Leser/Leserin natürlich weg. Daher ersuche ich Sie um Nachsicht, für den Fall, dass etwas von dem, was ich hier schreibe, Sie irritiert, ärgert oder kränkt! Nachsicht mit mir und mit sich selbst.

Manchmal scheint unsere Seele eine andere Person zu `beauftragen´, uralte Trigger bei uns auszulösen – damit wir den Anstoß bekommen, wieder ein Stück weiter in uns selbst hinein zu wachsen. Und wenn mir diese Kassandra-Rolle (gerade als HSP!) meist nicht angenehm ist, so scheint sie doch ein integrierender Bestandteil meines Lebensplans zu sein ☺.

Ihnen wünsche ich beim Lesen viel Vergnügen, die möglichst leichte Umsetzung meiner Anregungen, wohltuende Bestätigung für Ihr So-Sein, erleichternde Einsichten, bewegende Aha-Erlebnisse, neue Perspektiven, sanfte Bewusstseinserweiterung, spannende Erfahrungen mit den empfohlenen Spielen und vor allem ein neues Verstehen aus dem neues Verständnis erwächst – Verständnis vor allem für sich selbst, aber auch für andere!

Zur Einstimmung

Wissen Sie, was ein Schmetterlingskind ist? Haben Sie schon einmal von dieser Krankheit gehört, bei der die betroffenen Kinder eine so überempfindliche Haut haben, dass sie nicht einmal den einfachsten Alltag bewältigen können, ohne ständig schmerzhafte Wunden davon zu tragen?

Nachdem mir meine HSP klar wurde, ist mir der Begriff `emotionales Schmetterlingskind´ in den Sinn gekommen. Und ich glaube, er beschreibt ganz gut, wie wir uns fühlen: körperlich überempfindlich, in unseren Sinnen leicht überreizt, emotional allzu leicht verwundbar und geistig rasch überfordert.

Kommt Ihnen das bekannt vor?

Früher habe ich dieses Gefühl als „meine Nerven liegen außen auf der Haut“ beschrieben und wurde, wie Sie vermutlich auch, immer wieder kritisiert, wenn ich:

☹ allzu rasch in Tränen ausbrach;
☹ wenn ich, wie mir immer wieder an den Kopf geworfen wurde, `wehleidig´ war;
☹ wenn ich Dinge wahrnahm, die andere offenbar nicht fühlen konnten;
☹ wenn ich lieber alleine spielte;
☹ wenn ich in meine Traumwelten flüchtete;
☹ wenn ich so schüchtern war, dass ich mich unter Fremden am liebsten verkochen hätte;
☹ wenn ich durch meine Aufgaben allzu rasch überfordert war;
☹ wenn ich in großen Kaufhäusern kopfscheu wurde;
☹ wenn ich Probleme mit dem Schlafen hatte;
☹ wenn ich schon als Kind sehr am Thema Tod interessiert war;
☹ wenn ich die Erwachsenen mit meinem „warum?“ an den Rand des Wahnsinns brachte;
☹ wenn ich nicht zu viel auf einmal machen konnte
☹ und viele Menschen auf einmal absolut nicht aushielt!

Dann hieß es vorwurfsvoll:
„Was hast du denn schon wieder?“
oder „Was bildest du dir immer ein?“
oder „Du hörst schon wieder das Gras wachsen!“

oder „Mein Gott, bist du eine Mimose!"
oder „Reiß´ dich doch endlich zusammen!"
oder „Träum nicht immer!"
oder „Was du immer alles wissen willst!"
oder „Warum, warum, warum – frag doch nicht so viel!"
oder „Warum schläfst du nicht endlich?"
oder „Hab doch nicht immer so viel Angst!"
oder „Warum heulst du denn schon wieder?"
oder ähnliche Nettigkeiten...

Ging es Ihnen ähnlich?

Wenn Sie sich in diesen Beschreibungen wieder finden, dann nehmen Sie zuerst Ihr inneres Kind in die Arme und trösten Sie es mit aller Liebe, Fürsorge und Aufmerksamkeit, derer es bedarf. Und dann nehmen Sie sich Zeit, um mit dem folgenden Test zu spielen.

Es gibt bereits einige HSP-Tests im Internet; so möchte ich Ihnen auch dazu meine komplementäre Variante ans Herz legen. Daher finden Sie hier, ergänzend zu den typischen HSP-Kriterien, noch zahlreiche weitere; die auch stark für diese Anlage sprechen – wenn Sie sich (zumindest teilweise) damit identifizieren können.

Damit ist dieser Test um vieles umfangreicher und daher nicht nur mal rasch zwischendurch zu machen. Ich habe ihn unter Miteinbeziehung dessen, was ich von Elaine Aron (die als erste dieses Phänomen beschrieben hat) und Georg Parlow gelernt habe, sowie zahlreichen eigenen Beobachtungen (aus meinem eigenen Leben und dem vieler Menschen, die ich begleitet habe) ausgearbeitet. Er erhebt keinen Anspruch auf Wissenschaftlichkeit; denn darin sehe ich nicht meine Aufgabe! Sondern er ist eher empirisch, fast möchte ich sagen „aus dem Bauch heraus" zusammengestellt – wie ein großes, buntes Mosaik. Er beruht auf dem reichen Erfahrungsschatz einer seit vielen Jahren ziemlich bewusst lebenden und viele Menschen beraten und begleitet habenden HSP – die nach wie vor auf der Suche ist; sich in dieser Suche nun aber etwas besser verstehen kann.

Psychologen arbeiten gerade intensiv an wissenschaftlich fundierten Tests, aber Statistik zählte schon während meines Psychologie-Studiums nicht zu meinen Vorlieben ☺, daher überlasse ich sie gern dazu berufeneren Spezialisten. Mir liegt der qualitative Zugang mehr als der quantitative. Dennoch hat es mich sehr gefreut zu hören, dass sich mittlerweile nicht nur Psychologen, sondern auch Psychophysiker intensiv mit der wissenschaftlichen Erforschung dieser Anlage befassen; die meinem Gefühl nach leider immer noch zu sehr Geheimtipp ist! Immerhin hat sich seit dem Jahr 2008, als mir selbst diese Offenbarung zukam, vieles geändert – so berichtet hier in Österreich sogar der öffentlich rechtliche Rundfunk schon darüber!

Neben meiner anderen Zugangsweise und dem größeren Umfang bezieht dieser HSP-Test auch noch eine weitere Anlage mit ein; die meinem Gefühl nach meist mit der Hochsensibilität vergesellschaftet ist: jene als alleingeborener Zwilling oder Drilling.

Dies als davon Betroffener bei sich zu erkennen, scheint mir eminent wichtig zu sein, um das damit verbundene Verlust-Trauma zu heilen. Daher habe ich jene Punkte, die speziell auf den Verlust eines Zwillings hindeuten, mit einem Sternchen markiert. Wenn Sie sich also in vielen dieser besonders gekennzeichneten Punkte wieder erkennen, lege ich Ihnen dringend ans Herz, sich neben Ihrer Hochsensibilität auch mit Ihrer Alleingeborenen-Anlage näher zu befassen.

Dass dieser Test so umfangreich geworden ist, liegt daran, dass wir Hochsensiblen und Hochsensitiven in sehr vielem anders schwingen und eine große Anzahl von speziellen Merkmalen, Indizien und Symptomen aufweisen. Gerade für alleingeborene HSP kann es gar nicht vielfältig und komplex genug sein; wir gehen einfach gern in die Tiefe und achten dabei auf Details, die anderen meist entgehen. Und wenn Sie tatsächlich beide Anlagen in sich vereinen, wird es Ihnen wohl tun, zu lesen, dass Sie in Ihrer Komplexität nicht alleine sind.

Die Funktion dieses Tests sehe ich nicht darin, Ihnen quantitative Angaben und eine valide Prozentzahl zu Ihrer Anlage zu geben. Er sagt Ihnen also nicht, wie wahrscheinlich Sie davon betroffen sind; weil Sie das meinem Gefühl nach gar nicht brauchen. Sie werden das beim Lesen füüüühlen – gerade als HSP!

Jene unter Ihnen, die Freude an Prozentzahlen haben und meine zuweilen überbordende Ausführlichkeit ☺ nicht so schätzen, verweise ich auf die kurzen, bündigen quantitativen Tests!

Meiner Erfahrung nach ist das auch gar keine starre Tatsache. Mir ist nämlich aufgefallen, dass ich bei meinem zweiten Test nach der Lektüre des ersten HSP-Buches weit höher abgeschnitten habe – und das haben mir auch andere bestätigt. Das bedeutet für mich nicht, dass ich im zweiten Anlauf noch hochsensibler und hochsensitiver war; sondern dass ich einfach etwas mehr zu mir selbst und meiner Anlage stehen konnte! Daher empfehle ich Ihnen ja auch, mehrere Bücher zu diesem Thema zu lesen; weil Sie aus jedem wieder Neues lernen und erkennen können.

Wir haben ja leider die Tendenz, allzu sehr an uns selbst zu zweifeln und zu glauben, wir seien falsch und nicht in Ordnung; mit uns würde etwas nicht stimmen – eben weil wir in vielen Situationen anders reagieren als nicht hochsensible Menschen. Daher versuchen wir, diese Anlage eher zu unterdrücken und vor anderen zu verstecken. Und kreuzen dann beim ersten Test eher weniger Punkte an.

Wenn wir dann jedoch lesen oder hören, dass wir mit unserer Hochsensibilität ganz und gar nicht alleine sind – und dass wir sogar so sein dürfen, wie wir sind ☺ –, dann können wir uns in uns selbst hinein entspannen. Und dann erlauben wir uns, auch jene Punkte anzukreuzen, die wir uns beim ersten Durchgang nicht zugestanden haben. Dann lernen wir, mehr und mehr zu uns zu stehen und bekommen beim jedem nächsten Mal ein ausgeprägteres Ergebnis.

Ich glaube, dass Sie in jedem Fall eine HSP sind, wenn Sie dieses Buch lesen und Lust haben, mit diesem Test zu spielen! Und das spricht auch gleich den Zugang an, den ich Ihnen empfehle. Bei meinem Test brauchen Sie nichts anzukreuzen und müssen auch nicht unterscheiden, ob etwas oft, selten oder gar nicht auf Sie zutrifft. Aus meiner Erfahrung war das sehr schwierig – vielleicht auch weil wir uns ohnehin schwer tun mit ad hoc Entscheidungen ☺. Darüber hinaus wollen wir unbedingt immer alles richtig und ja keine Fehler machen; vor allem beim Ausfüllen eines solchen `Formulars´. Diesen Stress erspare ich Ihnen, wenn Sie ähnlich empfinden.

Dieser Test sieht sich nicht so sehr als Mittel zur Diagnose, sondern als eine Art `Lebensabschnitts-Begleiter´ ☺; aus dem Sie auch bei mehrmaligem Spiel damit immer wieder profitieren werden. Nehmen Sie sich daher Zeit, sich spielerisch mit den verschiedenen Punkten zu befassen – erachten Sie sich dessen bitte wirklich als wert!

Spielen Sie immer wieder `Rendezvous mit mir selbst´ – so wie Sie einen interessanten neuen Menschen ja auch immer näher kennen lernen wollen. Und ähnlich wie Ihnen bei einem anderen Menschen, mit dem Sie in Resonanz schwingen, auch vieles bekannt vorkommen mag, werden Sie auch in dieser Selbst-Erkundung viele Aha-Erlebnisse und Ahja-Erlebnisse haben.

Und ich wiederhole sehr bewusst: „Seien Sie sich dessen bitte wert!“, denn ein gesundes Selbstwertgefühl gehört meist nicht zu unseren Stärken. Spüren Sie tief in sich hinein, während Sie die folgenden Punkte lesen und nehmen Sie wahr, ob sie etwas in Ihnen zum Schwingen bringen; und was Sie erleben an Ahas und Ahjas.

Je mehr dieser Beschreibungen auf Sie zutreffen, je öfter Sie dieses „Ja, genau so ist es!“ oder auch „Interessant, das ist mir noch gar nicht bewusst aufgefallen, aber es stimmt!“ in sich wahrnehmen können, umso präsenter scheint mir die hochsensible und teilweise auch hochsensitive Anlage auch bei Ihnen zu sein.

Ja, ich spreche bewusst nicht von `stärker´, sondern von `präsenter´! Präsenter in dem Sinn, als diese Anlage jetzt Ihre Aufmerksamkeit verlangt; weil Ihre Seele offenbar der Ansicht ist, Sie sollten wieder etwas mehr von Ihrem Potenzial in Besitz nehmen. Wir sind doch stets im Fluss; erlauben Sie sich also, mit zu fließen.

Viele Sternchen sprechen aus meiner Sicht deutlich für die Kombination aus HSP und dem frühen Verlust eines Zwillings. In diesem Fall können Sie diesen Verdacht auf unterschiedliche Art und Weise (die ich Ihnen in einem eigenen Kapitel empfehle) verifizieren. Das scheint mir besonders für Alleingeborene wertvoll zu sein, weil Menschen mit dieser Anlage eine ungewöhnlich starke Tendenz haben, alles zu hinterfragen.

Und wenn sich trotz oftmaligen Ja-Gefühls zu diesen Punkten Widerstand in Ihnen regt, dann nehmen Sie auch diesen an. Anfangs ging es mir ähnlich. Mir schien das alles eher spekulativ zu sein; ein spirituelles Konzept ohne reale Auswirkung. Vor allem, wo ich zu jener Zeit noch keine direkte Verbindung zu meinem Bruder hatte.

Aber ab dem Augenblick, wo ich im `Dialog der Hände´ mit meinem jenseitigen Zwillingsbruder verbunden war, konnte ich dank seiner Bestätigung die große Offenbarung, die mir Jahre zuvor zugekommen war, endlich annehmen! Und dann wollte ich diese auch anderen überbringen. Ich empfand diese neue Klarheit als so wertvoll (und empfinde sie nach wie vor so) und dachte, anderen müsse es doch ebenso gehen. Allerdings durfte ich einsehen, dass nicht jeder, dem diese Offenbarung zukommt, auch wirklich sofort bereit ist, sich bewusst damit auseinander zu setzen.

Wenn das bei Ihnen der Fall ist, dann ist vielleicht noch nicht der richtige Zeitpunkt für diese Klärung, die so viele Erklärungen bringt. Haben Sie Geduld mit sich selbst!

HSP Test – bin ich hochsensibel?

Dieser Test bietet Ihnen weit mehr als die Chance, Ihre Hochsensibilität und Hochsensitivität – wie auch Ihre Anlage als alleingeborener Zwilling – zu erkennen! Darüber hinaus kann er Ihnen helfen, sich selbst neu kennen zu lernen; indem er Ihnen viele Faktoren bewusst macht, die Ihnen bisher vielleicht entgangen sind. Teils weil sie Ihnen noch nicht zugänglich waren; teils weil Sie einfach nicht hingesehen haben oder diese (bewusst oder unbewusst) einfach verdrängt haben.

Mir fällt eben ein Bild dazu ein: nehmen wir an, Paris sei Ihre Lieblingsstadt, die Sie schon oft als Tourist besucht und erlebt haben. Und eines Tages lernen Sie bei einem neuerlichen Paris-Besuch einen Franzosen kennen – und vielleicht sogar lieben. Dieser wird Ihnen Gegenden und Plätze zeigen, die Sie noch nie zuvor besucht haben. Abgesehen davon werden Sie in der neuen emotionalen Gestimmtheit auch bereits Bekanntes in einem neuen, helleren Licht sehen und anders erleben! Glauben Sie nicht auch, dass Sie unter den neuen Voraussetzungen Paris auf eine völlig neue Art und Weise kennen und lieben lernen werden?

Darf ich mit meinem HSP-Test eine ähnliche Rolle für Sie spielen? Erlauben Sie mir, Sie auf Kostbarkeiten aufmerksam zu machen, die Sie bisher an und in sich übersehen haben?

Wenn Sie dieses Buch lesen, nehme ich an, Ihre Seele möchte, dass Sie nun näher hinsehen und sich selbst auf einer neuen Ebene Ihrer Entwicklungsspirale kennen und lieben lernen. Sehen Sie das Spiel mit diesem Test also als spielerischen Akt der Bewusstseinserweiterung. Der sich möglichst heilsam gestalten mag!

Körperlichkeit / sinnliche Wahrnehmung

Ich bin schmerzempfindlicher als andere
meine Schmerzschwelle ist vergleichsweise niedrig
*laute Geräusche setzen mich unter Stress **
*ich erschrecke sehr leicht **
*ich hatte schon einmal einen Hörsturz **
*ich habe bereits Phasen von Tinnitus erlebt **

*zuweilen leide ich unter unerklärlichen Schwindelgefühlen **
*ich bin äußerst geruchsempfindlich **
*ich nehme sehr feine Gerüche und Geschmäcker wahr **
*ich genieße subtile Sinneseindrücke **
*oft kann ich nicht richtig durchatmen **
ich reagiere stark auf Koffein und Thein
ich neige zu Allergien und Unverträglichkeitsreaktionen
Hunger trübt meine Stimmung und meine Konzentration
ich habe das Gefühl, ich brauche mehr Schlaf als andere
*ich leide oft an Schlafstörungen **
*oft möchte ich in den Schlaf flüchten **
*ich nehme mehr Feinheiten um mich wahr als andere **
als Kind hieß es: „Du hörst schon wieder das Gras wachsen!“
*mein Körper fühlt sich irgendwie fremd an **
*die eine Körperseite fühlt sich zuweilen wie tot an **
*manchmal habe ich ein Taubheitsgefühl in einer Extremität **
*ich leide (phasenweise / immer) unter chronischer Müdigkeit **
*in der Jugend war mein Blutdruck niedrig, nun ist er zu hoch **
*ich leide unter starken Menstruationsschmerzen **
*ich hatte bereits eine Fehlgeburt **
*ich gerate immer wieder in Todesnähe und Todesgefahr **
*ich habe einen schweren Unfalle nur knapp überlebt **
*Ich habe schon eine schwere Krankheit überlebt **
*eine Energetikerin hat ein Loch in meiner Aura gesehen **

Psychisch / seelisch

*meine Gefühle sind sehr intensiv **
*ich bin extrem empathisch **
*als Kind galt ich als „Mimose“ **
*ich habe viel geweint **
*als Kind war ich sehr zurückgezogen **
*ich habe lieber alleine gespielt **
*ich war oft ganz und gar versunken in meinem Spiel **
*oft hieß es: „Träum nicht schon wieder!“ **
*ich führte oft Gespräche mit Phantasiegestalten **
*niemand hat mich ernst genommen, so habe ich geschwiegen **
*heute kann ich mich kaum noch an meine Kindheit erinnern **
*ich träume sehr lebhaft und intensiv **
*ich erfinde gern Liebe-Geschichten mit Happy End **
*mein Innenleben ist besonders reich und komplex **

Musik – vor allem romantische – bewegt mich tief *
ich bin ein aufrichtiger Mensch
ich bin ein Alles-oder-nichts-Mensch
Gerechtigkeit ist mir sehr wichtig
Stimmungen und Launen anderer beeinträchtigen mich sehr *
ich fühle mich einsam – auch und gerade unter Menschen *
Einsamkeit ist wie ein Lebensthema *
ich habe immer das Gefühl, etwas / jemand fehlt mir *
ich fühle mich unvollständig *
ich bin nicht gern alleine, sondern lieber zu zweit *
ich fühle mich anders als andere *
ich gehöre auch in der Familie nicht wirklich dazu *
ich habe das Gefühl, ich bin nicht richtig *
manchmal glaube ich, hier falsch gelandet zu sein *
ich neige zu Depressionen *
der Gedanke an Suizid ist mir nicht fremd *
ich habe immer wieder Sehnsucht „nach drüben" *
ich fürchte mich in der Dunkelheit *
Nachts habe ich oft Angst bis hin zu Panikattacken *
ich leide unter unerklärlichen Schuldgefühlen *
ich muss mir meinen Platz auf der Erde erst verdienen *
mein Selbstwertgefühl ist schlecht ausgeprägt *
ich fühle mich nie unbeschwert *
mein Leben ist schwer, mühsam und anstrengend *
ich wünsche mir mehr Leichtigkeit *
oft frage ich mich, warum ich leide, wo andere nicht leiden *
da ist immer so eine Grundtraurigkeit, eine Melancholie *
ich habe oft ein unerklärliches Sinnlosigkeitsgefühl *
ich resigniere leicht *
ich leide sehr unter meinen Sorgen um geliebte Menschen *
ich spiele gedanklich oft in Worst Case Szenarien *
ich habe oft das Gefühl, ich muss Katastrophen vermeiden *
ich möchte allen helfen, sie retten *
ich habe das Gefühl, ich lebe gar nicht wirklich *
ich warte ständig, ohne zu wissen, worauf *
ich fühle mich innerlich getrieben *
ich bin kaum je mit mir zufrieden *
ich kritisiere mich selbst sehr viel und streng *
meine Anforderungen an mich selbst sind extrem hoch *
ich bin ewig auf der Suche, und weiß gar nicht, wonach *
ich habe schon verschiedene Therapien durchgemacht *

oft habe ich das Gefühl, ich laufe vor mir selbst davon *
ich fühle mich unverstanden – vor allem in meinem Schmerz *
ich verstehe mich selbst oft nicht *
ich habe ein starkes Bedürfnis nach Kontrolle *
vor allem möchte ich mich selbst kontrollieren *
ich mag keine Überraschungen *
spontan zu sein, fällt mir sehr schwer *
ich spiele das, was ich tun muss, gedanklich durch *

Beruf

ich bin in einem helfenden / heilenden Beruf *
ich habe ein starkes Helfer-Syndrom *
ich kann andere gut aufrichten – mich selbst aber kaum *
oft fühle ich mich ausgelaugt und niedergeschlagen *
wenn ich nicht helfen kann, habe ich sofort Schuldgefühle *
ich mag Berufe, in denen ich andere berühren kann *
generell scheine ich stressanfälliger zu sein als andere *
ich fühle mich ständig im Überlebensmodus *
vor allem Zeitdruck setzt mich massiv unter Druck
mehrere Dinge gleichzeitig zu erledigen, stresst mich
Multitasking ist nicht gerade meine Stärke
ich erledige alles sehr genau
ich habe immer wieder Angst, Wichtiges zu vergessen *
ich bin besonders gewissenhaft *
ich tendiere zu Perfektionismus *
ich muss immer doppelt so gut sein als andere *
unter Druck werde ich verwirrt, fahrig und unkonzentriert *
ich setze sehr hohe Ansprüche an mich selbst *
ich habe Angst, Fehler zu machen *
es macht mich nervös, bei der Arbeit beobachtet zu werden *
ich habe große Angst vor Kritik *
ich fürchte mich vor Bewertung und Verurteilung *
ich habe große Angst, zu versagen *
ich habe das Gefühl, es gar nicht richtig machen zu können *
ich habe immer wieder das Gefühl, nicht gut genug zu sein *
wenn um mich herum viel los ist, reagiere ich gereizt
ich ärgere mich sehr über meine Fehler *
ich habe oft das Gefühl, es alleine nicht zu schaffen *
unter Konkurrenz habe ich Angst, schlechter abzuschneiden *
bei beruflicher Konkurrenz stecke ich zurück *
ich möchte anderen nicht zu viel Platz wegnehmen *

*finanziell habe ich gerade genug zum Überleben **
*ich leide sehr oft unter finanziellen Engpässen **
*ich stehe nicht wirklich mit beiden Beinen im Leben **
*in meinem Leben gab es immer wieder berufliche Misserfolge **
*ich bin schon oft in meinem Streben gescheitert **
*ich glaube, ich stehe mir selbst im Weg **
*ich sabotiere meinen eigenen Erfolg **
*ich habe das Gefühl, ich habe Erfolg nicht verdient **
*nach erfolgreichen Phasen kommen immer Rückschläge **
*ich bin außerordentlich vielseitig **
*es heißt, ich sei kreativ **
*ich gehe mehreren Berufen gleichzeitig nach **
*ich habe viele Begabungen, setze aber die meisten nicht um **
*ich habe viel Phantasie **
*ich lebe nicht das Leben, nach dem ich mich sehne **
*ich kann mich schwer entscheiden **
*ich habe Angst, Wichtiges auszuschließen **
*ich wäge lange ab und erkenne in beiden Wegen den Wert **
*ich kaufe von allem 2 **
*ich habe einen extremen Wunsch nach Symmetrie **

<u>Soziales Umfeld</u>

*in bin extrem empathisch **
*ich kann mich nicht gut abgrenzen **
*ich bin ein Magnet für Arme, Verlorene und Leidende **
*Veränderungen in meinem Leben beunruhigen mich sehr **
*Harmonie ist mir sehr wichtig – im Außen und im Innen **
*ich schlichte gern, wenn es Streit gibt **
*ich möchte immer ausgleichen **
*dabei vergesse ich mich selbst **
*ich bringe andere gern zusammen **
*ich glaube, ich kann gut zuhören **
*ich helfe anderen gern **
*ich möchte wertvoll sein **
*ich hätte gern mehr Wertschätzung und Anerkennung **
*aber ich kann sie nicht gut annehmen **
*oft fühle ich mich, als würde ich eine Tarnkappe tragen **
*ich fühle mich von anderen nicht wahrgenommen **
*ich habe Angst, ausgeschlossen zu werden **
*ich habe große Angst vor Zurückweisung **
*ich wurde schon gemobbt oder gebosst **

*ich stehe nicht gern im Mittelpunkt **
*aber ich möchte beachtet und geachtet werden **
*ich muss mir Beachtung hart erkämpfen **
*ich meide Aufregungen und emotionale Überforderung **
*ich mag keine Filme mit Gewalt- und Horrorszenen **
*bei Hollywood-Stories mit Happy End schwinge ich stark mit **
*Small Talk ist nichts für mich **
*ich mag ernsthafte und tiefe Gespräche **
*Freunde sagen mir, ich hätte die Tendenz zum „Kleben" **
*ich mag Kommunikation, bei der ich Neues lerne **
*in Freundschaften ist mir Qualität wichtiger als Quantität **
wenige gute Freunde sind mir wichtiger als viele oberflächliche
*wenn ich entspannt bin, lache ich auch sehr gern **
*ich möchte ein guter Mensch sein **
*ich möchte die Welt in einem besseren Zustand verlassen **
*ich nehme wie ein Schwamm alles um mich herum auf **
*ein Haustier zu verlieren tut extrem weh **

<u>Liebe / Beziehungen</u>

*ich habe den Eindruck, ich liebe mehr und tiefer als andere **
*vor allem meine erste Liebe war extrem (fast zu) stark **
*in der Liebe suche ich das Große, Ideale **
*eine banale Beziehung interessiert mich nicht **
*ich verliebe mich leicht und sehr intensiv **
*ich habe Sehnsucht nach Nähe, Innigkeit und Intimität **
*aber ich kenne auch die Angst vor Nähe **
*ich bin sehr berührungshungrig **
*ich brauche viel Zärtlichkeit und gebe sie auch gern **
*mein Wunsch nach Geborgenheit ist stark **
*ich möchte meinem Du ganz nahe sein **
*ich möchte mit meinem Du verschmelzen und eins sein **
*in körperlicher Nähe fühle ich mich daheim **
*mein Du ist wie eine Verlängerung von mir selbst **
*ich habe einen intensiven Wunsch, in Kontakt zu bleiben **
*es fällt mir sehr schwer, loszulassen **
*ich lebe gern in Symbiose **
*24 Stunden Gemeinsamkeit ist ok **
*ich schlafe besser zu zweit **
*wenn ich alleine bin, brauche ich mein Seitenschläfer-Kissen **
*ich bin sehr eifersüchtig **
*ich habe extreme Angst, enttäuscht zu werden **

*ich habe Angst, andere zu enttäuschen **
*ich habe oft unerfüllte / unerfüllbare Liebe erlebt **
*ich liebe immer wieder einseitig **
*ich erlebe immer wieder Fernbeziehungen **
*es gab in meinem Leben immer wieder Partnerwechsel **
*ich suche nach der idealen, perfekten andere Hälfte **
*in meiner Beziehung brauche ich Harmonie **
*Konflikte mit meinem Du halte ich kaum aus **
*Schönes ist für mich erst dann schön, wenn ich es teilen kann **
*es fällt mir schwer, mich abzugrenzen **
*ich lasse mich leicht vereinnahmen **
*ich kann nicht gut „nein" sagen **
*ich muss liebenswert sein, um Liebe zu verdienen **
*ich kann mich nicht gut durchsetzen **
*ich wage kaum, Raum für mich zu fordern **
*ich bin leicht zu manipulieren **
*ich habe extreme Angst vor Liebesentzug **
*den Tod eines Nahestehenden kann ich kaum ertragen **
*ich habe generell Angst um meine Lieben **
*Abschiednehmen tut so weh **
*schon Bahnhöfe sind ein Horror für mich **
*ich gebe immer mehr, als ich zurückbekomme **
*ich kann besser geben als annehmen **
*ich hatte schon Beziehungen mit Süchtigen **
*ich erlebe immer wieder Co-Abhängigkeit **
*ich möchte alles richtig machen **
*ich habe ständig Angst, mein Du zu verlieren **
*ich fürchte, verlassen zu werden **
*ich wage nicht, mich ins Glück zu entspannen **
*aus Angst vor dem Verlassenwerden verlasse ich lieber selbst **
*aus Beziehungen werden oft platonische Freundschaften **
*als Frau verstecke ich meine Weiblichkeit **
*als Mann verstecke ich meine Männlichkeit **
*ich habe homosexuelle Tendenzen **

Wie geht es Ihnen nach dem ersten Durchgang dieses Selbstwahrnehmungs- und Selbsterkenntnis-Spiels?
Und haben Sie Lust, nach einer Weile neuerlich ein `Rendez-Vous´ mit sich selbst zu zelebrieren?
Können Sie sich vorstellen, dass Sie dabei wieder neue Einsichten gewinnen?

Warum der Konnex zwischen HSP und Alleingeburt?

Wie erwähnt, bin ich persönlich der Ansicht, dass zumindest die allermeisten HSP sehr früh ein (oder mehrere) Geschwister verloren haben; also das sind, was man als `alleingeborene Zwillinge´ bezeichnet.

Für mich wurde dieser Konnex im Zuge meiner intensiven Beschäftigung mit meiner Anlage als Alleingeborene immer klarer. Das Buch „Alleingeborener Zwilling“, das ich vergangenes Jahr zu diesem Thema herausgegeben habe, war großteils gechannelt; wurde mir also über den `Dialog der Hände´ von meinem verlorenen Zwillingsbruder von jenseits der Regenbogenbrücke durchgegeben.

Erst danach wurden mir viele der Informationen dann auch im Lesen anderer Bücher und vor allem im Ansehen einiger amerikanischer Videos zu diesem Thema bestätigt. Völlig neu war allerdings die Erklärung, warum dieses Phänomen im derzeitigen Stadium der Erde immer häufiger wird – und ich habe sie auch nirgends sonst wieder gefunden.

Ich fragte meinen Bruder, warum manche viele Mehrlinge nur gemeinsam mit ihren Geschwistern inkarnieren; dann aber nicht mit diesen zur Welt kommen, sondern sehr früh sterben. Die Erklärung, die er mir gab, erscheint mir sehr plausibel und fühlt sich für mich sehr gut an! Jene Zwillinge und Drillinge, die binnen weniger Wochen wieder auf die geistige Ebene zurückkehren, würden die Funktion übernehmen, ihre zur Geburt kommenden Geschwister (also die Alleingeborenen) mit ihrer Liebe in die Inkarnation zu begleiten.

Analog dazu begleiten wir einen lieben Menschen, der auf Reisen geht, liebevoll zum Bahnhof oder Flughafen; und geben ihm vielleicht ein Proviantpaket mit. Im Fall der `verlorenen´ Mehrlinge geht es allerdings mehr um einen energetischen Proviant: nämlich LIEBE! Dies sei vor allem deshalb wichtig, erklärte mir mein jenseitiger Bruder, weil im derzeit ziemlich anspruchsvollen Stadium unseres Planeten besonders viel Liebes-Energie nötig wäre. Wir bräuchten diese, um all die Herausforderungen, mit denen wir uns konfrontiert sehen, auch tatsächlich mit der nötigen Reife meistern zu können.

Und so wie wir mit unseren Lieben auch dann noch in Verbindung bleiben können, wenn sie sich irgendwo auf der Welt befinden; so können wir natürlich auch den Kontakt zu unseren früh heimgekehrten Geschwistern halten. Oder bewusst wieder aufnehmen, wenn wir ihn verloren zu haben glauben. Dazu eignet sich vor allem die `Liebes-Brücke´, aber auch der `Dialog der Hände´ – die ich Ihnen hier beide näher bringen werde. Unser Zwilling im Jenseits bietet sich uns als eine Art Begleitengel an, der uns seine Liebe auch weiterhin schenken und uns damit energetisch nähren möchte.

Um Ihnen nachvollziehbar zu machen, warum ich eine so starke Verbindung zwischen diesen beiden Anlagen sehe, möchte ich Sie dazu anregen, sich einmal in ein frühes Stadium der Schwangerschaft zurück zu versetzen. Stellen Sie sich vor, dass Sie da nicht alleine sind. In inniger Nähe und in tiefer Zwilling-Liebe mit Ihnen verbunden ist da dieser zweite Seelenfunke – Ihre zweite Hälfte, wie Sie das als Zwilling empfinden! Dieser durchlebt zumindest für eine Weile die ersten Stadien der Menschwerdung gemeinsam mit Ihnen.

Fühlen Sie in Ihrer Vorstellung, wie eng Sie beide in diesem intimen Wir verbunden sind; in dem Sie sehr stark aufeinander eingestimmt sind und sich tatsächlich als Einheit fühlen. Sie teilen jede Regung miteinander und lernen praktisch vom ersten Augenblick Ihrer Inkarnation an, Ihre Aufmerksamkeit stark auf Ihr Du, Ihre zweite Hälfte zu fokussieren.

Ganz anders der Einling, der die ersten neun Monate seiner Inkarnation mit sich alleine ist; zufrieden in diesem Ich-mit-mir, dieser vitalen Egozentrik; die absolut nichts Negatives hat, sondern für eine allein inkarnierende Seele ein ganz natürlicher Zustand ist. Und sehr gesund für einen Menschen, der sich auf Seelenebene für einen Lebensplan entschieden hat, in dem weder Hochsensibilität noch Hochsensitivität sinnvoll wären; sondern ein starkes und ausgeprägtes Ego vonnöten ist. Diese Menschen werden meiner Ansicht nach niemals diese starke Du-Orientierung (mit allen daraus resultierenden Folgen) an den Tag legen wie alleingeborene Zwillinge oder Drillinge.

Und ich denke, unsere Gesellschaft braucht beide Ausprägungen; keine ist besser oder wertvoller als die anderen! Ich meine nur, wir sollten uns bewusst sein, zu welchem Typ wir gehören – und möglichst auch zu welcher Normvariante unseres Typs. Dabei helfen uns eben die Astrologie, die Numerologie und all die anderen Horizont erweiternden Spiele, zu denen ich Sie hier anregen werde.

Mir ist völlig klar, dass nicht alle HSP mit meiner Sicht der Dinge einverstanden sind – aber ich halte es da mit Vera Birkenbihls: „Let's agree to disagree!". Wer weiß, vielleicht sind Sie nur noch nicht bereit, sich mit diesem Thema zu konfrontieren? Ich habe mich oft gefragt, warum ich so alt werden musste, ehe mir diese große, für mich ungemein wertvolle Offenbarung zuteil wurde. Vielleicht war dies genau der richtige Zeitpunkt in meinem Leben? Und wer weiß, vielleicht ist für einige unter Ihnen genau jetzt der richtige Zeitpunkt gekommen, sodass Sie offen sind für Ihre Offenbarung? Vielleicht ist Ihnen deshalb dieses Buch in die Hände gefallen?

Für mich hat die Klarheit über meine Alleingeburt jedenfalls erst all das erklärt, was ich bisher bloß mit meiner HSP assoziiert und als gegeben angenommen habe – wofür ich aber keine Erklärungen hatte. Und das bedeutet für einen Menschen mit dieser kombinierten Anlage, der alles verstehen möchte, Stress! So konnte ich mir beispielsweise meine quälenden Schuldgefühle, mein mangelndes Selbstwertgefühl und mein ausgeprägtes Helfer-Syndrom vor der Offenbarung meiner Alleingeburt nicht erklären – warum all das???

Aber mit dem frühen Verlust meines Zwillingsbruders wurden mir all die Indizien, Symptome, Charaktereigenschaften und Reaktionen endlich verständlich und nachvollziehbar. Erst aus diesem großen Aha-Erlebnis fand ich das nötige Verständnis für meine „außen auf der Haut liegenden Nerven", für meine extreme Empathie und meine Unfähigkeit, „nein" zu sagen; erst dann konnte ich mir meine Tendenz zur Co-Abhängigkeit, meine Abwehr-Schwäche und meine Suizidgedanken verzeihen. Und ich kann Ihnen versichern: ich fand das höchst erleichternd.

Wie auch immer Sie in diesem Augenblick über meine Sichtweise denken (auch das kann sich ja eines Tages ändern), ich versichere Ihnen: Sie werden auch dann von all meinen Empfehlungen in diesem Buch profitieren, wenn Sie nur Ihre Hochsensibilität und Hochsensitivität ins Auge fassen wollen. Bedenken Sie nur eines: Elaine Aron geht davon aus, dass rund ein Viertel der Weltbevölkerung HSP sind – mit zunehmender Tendenz! Bei den Alleingeborenen gibt es verschiedene Statistiken – wobei mir jene, die auf frühen Ultraschall-Untersuchungen basieren, natürlich verlässlicher scheinen; als jene, die diese erst nach dem dritten Monat durchführen. Die Zahlen variieren zwischen 10% und 80%. Wenn wir einen vernünftigen Mittelwert nehmen, sind wir bei etwas weniger als der Hälfte. Klingt es da nicht logisch und plausibel, dass es eine zumindest weitgehende Deckung zwischen HSP und Alleingeburt gibt?

Wie verifiziere ich meine Alleingeburt?

Wenn Sie Resonanz zu meinen Ausführungen fühlen, dann möchte ich Ihnen hier einige Möglichkeiten vorstellen, wie Sie den Verdacht, in einem frühen Stadium der Schwangerschaft Ihren Zwilling (oder Drillinge) verloren zu haben, verifizieren können; ob Sie also tatsächlich als alleingeborener Zwilling zur Welt gekommen sind. Wenn Sie sich mit vielen der speziell markierten Punkte in meinem Test identifizieren konnten, dann liegt meines Erachtens diese Annahme sehr nahe. Aber erfahrungsgemäß braucht es meist eine Bestätigung dieses Verdachtes; auch wenn die erste Identifikation uns tief berührt und emotional sehr bewegend ist.

Es gibt immer wieder Menschen, die mich anschreiben, nachdem sie mein Buch „Alleingeborener Zwilling" gelesen haben, weil sie sich zwar sehr stark in meinen Beschreibungen wieder finden können; dennoch aber Bestätigung suchen. Hier sind also einige Möglichkeiten, sich diese zu holen. Vielleicht gibt es noch weitere als die hier erwähnten Möglichkeiten; aber aus meiner Sicht bewähren sich diese ganz gut und bringen meist so plausible Argumente, dass das Hinterfragen aufhört.

Zumindest wünsche ich Ihnen dies; denn ich kenne auch Menschen, die in ihren Zweifeln hängen bleiben. Worin ich übrigens auch wieder eine, für Halbzwillinge so typische, Art von Selbstsabotage sehe. Denn so lange wir noch an unserer Anlage zweifeln, kann der Prozess der Heilung noch nicht richtig in Gang kommen – und genau darum geht es doch.

Ihre Anlage als alleingeborener Zwilling kann Ihnen selbst in der Identifikation mit Indizien, die für den frühen Verlust eines Geschwisters sprechen, klar werden. Diese Indizien können Ihnen in einem Buch zukommen, das Sie „zufällig" in die Hand bekommen. Oder über ein Gespräch, das Sie mithören. Sie können sie in einem Vortrag hören, zu dem jemand Sie mitnimmt. Oder in einem Video, das Ihre Aufmerksamkeit geradezu \`magisch´ anzieht. Sie können Ihnen über einen Online-Kongress zu diesem Thema zukommen, zu dem irgendjemand Sie eingeladen hat. Oder über einen Blog, in dem Sie \`zufällig´ gelandet sind. Sie können sie aber auch auf einer Homepage oder in anderen Informationsträgern finden. Ich bezeichne diese \`Zufälle´ als Synchronizitäten und interpretiere sie als Hinweise

Ihrer Seele, die nun möchte, dass Sie sich hier und jetzt mit Ihrem großen (das ist es tatsächlich!) Thema auseinandersetzen.

Der Effekt kann sich dann wie ein `Schuppen von den Augen Fallen´ anfühlen, weil Sie den Eindruck haben, diese Beschreibungen würden geradezu lächerlich auf Sie passen. Wie kann jemand, der Sie gar nicht kennt, Sie so genau beschreiben? Und dem ersten großen Aha-Erlebnis folgen dann unzählige kleine; weil Sie nach und nach erkennen, wie vieles in Ihrem Leben letztlich auf diesen frühen Verlust zurückzuführen ist.

Ein guter Weg, die Anlage als alleingeborener Zwilling zu erkennen, ist eine Familien-Aufstellung unter guter Leitung. Darunter verstehe ich eine Person, die über dieses Phänomen Bescheid weiß und daher die selektive Wahrnehmung auch tatsächlich auf den Verlust eines Zwillings oder mehrerer Mehrlinge richten kann.

Leider weiß ich aus eigener Erfahrung – und vielen mitgeteilten –, dass ein großer Teil der Menschen, die Familien-Aufstellungen leiten, ihr Augenmerk nicht auf dieses Ur-Trauma legen; einfach weil sie noch nichts von dieser Anlage gehört haben. Eine wirklich gute und hilfreiche Aufstellung werden Ihnen aus meiner Sicht vor allem jene Personen bieten, die selbst von diesem Phänomen betroffen sind. Erst dann werden sie Ihnen während und nach der Aufstellung das nötige Verständnis entgegenbringen, das für die Heilung nötig ist. Und glauben Sie mir, viele Aufsteller bringen tatsächlich diese Anlage mit! Nur weiß es erst ein Bruchteil davon; weil dieses Phänomen noch viel zu wenig bekannt ist.

Eine weitere Möglichkeit, diese Anlage zu erkennen, bietet Ihnen der Hinweis eines anderen alleingeborenen Zwillings – sei es im direkten Gespräch, sei es über ein Buchgeschenk. Menschen, die selbst von diesem Phänomen betroffen sind, haben in ihrer besonderen Empathie eine ganz besondere Sensibilität für die Hinweise, Indizien und Symptome, die auf diese Anlage hinweisen. Und weil sie selbst erlebt haben, wie wertvoll diese Offenbarung für ihre eigene Heilung war – und sie als Alleingeborene zum Helfer-Syndrom tendieren –, wollen sie andere Betroffene gern darauf hinweisen.

Manche legen dabei sogar einen gewissen missionarischen Eifer an den Tag. Ich selbst fühle mich oft wie ein `Trüffelschwein´, wenn es darum geht, HSP und Alleingeborene zu erkennen ☺. Allerdings sind nicht alle bereit, sich dieser Offenbarung auch zu stellen – bei beiden Anlagen! Da braucht es oft viel Geduld und Verständnis für das Zögern und die anfängliche Tendenz, diese Hinweise möglichst rasch wieder zu vergessen.

Ihre Anlage kann Ihnen aber auch über eine chiromantische Beratung klar werden. Gute Handleserinnen und Handleser können einen solchen frühen Verlust in Ihrer Hand erkennen; und werden Sie gegebenenfalls auf Ihre Anlage hinweisen.

Eine weitere Möglichkeit ist eine Aura-Diagnose. Da alleingeborene Zwillinge durch diesen Verlust ein mehr oder weniger großes Loch in der Aura haben, kann eine aurasichtige Person einen solchen Verlust erkennen – und wird Sie darauf hinweisen. Auf diese Weise erfuhr ich vor rund zehn Jahren erstmals von diesem Verlust.

Natürlich sollte dieses energetische Loch nach Möglichkeit geschlossen werden; wofür Sie entweder einen Menschen konsultieren können, der die Fähigkeit der Auraheilung beherrscht. Aber Sie können auch selbst in Ihrer Vorstellung Ihre Aura visualisieren und die offenen Stellen schließen – gegebenenfalls unter Mithilfe Ihrer Engel.

Die Anlage als alleingeborener Zwilling kann Ihnen über eine kartomantische Beratung klar werden. Kompetente Kartenleger/innen, die ihr Handwerk verstehen und von diesem Phänomen wissen (und am besten selbst davon betroffen sind), sehen einen solchen frühen Verlust in Ihrem Kartenbild; und werden Sie gegebenenfalls darauf hinweisen. Oft erkennen sie auch, wie Sie weiter vorgehen sollten, um Heilung zu finden.

Auch während einer astrologischen Beratung können Sie einen entsprechenden Hinweis bekommen. Wobei auch da natürlich ein Mensch, der selbst davon betroffen ist, eher seine selektive Wahrnehmung auf dieses Phänomen richten wird; und Sie aufklären kann.

Sie können aber auch durch einen Traum den entsprechenden Hinweis bekommen – vielleicht weil sich Ihr Zwilling von jenseits der Regenbogenbrücke meldet, um Kontakt mit Ihnen aufzunehmen. Dasselbe kann Ihnen während einer Meditation passieren. Oder auch wenn Sie den \`Dialog der Hände´ spielen und vielleicht ahnungslos (oder bereits mit einer vagen Ahnung) abends vor dem Schlafengehen Ihre \`linken Seiten´ schreiben.

Welche Möglichkeiten fallen Ihnen noch ein?

Hochsensibel – hochsensitiv

Auch zu dieser Unterscheidung gibt es verschiedene Ansichten – es gibt Fachleute, die sich intensiv mit dem Thema HSP auseinandersetzen (meist sind das auch selbst Betroffene) und meinen, diese beiden Charakteristiken wären eng miteinander verknüpft. Aber es gibt auch jene, die der Meinung sind, das wäre jeweils etwas vollkommen anderes. Ich möchte mich nicht in diese Diskussion einschalten, möchte Ihnen hier einfach meine Sichtweise – und vor allem mein Gefühl dazu! – darlegen.

Hochsensibilität bezeichnet vor allem eine erhöhte Empfindsamkeit unserer körperlichen Sinnessysteme: Sehen, Hören, Spüren, Riechen und Schmecken; bei denen wir meist bestimmte Schwerpunkte haben. Daher wird etwa in der NLP Ausbildung (NLP = Neurolinguistisches Programmieren) besonderes Augenmerk auf das vorherrschende Sinnessystem gelegt; weil über den dominanten Sinn leichter therapeutischer Zugang (Rapport) zum Patienten zu finden ist.

Wir wissen aber auch, dass erblindete Menschen ihre anderen Sinne schärfen, um ihr optisches Defizit zu kompensieren – daher meist besonders gut hören. Bedeutet das nicht eigentlich, dass sie eine Hochsensibilität der anderen Sinne entwickeln? Wäre Hochsensibilität demnach etwas, das man schulen kann?

Hochsensitivität bezieht sich hingegen auf die metaphysischen Sinne; auf das über unsere fünf Sinne hinausgehende Metaphysische, das Übersinnliche; also das, was man üblicherweise als sechsten und siebten Sinn bezeichnet.

Daraus könnte man auch einen graduellen Unterschied in der Empfänglichkeit ableiten. In dem Sinn als vielleicht jene Menschen, die in Bezug auf ihre körperlichen Sinne besonders empfindsam sind, auch eher dazu tendieren, die anderen Schwingungen wahrzunehmen. Ähnlich einem qualitativ hochwertigen Radioempfänger, der auch Sender mit sehr schwachen Signalen empfängt; dafür aber sehr sensitiv und damit störanfällig ist. In Wahrheit geht es ja immer um Wellen, um Schwingungen, deren Angebot meist ein viel weiteres Spektrum abdeckt, als wir normalerweise wahrnehmen.

Bei Schwingungen unterscheiden wir Frequenz und Amplitude. Das entspräche bei akustischen Signalen der Tonhöhe und der Lautstärke. In beiden gibt es einen verschieden großen hörbaren Bereich. Akustisch hochsensible Menschen hören also auch schon ganz leise Töne; und zu laute Geräusche empfinden sie als unerträglich. Und ihr Gehör nimmt oft auch höhere und tiefere Töne wahr als nicht hochsensible Personen – kurz nicht HSP.

Eine außersinnliche Wahrnehmung wäre beispielsweise die Aura, also das Energiefeld, das unseren Körper umgibt – die mittels Aura-Fotografie ja auch dargestellt werden kann. Und es gibt aurasichtige Menschen, die diese mit ihren Augen sehen können (oder sehen sie sie mit ihrem dritten Auge?); und allerlei, was sich darin spiegelt.

So kenne ich beispielsweise eine Heilerin, die die Familienaufstellung in der Aura erkennen kann. Auch sie hat mir übrigens den Verlust meines Zwillingsbruders bestätigt. Andere (viele arbeiten dann als Energetiker) können die Aura fühlen und durch ihre Absicht sogar gezielt etwas darin bewirken (etwa die Aurachirurgen). Und offenbar gibt es auch feinfühlige Menschen, bei denen das Energiefeld um einen Menschen akustische, olfaktorische und gustatorische Empfindungen erweckt.

Und hier kommen wir in einen Grenzbereich: sind das jetzt hochsensible oder hochsensitive Menschen? Ich denke, sie haben beide Anlagen in sich entwickelt.

Ein weiteres Thema sind Hellsichtigkeit, Hellhörigkeit und Hellfühligkeit. Aber auch die Fernwahrnehmung, die (in Antwort auf die entsprechende russische Spionage) unter der Bezeichnung `Remote Viewing´ vom amerikanischen Geheimdienst zu Zwecken der Spionage eingesetzt wurde; und vermutlich nach wie vor wird.

Und gerade in diesem Zusammenhang scheint es mir interessant zu sein, dass ganz normale Geheimdienst-Mitarbeiter durch intensive Schulung Fernwahrnehmung lernen konnten. Sind diese nun hochsensibel? Oder hochsensitiv? Jedenfalls legt das nahe, dass wir im Grunde alle bis zu einem gewissen Grad diese Anlagen in uns haben – als Potenzial quasi, das wir durch Schulung entfalten können.

Diese Schulung kann ganz unterschiedliche Form annehmen. Beim `Remote Viewing´ gibt es ein akribisch zu verfolgendes, recht strenges Protokoll, das man abarbeiten muss, um sich Zugang zu dieser Fernwahrnehmung zu verschaffen. Aber es gibt, vor allem im englischsprachigen Raum, auch diverse Hellseher-Ausbildungen, die eher einen meditativen Zugang lehren.

Daraus ergibt sich für mich die Annahme, dass wir alle diese beiden Anlagen als Potenzial in uns angelegt haben; aber je nachdem, wie unser Leben sich gestaltet, werden wir dazu angeregt, dieses zu entfalten – oder eben nicht.

Dennoch scheint es Menschen zu geben, die diese Anlagen leichter zurücknehmen können. Und wenn wir der offiziellen Angabe glauben dürfen, dann ist das die überwiegende Mehrheit. Derzeit geht man davon aus, dass diese Anlage der HSP zwanzig bis fünfundzwanzig Prozent der Bevölkerung (und zwar quer über den Globus, also in allen Kulturen und bei Frauen und Männern gleichermaßen) betrifft.

Derzeit! Denn ich glaube, wir werden mehr; was leicht an den `neuen Kindern´ zu beobachten ist. Diese Tatsache beruht meinem Gefühl nach aber auch darauf, dass mehr und mehr Menschen ihr Potenzial entdecken und dann auch entfalten. Und wenn dieses Buch (und die weiteren, die ich zu diesem Thema noch im Kopf habe) dazu beiträgt, dann bin ich höchst dankbar. Denn, ohne das jetzt zu werten, glaube ich, dass unser Planet mit den neuen Herausforderungen weit mehr von uns braucht. Auch und vor allem in Führungs-Positionen!

Aber in der Folge möchte ich mich in diesem Buch weniger mit der Theorie befassen als mit der Praxis – also mit den Konsequenzen aus dieser Anlage für unser Leben; und den besten Umgang damit.

Der erste wichtige Schritt scheint mir zu sein, uns in unserem So-Sein anzunehmen und uns mit dieser besonderen Anlage anzufreunden. Damit meine ich auch den derzeitigen Stand unserer Entwicklung. Weil ich, wie gesagt, annehme, dass wir alle diese Anlagen potenziell in uns tragen. Allerdings scheinen mir manche dafür talentierter zu sein, diese Anlagen auch zu entfalten. Anders ausgedrückt scheint mir bei manchen dieses Potenzial leichter zugänglich zu sein – und demnach einfacher und rascher zu entfalten. Bei einigen scheint es geradezu nach Entfaltung zu schreien.

Andere Menschen sind gut darin, diese Anlage zu blockieren, nicht zum Zug kommen zu lassen – und fast hätte ich `leider´ geschrieben. Aber ich möchte das wirklich nicht werten; denn es gibt Berufe, die für unsere Gesellschaft wichtig sind, für die eine hochgradige HSP ganz und gar nicht geeignet ist. Wer würde sich dafür `opfern´, wenn wir alle unsere Anlage als HSP voll entwickelt hätten?

Allerdings kann ich mir vorstellen, dass ein Mensch, der sein ganzes Berufsleben als non HSP absolviert hat, im höheren Alter und befreit von seinen Verpflichtungen ähnlich einem Perlenfischer in die Tiefe seines Wesens taucht, um seine Hochsensibilität und Hochsensitivität aus dem Dornröschenschlaf zu wecken. Warum sollte das nicht möglich sein? Und ich glaube, diese Vision betrifft vor allem Männer, die sich mit dieser Anlage in unserer Gesellschaft naturgemäß noch schwerer tun als Frauen.

Sie sehen also, ich glaube eher an die Theorie, dass wir alle diese Anlage theoretisch zugänglich hätten, aber der jeweilige Lebensplan eine frühere oder spätere Entfaltung dieses Potenzials nahe legt. Bei manchen Menschen in diesem Leben vielleicht auch gar nicht; und andere wiederum kommen schon mit einer so stark ausgeprägten Veranlagung zur Welt, dass sie ihre HSP gar nicht blockieren und unterdrücken können.

Dazu zählen vor allem die bereits erwähnten `neuen Kinder´, die als `Indigos´, `Kristall-´ oder `Regenbogenkinder´ bezeichnet werden. Bei den meisten dieser Kinder ist es gar nicht möglich, ihre Anlage zu unterdrücken. Was bei vielen Menschen früherer Generationen im Zuge ihrer Erziehung durchaus passieren konnte – und wohl nach wie vor geschieht; vor allem in der westlichen Welt.

Ich glaube, als Kinder hatten wir alle einen viel direkteren und entspannteren Zugang zu diesen transzendenten Realitäten. Daher nehmen alleingeborene Zwillinge in ihrer frühen Kindheit ihre zweite Hälfte im Jenseits auch meist noch wahr – als einzige. Zumindest so lange, bis man ihnen diese Wahrnehmung abgewöhnt. Den Kindern der neuen Zeit ihre Feinwahrnehmung abzuerziehen ist meiner Erfahrung nach gar nicht möglich.

Und das spricht meiner Ansicht nach dafür, dass die Welt mehr und mehr dieser entblockierten und voll entfalteten HSP braucht! Und das ist wohl auch der Grund dafür, dass mehr und mehr Seelengeschwister ihre zur Geburt kommenden Zwillinge in die Inkarnation begleiten. Daher gibt es nach meiner Erfahrung auch immer mehr alleingeborene HSP.

Und wenn Sie zu diesem Buch gegriffen haben, habe ich stark den Eindruck, dass Sie einer von uns sind. Willkommen im Club ☺!

Introvertierte und extravertierte HSP

Wie bereits erwähnt, gibt es unter den HSP einerseits die eher introvertierten und andererseits die mehr extravertierten – laut Elaine Aron ist die Verteilung etwa 70% zu 30%.

Und an sich scheint die Introversion besser zur Hochsensibilität zu passen. Die Vermeidung größerer Menschenansammlungen; die Vorliebe für wenige, dafür enge und vertrauenswürdige Freundschaften, in denen Verständnis und gegenseitige Unterstützung Priorität haben; die vorwiegende Ernsthaftigkeit in Gesprächen, bei denen ihnen das Zuhören wichtiger ist als das Reden; das rege Interesse an Philosophie und dem Sinn des Lebens; die starke Wendung nach innen in der tiefgehenden Auseinandersetzung mit ihrer komplexen Gefühlswelt und ihren inneren Kämpfen und Ambivalenzen – all das reduziert die Gefahr der Überstimulation von außen.

Andererseits suchen HSP ständig nach neuen Reizen, um ihr besonders dichtes Nerven-Netzwerk mit Eindrücken zu füttern; was vor allem bei introvertierten HSP eine Gratwanderung ist, weil sie allzu leicht in die Überstimulation geraten. Daher sind viele HSP in Gesellschaft lieber die stillen Beobachter und guten Zuhörer; haben dabei aber immer einen großen Teil ihrer Aufmerksamkeit nach innen gerichtet, um die äußeren Eindrücke zu verarbeiten.

Small Talk ist den Introvertierten ebenso zuwider wie Selbstdarstellung. Sie sind nachdenklich und äußern sich erst dann zu einem Thema, wenn sie es genau reflektiert und emotional durchleuchtet haben. Dabei ist Ihre Ausdrucksweise stets vorsichtig und bedacht. Ihre Kraft schöpfen sie vorwiegend aus Zeiten des alleine Seins; in denen sie ganz und gar bei sich sind.

Vor allem introvertierte HSP haben die Tendenz, ihre Gefühle nur gegenüber sehr nahe stehenden Menschen auszudrücken. Da sie allzu oft erlebt haben, dass sich andere von ihrer starken Emotionalität irritieren lassen, nehmen sie sich eher zurück und verstecken sich gern hinter einer unverfänglichen Maske; vor allem auch um sich vor der Zurückweisung durch normalsensible Menschen zu schützen.

Extravertierte HSP sind geselliger und haben eher einen größeren Freundeskreis – aber auch sie achten sehr auf Qualität. Sie tun sich in Gruppen leichter als die Introvertierten und bringen sich auch gerne aktiv ein. Mit Fremden haben sie weniger Probleme; und es fällt ihnen auch nicht so schwer, anderen zu vertrauen. Sie sind umgänglich und ihre Gespräche sind leichter, heiterer und vergnüglicher. Im Ausdruck ihrer Gefühle müssen sie nicht unbedingt so sehr in die Tiefe gehen wie die Introvertierten.

Nach außen gewandte HSP empfinden verbalen Austausch als inspirierend und sind fasziniert von der Auseinandersetzung mit interessanten Menschen. Manche sind richtig enthusiastisch und schaffen es, auch andere zu begeistern und zu motivieren; allerdings brauchen sie dann wieder Ruhe, um all die neuen Impulse zu verarbeiten.

So leben extrovertierte HSP oft in einem ständigen Hin und Her zwischen starker, nach außen orientierter Lebendigkeit und erschöpfter Reizüberflutung, aus der auch sie sich lieber zurückziehen. Das ist auch nach einem langen arbeitsreichen Berufsalltag wichtig, von dem sie sich in ihrer Außenorientierung leichter überstimulieren lassen als introvertiertere. Man könnte diese ambivalente Anlage also als ambivertiert bezeichnen, eine Mischung aus intro- und extravertiert; weil auch diese HSP neben ihrer lebhaften Extraversion immer auch einen introvertierten Anteil in sich haben.

Ohne das zu werten, möchte ich bemerken, dass die Introversion der Hochsensibilität und vor allem Hochsensitivität eher entgegen kommt als die Extraversion. Denn Menschen, die sich gern und viel in ihr Refugium (sowohl in ihre eigenen vier Wände, als auch in ihr eigenes Inneres) zurückziehen, sind einerseits nicht so sehr belastender Überstimulation ausgesetzt. Zumindest nicht der von außen; ihr Inneres ist komplex genug! Andererseits laufen sie auch nicht so sehr Gefahr, von anderen verletzt, kritisiert, be- und verurteilt zu werden – was für HPS generell ein starker Stressor ist.

Mir scheint daher die extravertierte Variante etwas anspruchsvoller zu sein – wenngleich Menschen dieser Ausprägung vielleicht mehr in der Welt bewegen können. Meiner Erfahrung nach sind es vor allem die extravertierten HSP, die in ihrem starken Gerechtigkeitssinn und Idealismus den Wunsch haben, die Welt zu einem besseren Ort zu verändern. Und es sind vor allem hochsensible und hochsensitive Menschen, die die Menschheit in eine neue Richtung motivieren.

Das bisher Geschilderte umschreibt eher die allgemeine Sicht auf Extra- und Introversion. Ich möchte Ihnen hier jedoch noch eine weitere, etwas differenziertere Unterscheidung vor Augen führen, die ich über die Astrologie gelernt habe. Sind Sie bereit, noch etwas weiter in die Tiefe zu gehen?

Die Intro- oder Extraversion kann sich nämlich einerseits auf die psychische Stellung zum Außen (zu anderen Menschen, Dingen, Situationen, Tatsachen, Ereignissen) beziehen; dabei geht es vor allem um die Richtung, in die sich die gefühlsmäßige und intellektuelle Wahrnehmung wendet. In diesem Sinn werden introvertierte HSP ihre Rezeption vor allem auf ihr eigenes Innenleben richten; während extravertierte HSP sich mit ihren Wahrnehmungsantennen vor allem nach außen hin orientieren.

Auf der anderen Seite gibt es jedoch auch eine willensmäßige Intro- oder Extraversion. Diese richtet den Schwerpunkt der Aktivität jeweils nach innen oder nach außen. In diesem Sinne neigen extravertierte HSP eher dazu, ihre Ideen praktisch umzusetzen; also auf den Boden zu bringen. Sie verflechten sich aktiver mit den äußeren Vorgängen und pflegen einen lebhafteren Austausch mit der äußeren Welt. Willensmäßige Introversion neigt hingegen zu stillerer Lebensführung, zum In-sich-hinein-Leben; und oft auch zur Wendung ins Seelisch-Geistige.

Und natürlich können diese beiden Formen der Intro- und Extraversion innerhalb einer Person jeweils in die gleiche Richtung weisen. Das wäre dann auf der einen Seite die sowohl rezeptiv als auch willensmäßig introvertierte hochsensible Persönlichkeit, die sich in Form der zurückgezogen lebenden Künstlerseele oder als der „zerstreute Professor“ manifestiert kann; allerdings finden wir hier auch die ihrer Sucht verfallene HSP, die nur mehr in ihren Visionen lebt.

Auf der anderen Seite haben wir die sowohl rezeptiv als auch willensmäßig extravertierten hochsensiblen Personen. Das sind die guten Zuhörer, die sich zugleich aber auch als gute Empfehlungsgeber erweisen. Das sind Menschen, deren Helfer-Syndrom stark ausgeprägt ist; die aber auch zur Co-Abhängigkeit neigen. Natürlich verarbeiten auch sie das im Außen Wahrgenommene intensiv auch in ihrem Inneren; aber meist liegt es ihnen sehr am Herzen, ihre Schlussfolgerungen, Einsichten und Erkenntnisse auch mit ihrem Gegenüber zu teilen. Sie wollen die Impulse, die sich aus der Kombination von inneren und äußeren Wahrnehmungen ergeben, auch tatmäßig umsetzen; also real verwirklichen.

Parallel dazu gibt es Interessanterweise aber auch Mischformen, die auf den ersten Blick mehrwürdig ambivalent wirken. In Wahrheit sind das aber jeweils Normvarianten, die unser Menschsein vielfältiger machen und unsere Gesellschaft enorm bereichern! All das können wir bei näherem Hinsehen übrigens auch über die Verteilung der Planeten im Horoskop erkennen.

So kann ein Mensch rezeptiv introvertiert (mit seinen Wahrnehmungsantennen also vor allem nach innen gewandt), willensmäßig aber eher extravertiert sein. Er handelt dann also durchaus aktiv auch nach außen hin; richtet sich dabei aber vorwiegend nach Impulsen, die er aus seinem eigenen Inneren schöpft. Dabei hat er die Tendenz, sich in seiner Rezeption mehr oder weniger nach außen hin abzuschotten und zeigt nicht selten ein undurchschaubares Pokerface.

Umgekehrt können Menschen in ihrer Rezeption vor allem nach außen gewandt (also extravertiert), gleichzeitig aber willensmäßig introvertiert sein. Sie richten dann ihre Wahrnehmungsantennen vorwiegend nach außen; agieren dabei aber nicht so sichtbar nach außen, weil sie sich in ihrem Tun und ihrer vorwiegend geistigen Aktivität vor allem in ihrem Inneren verwirklichen.

Das sind Menschen, die sich ganz besonders in ihrer Persönlichkeitsentwicklung engagieren und sich dafür Impulse auch oder vorwiegend von Außen holen. Das können aber auch Eigenbrötler sein, die sich Impulse und Informationen vor allem aus dem Internet holen, um dann als stille Forscher ungemein wertvolle Entdeckungen zu machen und der Welt zu schenken.

Auch sie sind gute Zuhörer und Zuhörerinnen, bringen sich im Gespräch aber nicht so stark ein. Sie verarbeiten das, was sie von anderen hören und auf andere Art und Weise wahrnehmen, vor allem indem sie es mit den Prozessen in ihrem Inneren abgleichen.

Habe ich Sie mit dieser Beschreibung verwirrt?

Nun, ich hoffe, nicht allzu sehr, denn es geht noch weiter! Wir – und ganz besonders wir HSP! – sind nicht starr in einer Charakterisierung gefangen! Und dies umso weniger, je entwicklungsfreudiger wir sind; je mehr wir also bereit sind, an uns zu arbeiten – zumindest hätte ich das früher so formuliert. Heute sage ich lieber: je mehr wir bereit sind, mit uns zu spielen und unsere Persönlichkeit weiter zu entwickeln.

Ich beobachte immer wieder, dass es Menschen gibt, sie sich kaum verändert haben, wenn ich ihnen nach Jahren wieder begegne. Und andere wandeln sich von Mal zu Mal, wo ich sie sehe; auch wenn das recht regelmäßig und in eher kurzen Abständen ist. Und ich möchte das gar nicht bewerten, weil ich an einen Seelenplan glaube, in dem auch vorgesehen ist, ob die jeweilige Inkarnation eher einfach, geradlinig und unkompliziert ist; oder eher einer vielschichtigen Hochschaubahn mit vielen Höhen und Tiefen, mit Loopings und Sprüngen, mit Aufstiegen, denen mancher Fall folgt und Ähnlichem gleicht. Ein solches Leben wird vermutlich mehr Transformation fordern und zugleich fördern und bewirken.

Und meiner Erfahrung nach gehören HSP generell eher in die zweite Kategorie. Was zugleich bedeutet, dass sie entwicklungsrascher sind und in ihren verschiedenen Lebensphasen die extremen Pole oft mehr ausloten! Auch das ist übrigens astrologisch zu verifizieren.

Was heißt das jetzt in unserem Zusammenhang? Auch unsere Zugehörigkeit in eine der vier Ausprägungen in Bezug auf Intro- und Extraversion ist kein starres \`so ist es und so bleibt es ein Leben lang´; im Gegenteil. Es gibt Phasen, in denen die Introvertierten sich mehr nach außen orientieren – sowohl rezeptiv als auch willensmäßig; um dann aber wieder in ihren Kokon zurückzukehren. Und es gibt Phasen, in denen Extravertierte sich in sich selbst zurückziehen und für eine Weile fast wie in sich selbst gefangen scheinen; um dann wie Phoenix wieder aus der Asche zu steigen und von Neuem aufzublühen – und im wahrsten Sinn des Wortes \`hinaus zu blühen´.

Daher empfehle ich Ihnen, sich einerseits selbst in einer dieser verschiedenen Kategorien wieder zu finden – und zwar so wie Sie sich hier und jetzt einschätzen. Lassen Sie sich auch dafür Zeit, denn ich denke, die Auseinandersetzung mit diesen verschiedenen Charakterisierungen schenkt Ihnen wertvolle Einsichten, die den Aufwand durchaus lohnen. Fragen Sie sich:

Fühle ich mich generell eher als introvertierte HSP?
Oder eher als extravertierte hochsensible Persönlichkeit?
Richtet sich meine Wahrnehmung eher nach innen?
Oder bin ich rezeptiv eher extravertiert?
Richtet sich meine Aktivität eher nach innen?
Oder bin ich willensmäßig eher extravertiert?

Orientiere ich mich in beiden Funktionen in dieselbe Richtung?
Oder bin ich eine Mischung?
Rezeptiv introvertiert und willensmäßig extravertiert?
Oder rezeptiv extravertiert und willensmäßig introvertiert?

Selbstverwirklichung setzt aus meiner Sicht Selbsterkenntnis voraus! Und wenn Sie eine erste Standortbestimmung gemacht haben, beobachten Sie sich auch weiterhin. Sie werden sehen, das bleibt nicht immer konstant, da gibt es phasenweise Änderungen, die Sie übrigens sowohl numerologisch, als auch astrologisch verifizieren können. Wenn Sie sich und Ihre Entwicklung in Bezug auf Ihre persönlichen Jahre und Ihre Jahreshoroskope beobachten, wird Ihnen manches Aha-Erlebnis helfen, sich in Ihren Handlungen und Reaktionen um vieles besser zu verstehen. Und mit der entsprechenden Bewusstheit können Sie Ihr aktuelles Potenzial auch leichter und weiter entfalten.

Desgleichen scheint es mir auch sehr wertvoll zu sein – und Ihnen mehr Klarheit (auch über sich selbst) zu schenken –, auch Menschen Ihrer Umgebung in ihren Reaktionen zu beobachten und in Bezug zu diesen verschiedenen Kategorien zu setzen; zumindest so weit Ihnen das möglich ist. Denn auch hier werden die Grenzen fließend sein – die wenigsten Menschen sind und bleiben nur das eine oder das andere. Auf diese Weise werden Sie vor allem Ihre hochsensiblen Partner, Kinder, Freunde und Kollegen besser verstehen; und können leichter mit Verhaltensweisen umgehen, die Sie ohne das nötige Verständnis vielleicht unter Stress gesetzt hätten.

Hochsensibles GEHIRN

Manche von Ihnen mögen sich nicht so sehr für die Funktionsweise Ihres Gehirns interessieren, dann überspringen Sie dieses Kapitel einfach. Andere hingegen wollen gern die Hintergründe verstehen – und meiner Erfahrung nach sind das vor allem HSP. Wenn das auch für Sie gilt, dann habe ich dieses Kapitel für Sie geschrieben ☺!

Wir wissen heute, dass unser Gehirn ein sehr komplexes und extrem plastisches Netzwerk ist. Jede Erfahrung, die wir machen, jede Emotion, die wir erleben, jeder Gedanke, mit dem wir uns befassen, jede Begegnung mit der Energie eines anderen Menschen verändert unser Gehirn. Alles, was wir tun, denken oder fühlen, hinterlässt Spuren in dem \`vibrierenden elektrischen Netzwerk´, als das Hirnphysiologen unser Gehirn heute gern bezeichnen. Bei jedem Wort, das wir hören, lesen, sagen oder denken, saust ein elektrischer Impuls durch eine Reihe bestimmter Nervenzellen.

Hirnzellen, die gemeinsam \`feuern´ (also aktiviert werden) haben die Tendenz, sich zu verbinden. So werden neue Gehirnbahnen etabliert oder – bei Wiederholung – bestehende Bahnen verstärkt. Auf diese Weise wird unser Gehirn praktisch ununterbrochen durch innere und äußere Eindrücke umgestaltet und modelliert. Daher wird Ihr Gehirn nach dem Lesen dieses Buches nicht mehr dasselbe sein wie davor – ebenso wie meines nach dem Schreiben ☺.

Allerdings ist unser Gehirn in der Kindheit noch am leichtesten zu modellieren; daher sind unsere frühen Prägungen besonders stark wirksam. Die Theta-Wellen, in denen unser Gehirn zu dieser Zeit großteils schwingt, stehen für eine Art hypnotischen Zustand, in dem unser Unterbewusstsein sehr leicht zu beeinflussen ist. Wenngleich wir bereits mit einer gewissen Verdrahtung unserer Gehirnzellen zur Welt kommen (auch unsere Erfahrungen im Mutterleib haben ja ihre Spuren hinterlassen; und daneben gibt es auch angeborene Prägungen), wird unser entwicklungsgeschichtlich jüngster und für unser Menschsein wichtigster Gehirnteil – unser Stirnhirn – vorwiegend erst im Laufe unserer Kindheit und Jugend verdrahtet.

Unser Stirnhirn macht volumenmäßig mehr als ein Drittel unseres gesamten Gehirns aus und ist der Hauptsitz des Homo Sapiens Sapiens. Von hier aus wird unser bewusstes Verhalten in der Außenwelt gesteuert; hier sind unser Selbstbewusstsein und unser Selbstbild gespeichert; hier sind unsere höheren kognitiven Funktionen verankert; hier kreieren wir Ziele und Visionen; hier schmieden wir unsere Zukunftspläne; hier ist auch der Sitz unserer Humanität, unseres moralischen Bewusstseins und Gewissens; hier erwacht vor allem auch unser freier Wille; hier treffen wir unsere Entscheidungen und hier sitzt unser Humor. Auf diesen werde ich etwas später noch näher eingehen.

Auch die Fähigkeit, unsere Aufmerksamkeit bewusst zu lenken, also die Fähigkeit zur Selektion, ist im Stirnhirn verankert. Nur leider ist dieser Teil unseres Gehirns unter Stress ausgeschaltet; was Stress für uns noch fataler macht. Die Fähigkeit, uns bewusst auf einen Ausschnitt des enormen Informationsflusses, der ununterbrochen auf uns einstürmt – und der uns HSP noch weit mehr beeindruckt als normal sensible Menschen! – zu fokussieren, ist für uns ganz besonders wesentlich; ja eigentlich überlebenswichtig. Speziell für die Extravertierten unter uns!

Unsere bewusste Aufmerksamkeit ist praktisch immer selektiv. Damit vermindert die Konzentration auf einen Fokus (etwa einen Sinnesreiz) automatisch die Aktivität in Hirnarealen mit anderen Aufgaben (wie anderen Sinnessystemen). Ist Ihnen schon einmal aufgefallen, dass Sie unwillkürlich die Augen schließen, wenn Sie besser hören, eine besondere Speise kosten und intensiver schmecken oder den köstlichen Duft einer Blume oder eines geliebten Menschen möglichst unbeeinträchtigt riechen wollen?

Und nehmen Sie wahr, welche Geräusche um Sie herum zu hören sind, welcher Geruch den Raum erfüllt, wie Ihr Rücken an der Lehne anliegt oder wie Ihre Füße am Boden stehen während Sie dieses Buch lesen? Höchstwahrscheinlich nicht – zumindest bis zu dem Augenblick, in dem ich Sie darauf aufmerksam gemacht habe ☺. Einfach weil während des Lesens Ihre Berührungszentren und Ihre Hörrinde und Ihr Riechhirn weitgehend `ausgeschaltet´ sind.

Diese Selektion – und damit die weitere Gestaltung unseres Gehirns – steht unter der Kontrolle unseres Stirnhirns. Dieses fungiert, wenn es aktiv ist, wie eine Art Wächter über die eingehenden Sinnesreize. Es entscheidet, was im Moment wichtig ist und verstärkt werden sollte; unterdrückt zugleich aber all das, was in der augenblicklichen Situation nicht so bedeutend ist.

Das ist der Grund, warum sich Menschen mit einer Schädigung dieses Hirnteils nicht gut konzentrieren können. Das ist zugleich aber auch die Erklärung dafür, dass es uns unter Stress so schwer fällt, uns zu konzentrieren: Unter der Kontrolle der Stresshormone wird unser Stirnhirn vermindert durchblutet und damit ausgeschaltet.

Unser Gehirn vergleicht jeden Eindruck, der von außen auf uns zukommt, mit früheren Erfahrungen, die in unserem Gedächtnis gespeichert sind. Was mit bereits Erlebtem zur Deckung gebracht werden kann, gibt uns eine Art Aha-Erlebnis; das in der neuerlichen Aktivierung die bestehende Nervenzell-Verbindung verstärkt.

Wie das funktioniert, hat der kanadische Psychologe Donald Hebb herausgefunden. Er beschreibt, dass sich Nervenzellen, die zur gleichen Zeit aktiviert werden, zusammenschließen. Daher sprechen wir vom `Hebb'schen Lernen´: „gleichzeitig entladen, miteinander verdrahten". Wenn zwei Gehirnareale mehrfach gleichzeitig aktiviert werden, verändern sich die zwischen ihnen liegenden Zellen und Zellverbindungen (die Synapsen) chemisch so, dass die Entladung der einen Zelle mit hoher Wahrscheinlichkeit die Entladung der anderen auslöst – sie werden also quasi Partner. Bei uns HSP scheinen diese Entladungen in den Synapsen um vieles reger zu sein, sodass wir weit stärker auf die jeweiligen Reize reagieren.

Hirnphysiologen sprechen von der `aktiven neuroplastischen Gestaltung´ unseres Gehirns. Je öfter Zellen gemeinsam feuern und sich verdrahten, umso eher schließen sie sich kurz. Daraus erklärt sich unsere Lernfunktion: jedes Mal, wenn wir irgendetwas üben beziehungsweise mehrfach erleben – ob körperlich, mental oder emotional –, entlädt sich dieselbe Gruppe von Nervenzellen in gleicher Folge. Nach ungefähr einundzwanzig Tagen ist die entsprechende Vernetzung in unserem Gehirn so fest etabliert, dass das Verhalten zur Gewohnheit geworden ist und mehr oder weniger automatisch abläuft. Daher wird auch empfohlen, ein zu lernendes neues Verhalten zumindest drei Wochen lang bewusst zu trainieren.

Da unsere Synapsen also aktiver sind, ist unser gesamtes Gehirn reagibler; somit hinterlassen alle Eindrücke einen stärkeren Eindruck in unserem neuronalen Netz. Woraus sich wohl auch erklärt, warum unser Denken um vieles komplexer ist als das nicht hochsensibler Personen – es scheint tatsächlich so zu sein, als wäre unser Gehirn dichter vernetzt!

Daneben gilt nach Hebb das Prinzip `getrennte Entladung, schwindende Verdrahtung´. Dieses erklärt, wie wir vergessen; und wie es uns gelingen kann, uns Verhaltensmuster, die wir als schädlich erkannt haben und loswerden wollen, abzugewöhnen. Bei uns HSP wären das beispielsweise unsere Ängste und Selbstzweifel; aber auch all die negativen inneren Dialoge, mit denen wir uns vor allem unter Stress das Leben schwer machen.

Allerdings bleiben solche Verbindungen relativ lange bestehen – und bei uns HSP scheinbar noch etwas länger – und sind durch neuerliche Anregung allzu leicht wieder aktivierbar. Leider oder Gott sei Dank, je nach Inhalt! Das wissen alle, die dachten, sich erfolgreich das Rauchen abgewöhnt zu haben; um dann jedoch durch die neuerliche Konfrontation mit ihrer Zigarettenmarke wieder ganz in ihre Sucht (= die in ihren Hirnverbindungen fixierte Gewohnheit) zurückzufallen; ohne es eigentlich zu wollen.

Aber vielleicht haben Sie auch schon einmal erlebt, dass Ihnen eine vor langer Zeit erlernte (und inzwischen wieder vergessen) Sprache wieder dämmert, wenn Sie sich im entsprechenden Land aufhalten.

Allerdings besteht die Wahrscheinlichkeit der Rückbildung umso mehr, je später die neuerliche Anregung kommt – je länger die alten Verbindungen also brach gelegen sind und sich weitgehend zurückgebildet haben. Daher werden wir umso eher vor einem Rückfall gefeit sein, je länger unser Rauch-Stopp also zurückliegt. Und das gilt gleichermaßen für alles, wovon wir uns befreien wollen.

Abgesehen davon funktioniert diese Reaktivierung ruhender Gedächtnisinhalte generell umso leichter, je stärker emotionsgeladen diese sind. Was übrigens auch beim erstmaligen Lernen gilt. Das so genannte `one trial learning´ funktioniert umso besser, je intensiver wir emotional beteiligt sind! Bei stark wirksamen Emotionen kann der Lerneffekt bereits beim ersten Mal quasi eingebrannt werden.

Das liegt daran, dass eine emotional hoch geladene Erfahrung das emotionale Zentrum unseres Gehirns – unser limbisches System – so stark aktiviert, dass dieses Erleben auf sehr breiter neuronaler Basis (also in vielen Nervenzell-Verbindungen) verankert wird. So hinterlässt es einen derart nachhaltigen Eindruck in unserem Gehirn, dass die entsprechenden Spuren nur schwer wieder rückgängig zu machen sind. Derart entstehen beispielsweise auch Phobien.

Da bei HSP der Mandelkern (das Alarmsystem unseres emotionalen Gehirns) aufgrund unseres zumeist höheren Stresshormon-Spiegels reagibler ist, funktionieren diese Mechanismen bei uns umso stärker. Emotionale Ereignisse, die uns stark bewegen, haben von allen Erfahrungen, die unser Gehirn prägen, die einschneidendste Wirkung auf unser neuronales Netz. Pädagogen sprechen in diesem Zusammenhang vom `zustandsabhängigen Lernen´. Und das gilt sowohl für sehr negative, als auch für stark positive Emotionen. Echtes Lob und ehrlich gemeinte Anerkennung wirken sich demnach weit förderlicher auf unser Lernen aus als Strafe und Kritik!

Unsere Neuronen verdrahten sich also ständig neu entsprechend unserer aktuellen Erfahrungen – aber auch entsprechend unseres Denkens. Es werden ununterbrochen neue Verbindungen geknüpft (= Lernen) und andere werden gelockert (= Vergessen). Und weil wir die Wahl haben, was wir denken, uns vorstellen, woran wir uns erinnern und was wir uns vergegenwärtigen, haben wir (zumindest theoretisch) einen großen Einfluss auf die Programmierung unseres Gehirns. Praktisch ist das wohl nicht immer so einfach ☺; aber es ist möglich – zumindest bis zu einem gewissen Grad!

In dem Augenblick, in dem Sie das einmal bewusst erkannt haben, können Sie wählen, wo Sie Ihre Aufmerksamkeit hinlenken; welche Hirnbahnen Sie also durch Wiederholung verstärken; und mit welchen Erfahrungen Sie sich demzufolge in Zukunft konfrontieren wollen! Auf das Thema Aufmerksamkeit werde ich in einem eigenen Kapitel noch näher eingehen, weil es mir gerade für HSP so wesentlich scheint, bewusst damit umzugehen.

Ein weiteres wichtiges Thema, mit dem wir uns auch noch näher befassen werden, ist die Einstellung, die wir zu den Dingen, unserem Leben, anderen, vor allem aber uns selbst gegenüber haben. Die Gedanken, die wir pflegen, wirken sich stark auf unsere Befindlichkeit aus. Und damit – hirnphysiologisch leicht erklärbar – zugleich auch auf unsere ganze Lebensgestaltung. Die `kognitive Therapie´ nützt diese Tatsache zur Behandlung von Depressionen, indem sie Patienten lehrt, ihre Stimmungslage durch gezielte Änderung ihrer Denkmuster zu beeinflussen. Und Depressionen sind ja durchaus ein Thema, das viele HSP betrifft.

Ich habe mir sagen lassen, dass man bei der Umprogrammierung eines Computers die Siliziumchips in dem Gerät mit anderen Raten, in anderen Kombinationen und zu anderen Zeitpunkten elektrische Impulse aussenden lässt. Und ähnlich scheint die `Hardware unseres Gehirns´ (das Netzwerk, das unsere Gehirnzellen verbindet) zu funktionieren.

So können positive neue Erfahrungen (~ Programme), die wir bewusst wählen – für die wir uns also bewusst entscheiden –, dafür sorgen, dass sich die Nervenzellen in anderer Weise entladen und miteinander vernetzen als bisher.

Faszinierend daran ist allerdings, dass dies nicht nur bei real Durchgeführtem gilt, sondern auch bei bloß vorgestelltem Erleben. Die Veränderungen, die in unserem Gehirn aufgrund von bloßen Vorstellungen stattfinden, können heute dank der PET (der Positronen-Emissions-Tomographie, die anhand des Zuckerverbrauches die Hirnaktivität in bestimmten Hirnarealen darstellen lässt) nachgewiesen und gemessen werden.

Ist Ihnen klar, liebe Leserin, lieber Leser, was für weit reichende Folgen diese neue Erkenntnis vor allem für uns HSP hat?

Lassen Sie sich diese Offenbarung mit all den Möglichkeiten, die sie Ihnen eröffnet, auf der Zunge zergehen! Auch bloß virtuelle Übungen führen zu einer signifikanten physischen Veränderung im Gehirn!

Das Gehirn von Probanden, die sich bloß vorstellen, eine Bewegung auszuführen, zeigt die gleichen Aktivitätsbilder wie bei einer realen Bewegung. Imagination unterscheidet sich auf der Ebene unseres Gehirns also nicht von realer Ausführung. Unser Hirn kann nicht unterscheiden, ob wir etwas tatsächlich erleben oder uns nur vorstellen! Allerdings ist es dabei wichtig, bei der vorgestellten Tätigkeit möglichst intensiv das Gefühl zu haben, diese auch tatsächlich auszuführen; dass wir also emotional beteiligt sind.

Vielleicht darf ich Sie an dieser Stelle daran erinnern, dass unsere Vorstellungskraft als HSP besonders ausgeprägt ist! Damit haben wir Zugang zu einer enormen Schöpferkraft – wenn wir diese Fähigkeit bewusst nützen! Und weil wir Hochsensiblen immer alles verstehen wollen, schien es mir wichtig, Ihnen die hier wirksamen Mechanismen zu erklären.

Bei Rechtshändern dauert das Schreiben mit der rechten und mit der linken Hand verschieden lang – mental und real. Die mentale Stimulation folgt also genau den Regeln, die auch für die reale Welt gelten. Übrigens werden wir uns in diesem Buch auch mit dem beidhändigen Schreiben – dem `Dialog der Hände´ – noch näher befassen.

Mentales Training in Form von Visualisierungs-Übungen ist für Sportler aller Disziplinen heute eine selbstverständliche Technik zur

Steigerung ihrer Leistungsfähigkeit; aber auch ihrer Präzision. Und dies vor allem auch in Zeiten der Rekonvaleszenz nach einem Unfall; dadurch sind die Betroffenen um einiges rascher wieder voll einsatzfähig.

Wissenswert scheint mir übrigens auch, dass körperliche Bewegung unsere Hirnfunktion (abgesehen von der verbesserten Sauerstoff-Versorgung) auch dadurch positiv beeinflusst, dass sie die Ausschüttung von Neurotrophin anregt. Diese Substanz fördert das Sprießen von neuen Verbindungen zwischen Neuronen. Bewegung ist daher zugleich auch ein guter Schutz gegen den mentalen Leistungsabbau im Alter; natürlich ganz besonders in freier Natur durch das dortige Mehrangebot an Sauerstoff!

Wir sind uns nur eines winzigen Bruchteils dessen bewusst, was in unserem Gehirn abläuft. Und selbst wenn wir uns dieses Bruchteils bewusst werden, hinkt dieses Bewusstsein oftmals weit hinter den Reaktionen des Gehirns her. Und das ist im Prinzip gut so, denn andernfalls wären wir längst ausgestorben. In Notsituationen übernimmt ein uralter Hirnteil das Kommando und rettet uns. Die Amygdala (der bereits erwähnte Mandelkern) registriert im Bruchteil einer Sekunde drohende Gefahren und löst rettende Reaktionen aus.

Der Mandelkern ist ein wichtiger Teil unseres emotionalen Gehirns (des limbischen Systems), in dem all unsere emotionalen Erinnerungen gespeichert sind. Was immer wir hören, sehen, tasten oder riechen, wird zuallererst zu ihm weitergeleitet, wo die entsprechende Information verarbeitet und mit alten Erfahrungen abgeglichen wird. In diesem Hirnareal ist auch die Hauptquelle unserer `instinktiven Gefühle´, die wir kaum ignorieren können. So springt der Mandelkern sofort an, wenn er irgendeine Kombination aus Sinnesempfindungen mit Gefahr assoziiert.

Das Problem dabei ist allerdings, dass er die Informationen, die er erhält, auf recht grobe Weise und leider oft inadäquat interpretiert. Abgesehen davon kommen erst nach dieser ersten Direktmeldung weitere wichtige Informationen zum Zug, die von den höheren Zentren in der Großhirnrinde stammen. Diese Informationen, die auf der differenzierteren Analyse der Hör-, Seh- und Geruchs-Empfindungen basieren, werden (aus heutiger Sicht fatalerweise) langsamer bereitgestellt; und wenn wir ganz und gar unter der Kontrolle unseres Überlebenszentrums stehen, oft gar nicht.

Da die erste Reaktion auf eine als gefährlich eingeschätzte Situation so schnell und unwillkürlich ausgelöst wird, dass wir völlig überrumpelt sind, können wir nicht viel dagegen unternehmen. Denn wir können die Gefahr erst dann klarer einschätzen und bewusst beurteilen, ob die erste Reaktion angemessen war, wenn die nachhinkenden differenzierteren Botschaften aus der Großhirnrinde unseren Mandelkern erreichen – sofern uns dies tatsächlich möglich ist.

Unter Stress sind unsere höheren Hirnzentren durch Minderdurchblutung ausgeschaltet. Und das passiert leider allzu oft, weil jene Teile unseres Gehirns, die für unser Überleben zuständig sind, durch eine Fehleinschätzung der Situation meist auch dann die Kontrolle über unser Verhalten haben, wenn es gar nicht wirklich um unser Überleben geht.

Wenn Sie diese erste Reaktion selbst nachvollziehen möchten, dann gehen Sie bei Ihrem nächsten Besuch in einem Reptilienhaus mit Ihrem Gesicht möglichst nahe an die Scheibe des Terrariums einer gefährlichen Giftschlange. In dem Augenblick, wo die Schlange nach Ihnen stößt, werden Sie unwillkürlich zurückschrecken. Trotz der Sie schützenden dicken Glasscheibe! Und auch wenn Sie sich noch so sehr vorgenommen haben, dem zu widerstehen; weil Sie ja genau wissen, dass die Schlange Sie nicht wirklich gefährdet.

Die nicht willentlich zu steuernden, uralten Schaltkreise Ihres Gehirns sind einfach stärker und setzen sich über jede Einsicht und Vernunft hinweg. Früher hat dieser Reflex unseren Vorfahren das Überleben unter gefährlichen Schlangen gesichert. Und jene, die überlebt haben, haben ihr genetisches Material weitergegeben; das in manchen Gegenden dieses Planeten durchaus noch hilfreich ist.

In unserem Kulturkreis sind die meisten dieser Reaktionen heute jedoch nicht mehr angemessen; und in ihrem Überschiessen auf Dauer sogar schädlich. Gerade bei HSP führen sie dazu, dass sie praktisch andauernd unter Stress stehen. Es gibt immer und überall etwas, was unser Überlebenszentrum als gefährlich einstuft; weil es Angst, Schmerz oder auch bloß Angst vor Schmerz in uns auslöst. Und weil Gefahr vermieden werden muss, versetzt uns unser Überlebenszentrum in den Kampf- oder Fluchtmodus; und schaltet fatalerweise unsere höheren mentalen Zentren aus.

Problem dabei ist, dass unsere Vernunft die Überreaktion unseres entwicklungsgeschichtlich sehr alten limbischen Systems nur in begrenztem Umfang zügeln kann. Tatsächlich gibt es auch heute noch

Situationen, die wir nicht bestehen könnten, würden wir uns nur auf unsere Vernunft verlassen. Etwa wenn wir über die Strasse gehen und ein Auto auf uns zu rast; dann gilt es tatsächlich rasch und ohne lang nachzudenken zur Seite zu springen. Aber in den allermeisten Fällen würden wir eine differenziertere Beurteilung benötigen, um nicht ständig unseren Stresshormonen ausgeliefert zu sein, sondern angemessen reagieren zu können.

Die fatale Wirkung der Alleinherrschaft unseres Überlebenszentrums lässt mich an ein fatales Ereignis denken. Erinnern Sie sich an den Tunnelbrand in Kaprun, bei dem im Jahr 2000 155 Menschen ums Leben kamen? Nur 12 Menschen haben damals dieses Unglück überlebt – und das haben sie einem Süddeutschen zu verdanken, der sie in dem brennenden Tunnel hinunter geführt hat. 155 Menschen sind einem natürlichen Impuls folgend im Tunnel weg von den Flammen und damit hinauf geflohen. Das taten sie unter dem Kommando ihres Überlebenszentrums, in dem seit früher Kindheit eingespeichert ist, dass Feuer gefährlich ist; und daher alles unternommen werden muss, um den direkten Kontakt damit zu vermeiden. So sind 155 weg vom Feuer geflüchtet und in den Rauchgasen erstickt.

Nur ein Mann konnte sich und 11 andere Menschen retten, indem er offenbar fähig war, sich aus der Kontrolle seines Überlebens-Zentrums zu befreien und sein Entscheidungs-Zentrum im Stirnhirn einzusetzen. Dieses gab ihm die Möglichkeit, nach vernünftiger Abwägung bewusst zu entscheiden. Weit gefährlicher als das Feuer waren in diesem Fall die Rauchgase; abgesehen davon war die Strecke zum unteren Ende des Tunnels weitaus kürzer als die zum oberen Ausgang. Diese Überlegungen (die im Leben eines Höhlenmenschen, der keinen Tunnel kannte, irrelevant waren) konnte er nur mit Hilfe seines Stirnhirns und unter Miteinbeziehung mehrerer Wissensmodule aus seiner Hirnrinde anstellen. Zu seinem Glück – und dem der anderen 11 Überlebenden, die ihm durch das Feuer hindurch zum unteren Ende des Tunnels gefolgt sind.

Interessant in diesem Zusammenhang schien mir damals auch die Tatsache, dass er als Pyrotechniker wohl einen anderen, angstfreieren Zugang zu Feuer hatte; daher wohl nicht so massiv unter Stress stand wie die anderen.

Als ich diese Geschichte bei einem Seminar erwähnte, berichtete ein Teilnehmer ein anderes Beispiel für die fatale Wirkung einer Stressreaktion, die für unsere Zeit nicht mehr angemessen war. Bei einem Erdbeben, das ein mehrstöckiges Hotel in der Türkei einstürzen ließ, überlebten die japanischen Gäste, die – wie ihnen als Kind in einem Erdbeben erprobten Land einprogrammiert wurde – nach oben auf das Dach geflüchtet waren. Die türkischen Hotelangestellten hingegen folgten ihrem Überlebensinstinkt nach unten, um das bebende Gebäude zu verlassen; und wurden großteils verschüttet und getötet. Auch diese Reaktion unter der ausschließlichen Kontrolle des Mandelkerns war nicht angemessen, ja sogar höchst fatal!

An diesen beiden Beispiele erkennen Sie deutlich den Unterschied zwischen einer Reaktion, die ganz und gar unter der Kontrolle des Überlebenszentrums erfolgt; und einer, bei der das Stirnhirn die Kontrolle übernimmt und das gesamtes geistige Potenzial zugänglich ist.

So lange wir nicht massiv unter Stress stehen, kann unsere Hirnrinde – und hier vor allem die im Stirnhirn – also bis zu einem gewissen Grad unsere emotionalen Reaktionen kontrollieren. So gibt es tatsächlich Faserverbindungen vom Stirnlappen zum Mandelkern, die dessen Erregbarkeit dämpfen können. Ihn jedoch auch aktivieren können, wenn es sich um eine komplexere und subtile Bedrohung handelt, die nur die kluge Hirnrinde erkennen kann. Die Gefährlichkeit verseuchter Milch nach einem Atomreaktor-Unfall können unsere Sinne uns beispielsweise nicht signalisieren. Aber dank unserer Hirnrinde konnten die Menschheit Geigerzähler konstruieren, um eine solche Gefahr zu messen.

Da jedoch viel mehr Nervenbahnen vom Mandelkern zur Großhirnrinde führen als umgekehrt, haben die höheren Hirnregionen zwar eine gewisse Kontrolle über die sehr rasch reagierenden emotionalen Areale; aber das limbische System kann die Hirnrinde leichter überrumpeln. So erklären sich wohl auch Kriege und andere Verbrechen, die eines Homo Sapiens Sapiens eigentlich nicht würdig sind.

Hinzu kommt, dass nicht nur Schlangen uns erschrecken und unter Stress setzen können, sondern sogar ein schlangenähnliches Seil, das in der Wiese liegt und irrtümlich für eine Schlange gehalten wird. Angst, ja gar Panik können also auch alle Geräusche, Anblicke, Geschmacks- und Geruchs-Empfindungen auslösen, die unser Gehirn irgendwann einmal mit Furcht verknüpft hat.

Wenn irgendwelche Empfindungen mit Nervenzellen verbunden werden, die panische Angst auslösen (weil sie sich gleichzeitig entladen haben), ist dies eine extreme Form `Hebb'schen Lernens´. Die wohl darauf beruht, dass es manchmal keinen Sinn macht, die angemessene Reaktion auf eine Gefahr immer wieder neu lernen zu müssen. Daher werden bedingte Reflexe vor allem dann ganz besonders fest in unserem neuronalen Netz verankert, wenn sie mit stark negativen Emotionen verbunden sind.

Der `Pawlow´sche Reflex´ ist auch ein Beispiel `Hebb'schen Lernens´ – allerdings in einer positiven Kombination. Die mehrmalige Kombination von Fleischpulver mit dem Klang einer Glocke führte bei den `Pawlow´schen Hunden´ zu einer neuronalen Verknüpfung. So reichte es bald, nur die Glocke zu läuten, um bei den programmierten Hunden den Speichelfuß anzuregen.

Allerdings ist uns diese Konditionierung auch nicht unbekannt ☺. Beim Klang von schepperndem Geschirr läuft uns das Wasser im Mund zusammen. Oder wir kaufen viel mehr, als wir vorhatten, nur weil wir hungrig einkaufen gehen und angesichts all der Köstlichkeiten in den Regalen einen verstärkten Speichelfluss haben. Und dies nicht nur im Mund; denn in diesem Moment werden im gesamten Verdauungstrakt Hunger auslösende Verdauungs-Enzymen ausgeschüttet.

Ein weiteres lustiges Beispiel können Sie selbst nachvollziehen. Bitten Sie jemand, zu pfeifen und Ihnen unmittelbar danach leicht ins Auge zu blasen. Sie werden unwillkürlich blinzeln, was eine natürliche, genetisch programmierte Schutzreaktion zur Abschirmung der Augen ist. Wenn dies mehrmals in dieser Kombination wiederholt wird, wird allein der Pfeifton schon reichen, um Ihr Blinzeln auszulösen. Auch das ist ein bedingter Reflex, der auf einer Veränderung in Ihrem Gehirn aufgrund der zeitlichen Koppelung von Pfeifton und Blinzeln beruht. Solche neuroplastischen Prozesse laufen ununterbrochen in unserem Gehirn ab, nur werden wir uns dessen normalerweise nicht bewusst.

Viele Veränderungen in unseren Einstellungen und Vorlieben geschehen, ohne dass wir uns dessen bewusst sind. Die Werbeindustrie arbeitet damit und trachtet danach, unser Gehirn zu modellieren, indem sie alles daran setzt, uns emotional an die beworbenen Produkte zu binden. Besonders wirksam sind diese, wenn Erotik mitschwingt; abgesehen davon ist die Manipulation weit wirkungsvoller, wenn wir nichts davon merken. Daher besteht ein Erfolgs-Geheimnis darin, starke Emotionen möglichst unterschwellig mit dem entsprechenden Markenbild zu verknüpfen. Vielleicht kennen Sie den Satz: „Jeder fährt die Emotion, die er sich gerade noch leisten kann".

Die hier geschilderten Tatsachen können wir jedoch auch bewusst und zu unserem Vorteil nutzen! Daher lag es mir am Herzen, gemeinsam mit Ihnen diesen kleinen Ausflug in die Hirnphysiologie zu unternehmen. Im Kapitel `Abheben und darüber stehen´ werde ich übrigens noch einmal auf unsere Hirnphysiologie eingehen und Ihnen neueste Erkenntnisse – speziell in Bezug auf die bewusste Umprogrammierung unserer Hirnbahnen – verraten.

Fassen wir noch einmal zusammen: was auch immer Sie tun, denken oder fühlen – Sie knüpfen in Ihrem Gehirn neue Nervenverbindungen oder Sie verstärken bestehende. Wenn Sie ein altes Verhalten ändern wollen, gilt es, die damit verbundenen alten Nerven-Verbindungen zu `vergessen´. Das tun Sie am besten, indem Sie ein neues Verhalten einprogrammieren. So wie Sie bei einem Hindernis auf der Strasse eine Umleitung um die blockierte Stelle legen. Dazu braucht es meist rund drei Wochen. Allerdings kann sich diese Zeit verkürzen, wenn Sie mit intensiver emotionaler Beteiligung spielen.

Und all das funktioniert auch, wenn Sie bloß in Ihrer Vorstellung spielen, weil Ihr Gehirn das nicht von real Erlebtem unterscheiden kann. Nützen Sie diese Fähigkeit, die gerade bei HSP besonders ausgeprägt ist, um Ihr Gehirn – und damit Ihr ganzes Leben – von altem Destruktivem zu befreien und neues Konstruktives einzuprogrammieren. Und spielen Sie möglichst viel mit Ihren positiven Emotionen, denen ich das nächste Kapitel widmen möchte.

HSP und Emotionen

So wie das letzte Kapitel wendet sich auch dieses vor allem an jene unter Ihnen, die an den Zusammenhängen interessiert sind; denen es also wichtig ist, die Wechselwirkungen zwischen Ihrem Gehirn und Ihren Emotionen zu verstehen.

Unser Gehirn braucht zumindest ein gewisses Maß an Abwechslung; und diese erleben wir normalerweise als Auf und Ab in unseren Stimmungen. Ursachen dafür sind einerseits physiologische Faktoren und Vorgänge wie hormonelle Schwankungen, Hunger, Erschöpfung, sexuelle Erregung oder (bei HSP leider allzu häufig!) Stress.

Andererseits beeinflussen auch Zufälle des Alltags unsere Gestimmtheit wie Aggressionen oder Kränkungen, die uns entgegen kommen, aber auch Lob und Anerkennung; ein schwerer Verlust oder erfreulicher Gewinn können einen Stimmungswechsel ebenso auslösen, wie plötzliche Gefahr auf der einen Seite der Skala, oder eine Sternstunde, frische Verliebtheit oder ein tolles Erfolgserlebnis am anderen Ende der Skala.

Interessanterweise kann unsere Stimmung aber auch kippen, wenn wir durch irgendetwas oder irgendjemand getriggert werden. Wenn also plötzlich eine unerfreuliche Erinnerung in unser Bewusstsein drängt – oder auch unbewusst wirkt. Dabei handelt es sich häufig um eine Sinnes-Wahrnehmung, die wir gemeinsam mit einem stressigen Erleben in unserem Gehirn eingespeichert haben.

Erinnern Sie sich, Sie haben so etwas sicher schon erlebt! Sie hören ein bestimmtes Wort und „fallen plötzlich in ein tiefes Loch“, obwohl es derzeit keinen ersichtlichen Grund für diese Reaktion gibt. Ähnlich wie bei der Werbung, sind auch hier unbewusst ausgelöste Assoziationen besonders wirksam; denn so lange wir sie nicht klar erkennen, können wir uns kaum dagegen zur Wehr setzen.

Daher finde ich es wichtig, solche „Abstürze aus heiterem Himmel“ nach ihrem Anlass zu hinterfragen. Wenn Ihnen beispielsweise klar wird, dass ein bestimmtes Wort immer wieder diese Abwärtsspirale in Ihrer Stimmung auslöst, dann können Sie Ihr Gegenüber bitten, diesen Begriff möglichst nicht mehr zu verwenden. Oder aber Sie setzen sich einer Art Desensibilisierung aus, um dieses bestimmte Wort in der Art einer Verhaltenstherapie zu entstressen.

Neben bestimmten Worten, die eine alte Wunde aufreißen können, können das auch Blicke, ein Gesichtsausdruck, eine Gestik oder irgendeine Reaktion einer anderen Person sein, die Sie unbewusst an ein schmerzvolles Ereignis erinnern und Ihre Stimmung „in den Keller rasseln lässt".

Neben diesen von außen induzierten Stimmungs-Schwankungen können wir allerdings auch selbst Einfluss auf unsere Laune nehmen – auch in diesem Fall bewusst oder unbewusst! Wir können unsere Aufmerksamkeit auf Trauriges, Bedrückendes, Beängstigendes oder Ärgerliches lenken – und unsere Stimmung wird diesem Trend folgend ins Bodenlose sinken. Oder aber wir fokussieren uns auf etwas Aufbauendes, Beglückendes, Erfreuliches, Erheiterndes oder Lustvolles – und erleben in diesem Fall eine Hebung unserer Stimmung.

Und da wir HSP alles, was wir erleben, um vieles intensiver und nachhaltiger erfahren, sind solche Abstürze oder Höhenflüge bei uns besonders intensiv! Daher scheint mir die bewusste Lenkung unserer Aufmerksamkeit für uns auch besonders wesentlich zu sein.

Veränderungen in der Stimmung sind immer auf eine Veränderung der Hirnaktivität zurückzuführen; aber das gilt ebenso auch umgekehrt. Denn wir verändern unser Gehirn im gleichen Maße, wie unser Gehirn uns verändert! Erinnern Sie sich, dass sich Ihr ungemein plastisches Netzwerk aus miteinander verbundenen Nervenzellen allein schon während der Lektüre dieses Buch verändert?

Was auch immer Sie tun, denken oder fühlen, was auch immer Sie erinnern oder in der Zukunft vorweg nehmen, was auch immer Sie sehen, hören, riechen oder schmecken, was auch immer Sie sich vergegenwärtigen – es modelliert Ihr Gehirn! Und demzufolge wirkt es sich auf Ihre Stimmung aus.

Deprimierende, demotivierende Gedanken und Aussagen (auch in Form innerer Dialoge!) oder schlechte Nachrichten geben Ihrem Lebensgefühl einen Dämpfer. Aufbauende Sätze (auch bloß gedachte!), liebevolle Gesten, gute Nachrichten und süße Erinnerungen versetzen Sie in eine fröhliche, gelöste Stimmung. Dabei gibt es wohl für jeden von uns spezielle Bilder, die uns positiv stimmen; aber auch solche, die uns in ein emotionales Tief stürzen. Und das kann individuell sehr unterschiedlich sein.

Für manche Menschen ist ein Sonnenuntergang etwas sehr Melancholisches, das sie eher traurig stimmt. Für andere sind diese oft in faszinierenden Farben spielenden Wolkenbilder etwas durchaus positiv Berührendes, Erhebendes, Beglückendes. Unschwer zu erraten, zu welcher Gruppe ich gehöre ☺. Wobei vor allem alleingeborene Hochsensible solche bewegenden Erfahrungen lieber zu zweit erleben; weil für sie Schönes erst dann so richtig schön ist, wenn sie es mit einem geliebten Menschen teilen können.

Eine Hochzeit ist für manche Menschen durchaus beglückend; für andere bedeutet sie das Ende ihrer Freiheit. Die Geburt eines Kindes ist für Eltern mit einem lange gehegten Kinderwunsch der größte Glücksfall; während er für andere eine riesige, überfordernde Verantwortung bedeuten kann. Eine Prüfung können Sie als sadistische Qual empfinden oder als Möglichkeit, endlich all das Gelernte anwenden zu können. Auf das Thema Einstellung kommen wir noch einmal zurück.

Auch Musik kann unsere Befindlichkeit beeinflussen – je nachdem, welche Stimmung sie ausdrückt; vor allem aber je nach den Assoziationen, die sie in uns auslöst. So kann ein und dasselbe Musikstück der einen Person Glücksmomente und Freudentränen bescheren; der anderen vermittelt sie Trauer, Melancholie oder Sehnsucht.

Welche Musikstücke fallen Ihnen an dieser Stelle ein, die bestimmte Erinnerungen und Assoziationen in Ihnen heraufbeschwören und Sie damit zugleich auch in die entsprechende (positive oder negative) Emotion versetzen?

Mir fällt an dieser Stelle das Stück „We are the Champions“ von der Gruppe „Queen“ ein. Ich weiß nicht, wie es Ihnen dabei geht; mich richtet diese Musik augenblicklich auf. „Yesterday“ von den „Beatles“, vermittelt mir immer eine bitter-süße Melancholie. „You raise me up“ von Josh Groban, versetzt mich sofort in tiefe Dankbarkeit, weil es mich an die Wertschätzung erinnert, die mein Vater mir geschenkt hat. Die Ouvertüre zur Operette „Die Fledermaus“ schenkt mir herrliche Frühlingsgefühle. „Love me tender“ von Elvis Presley liebt vor allem mein inneres Kind…

Welche Musikstücke bauen Sie auf?
Welche erwärmen Ihr Herz?
Welche schenken Ihnen Rührungstränen?
Welche stimmen Sie fröhlich und bringen Sie zum Lachen?

Schwelgen Sie sich eine Weile (in Ihrer Vorstellung oder real) darin! Sie können das Wissen darum einsetzen, um sich gegebenenfalls aus einer betrübten Stimmung zu retten!

Dieses Phänomen beruht auf den Nervenverbindungen, die wir zu dem Zeitpunkt, als wir dieses Musikstück in einer bestimmten Situation gehört haben, in unserem Gehirn geschlossen haben. Und auch hier gilt: je stärker dieses Erlebnis emotional aufgeladen war, umso stärker ist diese Verbindung in unserem Gehirn eingebrannt. Und wird uns demnach immer wieder einholen, sobald dieser Klang über unser Ohr in unsere Hörrinde gelangt, dort wieder erkannt und von unserem Mandelkern verarbeitet wird.

Dies gilt im Prinzip für alle Sinneswahrnehmungen, allerdings ist dieses Phänomen bei Gerüchen besonders stark wirksam. Das liegt daran, dass Geruchsempfindungen unsere Hirnrinde umgehen und daher zum überwiegenden Teil unbewusst wirken. Daher ist auch der Tatsache, ob wir einen Menschen „riechen können“ oder eben nicht, mit vernünftigen Argumenten nicht beizukommen. Und sie ist ein starkes Indiz für Resonanz oder eben Dissonanz zwischen zwei Menschen.

Stimmungs-Schwankungen, die durch einen `Trigger´ ausgelöst werden, halten meist nur kurz an, weil sich die Chemie an den Synapsen rasch wieder verändert. Aber wenn unsere Konzentration längere Zeit in einer Richtung fokussiert bleibt, kann die entsprechende Laune nachhaltiger bleiben.

Sie kennen sicher das Phänomen des `sich in etwas hinein Steigerns´ – das funktioniert bei Selbstmitleid ebenso wie bei Zorn, bei Eifersucht ebenso wie bei Angst. Aber es ist auch bei positiven Emotionen möglich: wir können uns in unser Glück ebenso hinein steigern wie in unsere Dankbarkeit; in unsere Freude ebenso wie in unsere Begeisterung und sogar in unsere Liebe.

In diesen Fällen kommt es dann nach einer Weile zu einer deutlichen Veränderung der Hirnaktivität – besonders im Stirnhirn. Aber im Prinzip betreffen die Veränderungen, die durch einen Stimmungs-Wandel in der Gehirnrinde ausgelöst werden, die gesamte Funktionsweise unseres Gehirns – das haben Sie sicher schon erlebt! In gehobener Stimmung können Sie intellektuelle und praktische Probleme um vieles leichter lösen; da sind Sie mutiger und ambitionierter. Und vor allem glauben Sie mehr an Ihre Fähigkeiten. Darüber hinaus sind Sie flexibler und haben einen besseren Zugang zu Ihrer Kreativität und Ihrer Intuition.

Und das Schöne ist: Sie können Ihre Stimmung bewusst beeinflussen! Einerseits indem Sie Ihre Aufmerksamkeit bewusst auf Beglückendes und Ihre Laune Erhellendes richten. Andererseits aber auch durch gezielte Veränderung Ihrer Körperhaltung. Wussten Sie das?

Ich lasse meine Schultern hängen und beobachte, wie sich dies auf meine Stimmung auswirkt.
Ich richte mich auf und beobachte, wie sich dies auf meine Stimmung auswirkt.

Ist Ihnen aufgefallen, wie positiv es sich auf Ihre Laune auswirkt, wenn Sie sich für eine Weile körperlich aufrichten?

Ähnliches gilt auch für Ihren Gesichtsausdruck: auch über diesen können Sie Ihre Stimmung verändern. Was Sie mir vielleicht eher glauben werden, wenn Sie sich diese Erfahrung bewusst gönnen.

Ich runzle eine Minute lang die Stirn und achte darauf, wie sich meine Stimmung an diese Mimik anpasst.
Dann lächle oder lache ich eine Minute lang und achte darauf, wie sich das auf meine Mimik auswirkt.

Hebt Ihr Lächeln oder Lachen nicht tatsächlich Ihre Stimmung?

Natürlich richtet sich das immer nach Ihrer Ausgangslage. Wenn Sie sich mitten in einer schweren Depression befinden, mag ein kleines Schmunzeln keine Wunder bewirken. Aber sogar in einem solchen Stimmungstief werden Sie vermutlich einen zumindest leichten positiven Effekt bemerken.

Tatsächlich haben Wissenschafter herausgefunden, dass Lächeln und Lachen lange nicht so belanglos ist, wie früher angenommen wurde. Neuronale Schaltkreise im Gehirn, die unsere Mimik kontrollieren, sind eng mit den Schaltkreisen verknüpft, die für das Erleben der entsprechenden Emotionen verantwortlich sind. Wenn Sie lächeln, aktivieren Sie Rezeptoren in jenen Muskeln, die Ihre Mundwinkel hochziehen. Diese leiten den Impuls an jene Hirnteile weiter, die für Ihre Befindlichkeit zuständig sind; und setzen eine Freisetzung von Glückshormonen in Gang. Die Folge ist, dass es Ihnen tatsächlich besser geht. Woraufhin Sie unwillkürlich lächeln oder gar lachen; was die Rezeptoren neuerlich aktiviert...

Mit anderen Worten können Sie Ihr Gehirn überlisten ☺ und sich tatsächlich wie Münchhausen am eigenen Zopf aus einem Tief oder einer belastenden Situationen herausholen; wenn Ihr Lächeln oder Lachen echt und im Augenblick wirklich empfunden ist. Einfach weil Ihr Gehirn diese Mimik als Signal für „es geht mir gut!" interpretiert und folgerichtig Glückshormone produziert; aufgrund derer es Ihnen dann tatsächlich besser geht.

Allerdings funktioniert das nur, wenn Ihr Lächeln wirklich authentisch ist. Das erkennen Sie an den kleinen Fältchen, die um Ihre Augen sichtbar werden, wenn sich deren Ringmuskulatur kontrahiert. Ein Plakat-Lächeln, bei dem die Augen nicht mit lächeln, weil es nur die Mundpartie mit einbezieht, bringt diesen Effekt nicht!

Bestimmte körperliche Empfindungen können also einen Widerhall der Emotionen, mit denen sie verbunden sind, auslösen – auch dann wenn sie bewusst hervorgerufen oder bloß vorgestellt werden! Auch diese Tatsache können Sie jederzeit bewusst einsetzen, um Ihre Befindlichkeit zu verbessern. Ja, Sie können sich auch in herausfordernden Situationen Wohlbefinden, ja sogar Glücksgefühle schenken. Sie müssen nur daran denken – und sich dessen wert sein!

Weil die entsprechenden körperlichen Symptome sehr ähnlich sind, kann übrigens auch starke Müdigkeit bei Menschen, die zu Depressionen neigen, eine Episode depressiver Verstimmung auslösen: man spricht dann von `Verstimmung durch Ermüdung´. Überlappende Verbindungsmuster (jene, die für ähnliche Wahrnehmungen stehen) neigen dazu, sich im Gehirn gegenseitig zu aktivieren. Daher bringt Überarbeitung ein Risiko für das psychische Wohlbefinden; vor allem dann, wenn bereits eine gewisse Neigung zu depressiver Verstimmtheit besteht und aufrichtende Erfolgserlebnisse fehlen.

Ein schwermütiger Gemütszustand kann das gesamte Denken überschatten und uns sogar pessimistisch stimmen. Und die damit verbundene destruktive selektive Wahrnehmung führt letztlich dazu, dass wir ständig über vergangene Misserfolge grübeln, statt uns an unsere Leistungen zu erinnern. Und weil wir HSP ohnehin zu Selbstzweifeln und Versagensangst tendieren, sind wir eher gefährdet, in eine solche Abwärtsspirale zu geraden. Die natürlich auch unsere Kompetenz in anspruchsvollen Situationen beeinträchtigt. Sodass wir dann eher Gefahr laufen, die befürchteten Fehler zu machen; die wir unbedingt vermeiden wollten. Wenn dann unsere beruflichen Leistungen nachlassen, vertieft dies unsere unglückliche Stimmung noch weiter. So entsteht ein Teufelskreis, der uns in einen trüben Gemütszustand versetzt, der ohne diese anfängliche Übermüdung vermutlich gar nicht aufgetreten wäre.

Sich dessen klar zu sein, scheint mir vor allem für jene HSP wichtig zu sein, die häufiger unter Schlafstörungen leiden und phasenweise in ein Schlafdefizit geraten. Aber auch für jene, die zu Depressionen neigen. Einerseits kann es beruhigend sein, sich daran zu erinnern, dass das aktuelle Stimmungs-Tief vielleicht `nur´ auf Schlafentzug beruht – und nicht endogen verursacht ist. Andererseits wird damit klar, wo anzusetzen ist. Oft reicht es ja schon, einmal richtig auszuschlafen oder anders auszuspannen, um wieder aus diesem Stimmungs- und Leistungs-Tief herauszufinden.

Darüber hinaus wird es auch hier hilfreich sein, sich bewusst aufzurichten, tiefer zu atmen und auch ohne äußeren Grund zu lächeln oder zu lachen; und sich damit Zugang zu positiven Emotionen zu verschaffen. Je öfter das bewusst geschieht, umso leichter wird es; weil Sie damit die entsprechenden Gehirnbahnen stärken.

Und das scheint mir wesentlich zu sein; denn ein Gehirn, das anfällig ist für eine solch destruktive Abwärtsspirale und immer wieder hinein gerät, läuft Gefahr, längerfristig umgestaltet zu werden; was dann zu anhaltenden Depressionen führen kann, die den Teufelskreis noch weiter in Gang halten.

Ursache ist meist eine frühe negative emotionale Erfahrung, die in das Netzwerk der Gehirnbahnen eingebrannt wurde und die (bewusst oder unbewusst) immer wieder aktiviert wird. Dadurch wird das Gehirn immer anfälliger für solch emotionale Kettenreaktionen, die dann immer wieder ablaufen und so die Anfälligkeit dafür noch weiter steigern.

Und bei alleingeborenen HSP ist diese erste traumatische Erfahrung der Verlust des Zwillings, der weiterhin das ganze Leben prägen kann! Und aus dem oft eine pessimistische Lebenseinstellung erwächst; ich gehe im nächsten Kapitel etwas näher darauf ein.

Sehr hilfreich im Umgang mit unseren Emotionen ist übrigens auch das Sprechen darüber; das in Worte Fassen der entsprechenden Wahrnehmungen. Die Benennung unserer Emotionen ist ein wichtiger Faktor im Prozess der Verschaltung zwischen den entsprechenden Arealen im Stirnhirn und dem limbischen System. Anderen etwas begreiflich zu machen, hilft uns meist, es auch selbst besser zu begreifen! Durch das Verbalisieren der oft undeutlichen Gefühle in unserem Inneren lernen wir sie besser kennen und begreifen. Und das scheint mir ganz besonders für hochsensible und hochsensitive Menschen wesentlich zu sein!

Wenn Sie sich an das Märchen vom Rumpelstilzchen erinnern, wissen Sie, wie mächtig Worte und Namen sind. Lernen Sie daher, Ihre Emotionen zu erkennen, zu benennen und zu beschreiben! Dies verändert und erweitert das plastische Netzwerk Ihres Gehirns nachhaltig; nicht zuletzt weil es damit auch Ihre Sprachzentren mit einbezieht.

Hier sind einige Beispiele zur Inspiration:

<u>Ärger / Wut</u>: *Ich ärgere mich, wenn ...*
Ich habe es satt, dass ...
Ich hasse es, wenn ...
Ich nehme es dir übel, dass ...

<u>Verletzung</u>: *Es verletzt mich, wenn ...*
Ich war traurig, als ...
Ich war enttäuscht über ...
Es kränkt mich, wenn ...
Es hat mir wehgetan, dass ...

<u>Angst</u>: *Ich hatte Angst, dass ...*
Es beunruhigt mich, wenn ...
Ich habe Angst, dass ich ...
Ich fürchte mich vor dir, wenn ...
Ich habe so Angst vor ...

<u>Reue/Bedauern</u>: *Ich bedaure, dass ...*
Es tut mir leid, dass ...
Bitte vergib mir, dass ...
Ich hatte nicht vor ...

HSP und Optimismus / Pessimismus

Sehen wir uns an dieser Stelle den Unterschied im Verhalten von Optimisten und Pessimisten etwas näher an. Der positiv gestimmte Mensch lässt sich nicht entmutigen; er unternimmt beim vergeblichen Versuch, etwas scheinbar Unmögliches zu erreichen, immer weitere Anläufe. So findet er schließlich doch noch eine Lösung. Er glaubt, dass er sein Leben aktiv gestalten kann; und ist demnach glücklicher als der Pessimist, der nicht an seinen Einfluss glaubt und daher allzu leicht resigniert. Daher nimmt der positiv gestimmte Mensch auch – unabhängig von den objektiven Lebensumständen – aktiver am Leben teil und bewältigt manch schwere Krise.

Der Pessimist hingegen glaubt, sein eigenes Leben nicht aktiv beeinflussen zu können und Opfer der Umstände und Tatsachen zu sein. Er fühlt sich in seiner `erlernten Hilflosigkeit´ den äußeren Gegebenheiten ausgeliefert und hat die Tendenz, die Verantwortung für sein Dasein abzugeben. Bei Hürden resigniert er rasch, weil er fest davon überzeugt ist, dass er gegen die Tatsachen ohnehin nichts ausrichten kann. „Wozu etwas unternehmen, wenn ich ohnehin nichts ändern kann?“

Fatalerweise kommt es bei Menschen mit einer solchen Lebens-Einstellung zu einem Rückgang der Aktivität in den Nervenzell-Verbindungen im Gehirn (den Synapsen). Und dies vor allem im Stirnhirn, das ja zuständig ist für das Entwickeln und Vorwegnehmen von Lebensvisionen und die Fähigkeit, bewusst kreative Lösungen zu finden und kluge Entscheidungen zu treffen.

Das quälende Gefühl, ohnmächtig ausgeliefert zu sein, setzt die Aktivität in diesen Hirnzentren herab; wodurch sie dann nach einer Weile sogar abgebaut werden. Wenn dem Gehirn die nährende Stimulation vorenthalten wird, beginnen die Synapsen tatsächlich zu schrumpfen; und die Nervenzell-Verbindungen lösen sich auf. Das erklärt übrigens auch den rascheren geistigen Altersabbau pessimistischer Menschen.

Aber dieses Ohnmachtgefühl beeinträchtigt neben den mentalen Funktionen natürlich auch den Gesundheitszustand; immerhin sind diese Menschen ständig der fatalen Wirkung der Stresshormone ausgesetzt. So schwächen die Depressionen das Immunsystem und machen noch anfälliger für Krankheiten, die dann die Neigung zu Depressionen noch weiter steigern…

Aber die gute Nachricht lautet: auch aufgrund früher negativer Erfahrungen pessimistisch gestimmte Menschen können mit der nötigen Geduld ihr Gehirn umprogrammieren und sich mit etwas Disziplin eine positivere Lebens-Einstellung aneignen!

Allerdings gilt es erstens, die hier wirksamen Mechanismen zu erkennen und sich zweitens bewusst zu entscheiden, dem Gehirn neue Nahrung zu bieten. Und das ist nur mit eingeschaltetem Stirnhirn und unter dem Einfluss von Endorphinen, möglich! Daher stellt sich natürlich die Frage, wie wir uns aus der Kontrolle der Stresshormone befreien und uns vermehrt Glückshormone holen können.

Da wir selbst dafür verantwortlich sind, was wir denken – und damit auch für die daraus resultierende Gefühlslage –, sind wir in Wahrheit sehr machtvoll. Ja, auch wenn das in manchen Lebenssituationen zynisch klingen mag, haben wir die Macht über unser Denken und Fühlen; und können damit letztlich entscheiden, wie es uns geht.

Genau genommen sind wir ganz und gar verantwortlich für das, was wir denken. Denn auch wenn wir anderen erlauben, für uns zu denken, tragen wir letztlich die Verantwortung dafür, dass wir unser Denken abgegeben haben: an die Medien, an unsere Familie, an unsere Vorgesetzten. Keine Entscheidung zu treffen, ist letztlich auch eine Entscheidung!

So kann die Freiheit unseres Denkens sogar so weit gehen, dass wir uns gegen unsere Freiheit entscheiden und uns in eine Abhängigkeit begeben. Vielleicht kennen Sie die Frage: „Wo lassen Sie denken?“ – die zwar ziemlich provokant klingt, mir oft aber gar nicht so abwegig erscheint in Zeiten, wo diverse Medien immer mächtiger werden.

Und manchmal lassen wir nicht andere denken, sondern unser vergangenes Ich; das vielleicht irgendwann schlechte Erfahrungen gemacht hat und diese ständig in die Zukunft projiziert.

Aber wir haben in jedem Augenblick unseres Lebens die Wahl, worauf wir unsere selektive Wahrnehmung fokussieren. Nehmen wir den Satz: „Heute ist der erste Tag vom Rest meines Lebens!“ ernst und öffnen wir uns hier und jetzt für eine Zeitenwende!

Natürlich wird es auch weiterhin äußere Einflüsse geben, die uns tangieren. Aber wir sind diesen nicht hilflos ausgeliefert, wenn wir uns für bewusste Eigenermächtigung entscheiden. Wir können alles, was auf uns zukommt – uns also zukommt – mit einem Ja als gegeben annehmen oder uns mit einem Nein dagegen wehren.

Es geht natürlich nicht darum, „Ja, das ist gut!" zu sagen, wenn es sich nicht so anfühlt! Aber der Gedanke „Ja, so ist es jetzt; aber das heißt nicht, dass es so bleiben muss!" steht uns jederzeit frei. Und aus dieser annehmenden Einstellung sind wir um vieles mächtiger, weil wir nicht mehr unseren Stresshormonen ausgesetzt sind; die im großen Nein der Abwehr unsere Physiologie bestimmen und unsere höheren Hirnzentren ausschalten!

Wir können über das, was jetzt so ist, wie es ist, positiv oder negativ denken; können uns konstruktiv oder destruktiv dazu einstellen. Und dementsprechend ändert sich unsere emotionale Befindlichkeit. Auf das Thema Einstellung werden wir noch einmal zurückkommen, weil es mir gerade für HSP so wesentlich erscheint!

Wussten Sie übrigens, dass bewusst erlebte positive Emotionen – und hier vor allem Liebe – das neuronale Wachstum unseres Gehirns fördern? Unsere Emotionen folgen unseren Gedanken ebenso wie unsere Gedanken unseren Emotionen folgen. Also entscheidet sowohl unser Fühlen über unser Denken, als auch unser Denken über unser Fühlen.

In einem Forschungslabor gab es eine interessante Beobachtung: die Wissenschaftler konnten sich nicht erklären, warum eine bestimmte Rattenpopulation einen massiven kognitiven Vorsprung aufwies. Sie rätselten und untersuchten alle möglichen Parameter, die diese Ratten von den anderen unterschieden. Bis einer der Pfleger bei einem Brain-Storming die Erwähnung machte, er würde diesen Tieren beim Vorbeigehen immer wieder über den Rücken streichen. Und tatsächlich waren es die Ratten, deren Käfige in Armhöhe standen, die bei praktisch allen Tests besser abschnitten.

Die aus dieser Einsicht entwickelten Tests ergaben, dass sich das Gehirn junger Ratten, denen man regelmäßig mit einen weichen Pinsel über den Rücken streicht, tatsächlich rascher und weiter entwickelt als das gleichaltriger Ratten; die nicht so stimuliert werden. Regelmäßig gestreichelte Ratten haben also im Erwachsenenalter eine höhere kognitive Leistungsfähigkeit, die mit dem Ausmaß der Veränderungen in ihrem Gehirn zusammenhängen. Streicheln verändert nämlich das neuronale Netzwerk; und diese Veränderungen steigern die Leistungsfähigkeit.

Und das gilt natürlich nicht nur für Ratten, sondern in erhöhtem Maße auch für uns Menschen: auch uns bescheren Zärtlichkeit und Fürsorge einen kognitiven Vorsprung. Bei Menschen, die in einem unglücklichen Beziehungsgeflecht aufgewachsen sind oder aktuell leben und wenig Liebe bekommen und geben, ist das Depressions-Risiko um ein Vielfaches erhöht!

Wenn nun einige unter Ihnen meinen, für alleine Lebende ohne liebevolles soziales Netz wäre es nicht so leicht, dieses Liebes-Manko aufzufüllen, dann darf ich Ihnen entgegnen: Ja, manchmal ist das tatsächlich nicht leicht. Aber wir selbst können uns immer Liebe geben. Wir selbst können uns Aufmerksamkeit und Fürsorge schenken. Wir selbst können uns verwöhnen und – warum nicht? – sogar streicheln! Oder uns wenigstens Streicheleinheiten vorstellen. Sie erinnern sich: unser Gehirn kann bloß Vorgestelltes nicht von real Erlebtem unterscheiden. Warum uns also nicht virtuelle Streicheleinheiten gönnen? Besser als gar keine scheinen sie mir allemal zu sein! Am Ende des Buches habe ich dazu eine Idee für Sie ☺.

Die gute Nachricht ist also: Wir können mit etwas Geduld, Nachsicht und Selbstwertschätzung nach und nach zu einer konstruktiveren Lebenseinstellung finden und damit unser Gehirn auch aus einer nicht allzu glücklichen Ausgangsposition umprogrammieren.

Mir persönlich haben diese Einsichten sehr geholfen. Denn erst als ich all die hier beschriebenen Mechanismen verstehen konnte und meine erhellenden Aha-Erlebnisse hatte, ist es mir gelungen, mich aus meiner zutiefst depressiven Lebenseinstellung als (die längste Zeit unbewusste) alleingeborene HSP zu befreien! Allzu leicht ist eine solche Umprogrammierung tatsächlich nicht; aber der Wunsch, möglichst lange mental aktiv zu bleiben, war meine Motivation!

Sie können in jedem Augenblick durch die bewusste Lenkung Ihrer Aufmerksamkeit den Zustand Ihres Gehirns verändern!

Verändern Sie Ihr Gehirn zukünftig nicht mehr,
indem Sie über ein beschämendes Ereignis nachdenken,
indem Sie eine uralte Zurückweisung immer wieder aufwärmen,

indem Sie an alten Traumata festhalten,
indem Sie „Worst-case-Szenarien" abspulen,
indem Sie sich Ihren Ängsten hingeben,
indem Sie sich mit Gewissensbissen quälen,
indem Sie Ihrem Ärger Raum geben,
indem Sie in Ihrem Selbstmitleid baden,
indem Sie sich mit Schuldgefühlen geißeln,
indem Sie sich Sorgen machen,
indem Sie über einen Misserfolg nachdenken,
indem Sie sich allzu lange Ihrer Trauer hingeben,
indem Sie sich in Ihre Eifersucht hinein steigern,
indem Sie sich warum auch immer Vorwürfe machen,
indem Sie beim kleinsten Widerstand resignieren,
indem Sie sich in Groll oder Hass ergehen!

Sondern verändern Sie zukünftig Ihr Gehirn,
indem Sie sich ein Erfolgserlebnis vergegenwärtigen,
indem Sie sich auf das Positive im Hier und Jetzt fokussieren,
indem Sie aufbauende Visionen kreieren,
indem Sie sich das Erreichen Ihrer Ziele vor Augen führen,
indem Sie mit der Verwirklichung Ihrer Wünsche spielen,
indem Sie über irgendetwas herzlich lachen,
indem Sie sich für etwas begeistern,
indem Sie für scheinbar Selbstverständliches dankbar sind,
indem Sie bewusst auf etwas stolz sind,
indem Sie an eine geliebte Person denken,
indem Sie jemandem Ihr Herz öffnen,
indem Sie sich der Faszination über ein Wunder hingeben,
indem Sie etwas oder jemanden bewundern,
indem Sie etwas Schönes betrachten,
indem Sie für eine Fügung dankbar sind,
indem Sie jemandem Wertschätzung entgegenbringen,
indem Sie sich selbst wertschätzen,
indem Sie bewusst Ihr Vertrauen zelebrieren,
indem Sie etwas aus vollen Zügen genießen,
indem Sie sich Selbstachtung schenken,
indem Sie ehrliches Mitgefühl haben,
indem Sie Ihrem inneren Kind Liebe schenken,
indem Sie sich auf den nächsten Urlaub freuen,
indem Sie Fürsorge empfinden,
indem Sie sich Ihrer Zufriedenheit hingeben,

indem Sie sich auf eine interessante Begegnung freuen,
indem Sie sich an eine Sternstunde erinnern,
indem Sie sich an erbaulicher Musik ergötzen,
indem Sie sich an einem Aha-Erlebnis erfreuen,
indem Sie sich selbst Liebe schenken,
indem Sie …

Was bringt Sie noch alles in eine positive Stimmung?

Lassen Sie es mich wiederholen: Je mehr und konsequenter Sie in positiven Erinnerungen oder beglückenden Visionen schwelgen und je mehr Sie sich dem Erfreulichen zuwenden, das hier und jetzt Ihr Leben bereichert, umso fester prägen Sie genau diese Erfahrungen und die damit verbundenen Stimmungen mehr und mehr in Ihr Gehirn ein – und färben damit Ihr zukünftiges Leben.

Ja, und desto besser werden Sie Probleme lösen, umso klüger werden Ihre Entscheidungen ausfallen und umso produktiver und glücklicher werden Sie sein. Also erlauben Sie sich, Ihr Gehirn so umzuprogrammieren, dass Sie in Zukunft jegliche Herausforderung mit Leichtigkeit und Freude angehen können.

Mich beglückt die Tatsache, dass die Plastizität unseres Gehirns bis ins hohe Alter bestehen bleibt! Zumindest bis zu einem gewissen Grad; denn natürlich ist das Gehirn junger Menschen leichter formbar als das von älteren. Aber unser Gehirn hungert bis ans Lebensende nach Erfahrungen; wie alt auch immer wir sind!

Die Psychoneuro-Immunologie – ein noch junger Zweig der Medizin, zu der die Gelotologie ebenso gehört wie die Herz-Intelligenz-Forschung – beschäftigt sich mit den Zusammenhängen zwischen unseren Gefühlen und unserem Denken einerseits und unserer Gesundheit andererseits. Zahlreiche dieser Studien beweisen, dass unser Immunsystem äußerst sensibel auf unsere Stimmungen und Emotionen reagiert. Der Gesundheitszustand von Menschen wird tatsächlich von einer positiven Lebens-Einstellung verbessert; Menschen mit einer positiven Einstellung leiden weniger unter Schmerzen (bei denselben Krankheiten) als depressive Patienten. Außerdem haben sie eine bessere Prognose vor allem bei ernsten Diagnosen!

Allgemeine Lebensbereiche

Hochsensibel LEBEN

Wie gestalten Sie als HSP Ihr Leben am besten?
Was sollten Sie berücksichtigen?
Wie gehen Sie am besten mit sich und anderen um?

Einerseits scheint es mir wichtig, Ihre Hochsensibilität und vielleicht auch Hochsensitivität zu erkennen und dann auch anzuerkennen! Nehmen Sie sich liebevoll wertschätzend in Ihrem So-Sein an! Diese Anlage ist nicht immer leicht zu leben, aber sie schenkt Ihnen viele wertvolle Fähigkeiten, Talente und Stärken. Und sie kann, wenn Sie sich richtig darauf einstellen, Ihr Leben (und das Ihrer Umgebung!) ungemein bereichern.

Ein ganz wichtiger Punkt scheint mir auch die Behutsamkeit zu sein, mit der Sie mit sich selbst umgehen sollten. Sie sollten alles zu Grobe, zu Intensive, zu Belastende, zu Überfordernde meiden, um sich möglichst vor Überstimulation zu bewahren. Dazu ist es wichtig, regelmäßig in sich hinein zu horchen und auf Ihre innere Stimme zu hören; die Sie mit ihren Signalen stets liebevoll begleitet. Auch wenn Sie nicht immer darauf hören, wird sie nicht aufhören, zu senden! Ihre Intuition ist eine Ihrer großen Stärken, wenn Sie lernen, darauf zu vertrauen und sich darauf zu verlassen.

In besonders anspruchsvollen Lebenssituationen mag es wertvoll sein, Ihre innere Stimme über den (später näher beschriebenen) \`Dialog der Hände´ um Rat zu fragen. Vor allem bei wichtigen Entscheidungen haben Sie damit eine kluge Instanz zugänglich, die Ihnen gerne den am ehesten angemessenen Weg zeigt.

Weiters sind Phasen des Rückzugs in die Stille enorm wichtig, um Ihre Überstimulation immer wieder abzubauen. Vor allem dann, wenn Sie als HPS unter vielen Menschen waren oder regelmäßig sind. Das kann ein Großraumbüro sein (kaum erträglich für eine HSP!), ein großes Kaufhaus oder eine Veranstaltung mit vielen Besuchern. Aber auch wenn Sie im Außendienst ständig unter anderen Verkehrsteilnehmern unterwegs sind, stimuliert Sie das als hochsensible Persönlichkeit mehr, als Ihnen auf Dauer wohl tun wird.

Da kann es schon mal hilfreich sein, sich auf die Toilette oder auf einen Parkplatz zurückzuziehen, um sich ein paar Augenblicke lang zu sammeln. Wenn Sie merken, dass Ihnen wieder einmal alles zu viel wird, ziehen Sie sich bewusst zurück, schließen Sie die Augen, atmen Sie eine Weile bewusst ruhig und regelmäßig und finden Sie so wieder in Ihre eigene Mitte – das Zentrum des Zyklons. Die Herzatmung, die ich Ihnen etwas später vorstellen werde, mag sich dafür besonders eignen. Aber auch die anderen Atem-Rituale.

Das gilt insbesondere, wenn Sie zu den extravertierten HSP gehören – vor allem den rezeptiv extravertierten, bis zu einem gewissen Grad aber auch den willensmäßig extravertierten. Achten Sie ganz besonders auf Ihre Zeiten der Stille, ritualisieren Sie diese, um die in Ihrem Fall größere Gefahr der Überstimulation rechtzeitig zu bannen! Auch dazu ist es wichtig, aufmerksam auf Ihre innere Stimme zu hören, denn diese wird Ihnen deutliche Signale geben, um Sie immer wieder daran zu erinnern, dass Sie eine Pause brauchen. Aber ein festes Ritual, das Sie wirklich regelmäßig zelebrieren, scheint mir bei Ihnen wirklich angezeigt zu sein – vor allem weil wir gerade in allzu hektischen Zeiten unsere leise innere Stimme nicht mehr hören.

Am besten Sie hängen Ihr Rückzugsritual an etwas, was Sie ohnehin täglich (vielleicht sogar mehrmals) machen – das erleichtert Ihnen die Eingewöhnung. So wie Sie sich bei der zweiten (umso mehr bei der dritten) Sprache, die Sie lernen, bereits leichter tun als bei der ersten; weil Sie die neu zu lernenden Worte an bereits bekannte anhängen können. Nützen Sie also bereits bestehende Rituale für neu zu etablierende – damit schlagen Sie Ihrem inneren Saboteur ein Schnippchen ☺.

Ich habe dazu das Bild eines Pendels, das bei starker Herausforderung weit, oft allzu weit ausschlägt; und langsam wieder zur Ruhe kommen muss. Um neuerlich ausschwingen zu können. Oder auch eines Gongs, der sehr stark angeschlagen wird und zuerst ausschwingen muss, um neuerlich einen Impuls annehmen zu können. Im olfaktorischen Bereich ist es für eine HSP oft unerträglich, verschiedene Parfums auszuprobieren, weil der stimulierte Geruchssinn erst zur Ruhe kommen muss; um eine neue Wahrnehmung verarbeiten zu können. Dasselbe gilt für den Geschmackssinn: für manche HSP sind Speisen mit vielen Zutaten eine Herausforderung!

Zum Thema Spüren fällt mir eben eine interessante Erfahrung ein. Eine Zeitlang bekam ich regelmäßig ayurvedische Synchronmassagen von zwei einander liebenden, lesbischen Frauen. Das war ein kaum zu beschreibendes, gottvolles Vergnügen! Dann bekam ich eine Synchronmassage von einem Paar, das gerade eine Beziehungskrise hatte – und es war absolut unerträglich! Ich habe diese Stunde nur deshalb bis zum Ende ertragen, weil ich als typische alleingeborene HSP schwer „nein“ sagen kann. Aber diese Dissonanz in den beiden Massagebewegungen war wirklich ein Horror!

Die synchronen Bewegungen der beiden Frauen haben sich wohltuend stimmig angefühlt; und ich konnte mich diesem Erleben voll und ganz hingeben und war herrlich entspannt. Aber die asynchronen und unberechenbaren Bewegungen der beiden anderen Massierenden haben mich total überfordert; weil ich nie vorhersehen konnte, wer wo wie massiert. Und das war vor allem deshalb so stressig für mich, weil ich stark fühlig bin, mein Spüren also sehr ausgeprägt ist – was ich übrigens auf meine Alleingeburt zurückführe.

Diese Erfahrung hat vorwiegend einen Sinn betroffen. Jetzt stellen Sie sich vor, wie das bei einer Überstimulation verschiedener bis aller Sinne (auch der nicht physischen!) ist. Und das passiert durchaus auch im Alltag; wo dann oft noch die Emotionen und Gedanken der mitspielenden Personen hinzukommen. Auch diese stellen im Grunde ja Energien dar, die Sie als HSP – ob bewusst oder unbewusst – immer bis zu einem gewissen Grad wahrnehmen. Da brauchen Sie unbedingt ab und zu eine Pause; da brauchen Sie Stille, Ruhe, Entspannung und Zeit für sich alleine.

Wie ist das bei Ihnen?

Bei welchem Sinnessystem neige ich zu Überstimulierung?
Welche Erfahrungen und Erlebnisse sind mir bei dieser Schilderung in den Sinn gekommen?
Habe ich so etwas Ähnliches schon einmal erlebt?
Wie äußert sich Überstimulierung bei mir?
Woran merke ich, dass mir gerade wieder „alles zu viel ist“?
Und mit welcher bereits gut funktionierenden Gewohnheit könnte ich meine so notwendigen Ruhepausen verbinden?

Noch etwas scheint mir wichtig zu sein. Wenn Ihre <u>Hochsensibilität</u> für Sie <u>Neuland</u> ist, dann <u>informieren</u> Sie auch Ihre <u>Umgebung</u> von Ihrem Start in eine neue Lebensphase. Meiner Erfahrung nach beginnt nun tatsächlich eine solche für Sie, wenn Sie sich erstmals bewusst mit diesem Thema konfrontieren. Das gilt übrigens umso mehr, wenn Sie sich in meinem Test auch als alleingeborener Zwilling identifizieren konnten.

Ersuchen Sie Ihre Mitmenschen um ein vernünftiges Maß an Nachsicht und Rücksicht. Niemand muss Sie behandeln wie ein rohes Ei; aber zumindest etwas Schonung sollte man Ihnen schon entgegen bringen. Formulieren Sie das so, dass auch jene, die mit den Themen HSP und Verlust eines Zwillings nichts anfangen können, es annehmen können. Vielleicht mit einem auch für einen normal sensiblen und nicht besonders sensitiven Menschen nachvollziehbaren Bild wie dem „emotionalen Schmetterlingskind“ oder der Beschreibung: „meine Nerven liegen außen auf der Haut“.

Aber hoffen Sie dennoch nicht allzu sehr auf das Verständnis dieser Menschen, denn niemand kann mehr geben, als er hat! Übernehmen Sie die Verantwortung für sich selbst und Ihre Anlage; stehen Sie für sich ein und geben Sie sich selbst all das, was Sie sich von anderen wünschen. Vor allem Selbstliebe, Selbstachtung, Selbstwertschätzung, Selbstanerkennung, Selbstlob, Selbstbestärkung, Selbstfürsorge, Selbstbestätigung, Selbstermutigung...

Hochsensible Menschen werden Ihnen naturgemäß mehr Verständnis zukommen lassen – es sei denn, sie würden ihre eigene Anlage verdrängen und nicht wahrhaben wollen. Dann reagieren sie möglicherweise noch liebloser, kälter und abwehrender als eine nicht HSP! Ideale Beziehungen – in welcher Form auch immer – ergeben sich meinem Gefühl nach jedenfalls mit anderen HSP, die sich ihrer besonderen Anlage bewusst sind! Ich werde im nächsten Kapitel noch einmal auf diese förderliche Paarung eingehen.

Wenn Sie krank sind – oder sich auch bloß unpässlich fühlen –, ziehen Sie sich zurück und schenken Sie sich Fürsorge und liebevolle Aufmerksamkeit! Aus meiner Sicht sind Krankheiten immer Signale unserer Seele, die uns vermitteln möchte, dass wir in irgendeinem Bereich unseres Lebens aus unserer Harmonie gefallen sind. Mithilfe des `Dialoges der Hände´ können sich Sie manch wertvolle Botschaft zugänglich machen. Und wenn Ihnen Fürsorge und Aufmerksamkeit sich selbst gegenüber schwer fallen, dann denken Sie dabei an Ihr inneres Kind. Dieses braucht Ihre Liebe! Es wünscht sich ihre fürsorgliche Aufmerksamkeit und möchte verwöhnt werden! Und wer könnte das besser als Sie selbst? Kein anderer weiß so genau, was Sie brauchen.

Hochsensibel LIEBEN

Gleich zu Beginn dieses Kapitels möchte ich Ihnen das Buch „Hochsensibilität in der Liebe“ von Elaine Aron ans Herz legen, weil es dieses Thema in aller Ausführlichkeit behandelt. Wie zu Beginn angekündigt, möchte ich Ihnen hier nur einige meiner Beobachtungen und ergänzenden Gedanken dazu anbieten.

Wie HSP in Beziehungen reagieren, geht teilweise schon aus dem entsprechenden Bereich des Tests hervor. Und da ich der Ansicht bin, dass Hochsensibilität stark für den Verlust eines Zwillings spricht, passt vieles, was ich in meinem Buch „Alleingeborener Zwilling“ zu diesem Thema geschrieben habe, auch hierher. Allerdings möchte ich mich nicht zu häufig wiederholen, empfehle Ihnen daher, dort nachzulesen, wenn Sie beim Test viele Sternchen hatten und gern weiter in die Tiefe gehen wollen.

HSP – besonders alleingeborene! – sind in der Regel ständig auf `Sendung´. Ob sie nun eher intro- oder extravertiert sind, ihre Wahrnehmungsantennen sind doch meist auf `Empfang´ geschaltet. Dabei haben sie stets das Befinden des anderen im Blick und wissen oft besser, wie es diesem geht, als dieser selbst. Sie sind dauernd damit befasst, sich selbst, ihr Gegenüber und die Interaktion zu reflektieren. Dabei gehen sie in ihrer oft extremen Empathie vor allem emotional, aber auch gedanklich intensiv mit allen Reaktionen Ihres Du mit. HSP sind aufmerksame Zuhörer und haben immer Verständnis – vor allem aber mit anderen. Meist gehen sie weit liebevoller und fürsorglicher auf diese ein, als auf sich selbst.

Zumindest bis zu dem Augenblick, wo sie überstimuliert sind. Dann ziehen sie sich zurück und verschließen sich wie eine Auster; sind kaum mehr erreichbar und wirken ganz und gar nicht mehr hochsensibel. Aber diese Zeiten brauchen sie, um all die Erfahrungen im komplexen Miteinander zu bearbeiten und sich wieder zu regenerieren. Wir lernen das neu Erfahrene ja erst in der Integration – und dazu brauchen wir Ruhe und weitgehende Sinnesdeprivation! Wenn HSP aus einem überbordenden Helfer-Syndrom und der Tendenz, andere wichtiger zu nehmen, als sich selbst, den Ruf ihrer Seele nach Ruhe überhören, laufen sie Gefahr auszubrennen.

Vor allem alleingeborene HSP lieben besonders tief und innig; sie empfinden ihr Du als Verlängerung ihrer selbst und wollen daher möglichst weitgehend in Kontakt bleiben. Bei entsprechender Harmonie halten sie es gut aus, vierundzwanzig Stunden mit ihrem Partner zusammen zu sein; ja Symbiose zu leben. Dabei sind Sie zu großer Hingabe fähig; laufen aber stets Gefahr, sich nicht nur hinzugeben, sondern aufzugeben; ja manchmal sogar wegzugeben – um nur ja den Ansprüchen und Wünschen ihres Du nachzukommen.

In der Liebe suchen HSP das Große, das Besondere, das Außergewöhnliche. Es soll der ideale, der perfekte Partner sein; die ideale und perfekte Partnerin! Daher stammt wohl bei vielen der ausgeprägte Wunsch nach der Zwillings-Flamme oder der Dual-Seele; worunter meiner Ansicht nach bei Alleingeborenen vor allem die Suche nach dem verlorenen Zwilling verborgen ist.

Hochsensible und hochsensitive Menschen wünschen sich Innigkeit, Geborgenheit und weitgehende emotionale Sicherheit. Körperliche Nähe ist ihnen ebenso wichtig wie seelische und geistige. Sie wünschen sich Resonanz und Harmonie, weil sie Schwingungen spüren – umso mehr je ausgeprägter die Hochsensitivität ist – und daher sehr unter Dissonanz, Konflikten und Disharmonie leiden.

Ein Problem kann in Beziehungen ihre Eifersucht sein, die einerseits auf dem geringen Selbstwertgefühl und den Selbstzweifeln beruht; andererseits auf der allzu feinen Wahrnehmung, die oft auch aufgeschnappte Gedanken ihres Du als Realität interpretiert. So mag eine Frau, deren Mann eine andere Frau bloß ansieht und irgendwelchen Phantasien nachgeht, sofort die Gefahr fühlen, ihn zu verlieren; obwohl gar kein realer Betrug passiert ist. Das liegt daran, dass HSP oft nicht leicht unterscheiden können, woher Sie ihre Informationen beziehen. Und da die meisten zumindest phasenweise die Gedanken ihres Gegenübers lesen können – meist ohne sich dessen bewusst zu werden –, kann es passieren, dass sie Phantasie und Realität vermischen. Wobei aus meiner Sicht natürlich auch Phantasie Realitätswert hat! Wo beginnt eigentliche der Betrug?

Vor allem die nicht mehr ganz so jungen HSP haben extreme Angst vor Enttäuschungen. Diese beruht meist auf negativen Erfahrungen; ist bei Alleingeborenen aber oft auch Folge des frühen Verlustes der zweiten Hälfte. Solcherart enttäuschend sind auch einseitige, unglückliche Lieben, die bei Hochsensiblen signifikant oft vorkommen. Meine Interpretation dazu wäre, dass vor allem Hochsensitive einen Anflug von Liebe bei ihrem Gegenüber wahrnehmen und ihr Herz weit öffnen und ihre Liebe strömen lassen, während sich der andere längst wieder zurückgezogen hat. Abgesehen davon neigen vor allem alleingeborene HSP dazu, ihr Gegenüber zu idealisieren und auf ein Podest zu stellen. Damit ist Enttäuschung natürlich vorprogrammiert, weil kein menschliches Wesen den hohen Erwartungen nachkommen kann. Daher gibt es häufig unglückliche, einseitige und unerreichbare Lieben.

Hochsensible geben meist mehr als sie bekommen; und sie tun sich extrem schwer „nein" zu sagen. Das mag einerseits an ihrem meist geringen Selbstwertgefühl liegen; andererseits daran, dass sie in ihrer starken Empathie fühlen, wie es dem anderen geht, wenn er zurückgewiesen wird; und es daher vermeiden. Darüber hinaus liegt dieser Abwehr-Schwäche auch fast immer die Angst zugrunde, die Liebe dieser anderen Person zu verlieren (oder sie als ganze); wenn man nicht auf ihre Wünsche eingeht. Wenn HSP andere vorlassen, geht das großteils auf ihre Kosten; denn ein Ja, das sie ihrem Gegenüber geben, bedeutet meist ein Nein, das sie sich selbst geben.

Der Wunsch zu geben, fürsorglich zu sein, andere zu verwöhnen, aufmerksam auf all ihre Bedürfnisse zu achten und ihnen die Wünsche von den Augen abzulesen, ist ein wesentlicher Teil des Helfer-Syndroms. Aber er beruht zum Teil auch auf dem mangelnden Selbstwertgefühl, aus dem man ständig versucht, möglichst gut, richtig und liebenswert zu sein, um seine Lebensberechtigung zu beweisen. Und er steht im krassen Gegensatz zu der Unfähigkeit oder dem Unwillen, etwas anzunehmen. Ob das nun Geschenke, Einladungen oder Aufmerksamkeiten sind; ob es Zeit ist, die man ihnen widmen möchte, oder gar Liebe. Da wirkt fast so etwas wie ein Reflex der Abwehr: „Aber nein, das ist doch nicht nötig!"; obwohl sie sich im Grunde nichts mehr wünschen als all das.

Meiner Erfahrung nach hilft die Analogie zur Atmung Menschen mit diesem Verhaltensmuster. Ich frage dann immer: „Hast du schon mal versucht, einen Tag lang nur auszuatmen?". Niemand kann nur ausatmen – das ist leicht nachvollziehbar; und kann ein wertvolles Aha-Erlebnis bieten, um sich aus dieser Blockade zu befreien.

Ein weiteres gut nachfühlbares Argument ist das der Gerechtigkeit: Geben macht Freude – also warum sollten HSP nicht auch anderen diese Freude gönnen? Dieser Hinweis greift vor allem deshalb oft ganz gut, weil ihnen Gerechtigkeit so wichtig ist.

Besonders prekär wird dieses Ungleichgewicht zwischen Geben und Nehmen in co-abhängigen Beziehungen, zu denen HSP leider auch eine starke Tendenz haben. Diese Neigung beruht vor allem auf dem starken Mitgefühl und Mitleid mit Armen und Schwachen, das vor allem jene mit einem ausgeprägten Helfer-Syndrom leicht manipulierbar macht. Hier wirkt auch stark der Wunsch, immer alles richtig und möglichst perfekt zu machen; und jedes `arme Ego´ zu retten. Bei alleingeborenen HSP kommt noch die extreme Angst vor dem Verlust des Du hinzu; denn dieser würde gefühlsmäßig den Verlust des Zwillings wiederholen und wäre daher besonders schmerzhaft.

Aus dieser Verlustangst resultiert ein weiteres interessantes Verhalten: in der Angst, verlassen zu werden, verlassen hochsensible Alleingeborene ihr Du oft in einer Art vorauseilendem Gehorsam; der meist aus einer unbewussten Ahnung resultiert. Sie ahnen die Unzufriedenheit ihres Gegenübers (oft noch bevor dieses sich ihrer bewusst wird) und ziehen rechtzeitig, wie sie meinen, die Konsequenz.

Andererseits tun sich Hochsensible extrem schwer, loszulassen und Abschied zu nehmen – was bei alleingeborenen HSP vor allem den uralten Verlustschmerz triggert. So scheint es fast absurd zu sein, dass sie oft Fernbeziehungen pflegen, in denen die wiederholten Abschiede zum Alltag gehören. Und jedes zum Bahnhof Begleiten tut ähnlich weh wie das teilen Müssen in Dreiecksbeziehungen, die sie auch nicht selten erleben – vor allem Dritteldrillinge übrigens.

Neben den beziehungshungrigen HSP gibt es auch jene, die lieber alleine bleiben und sich in die innere Emigration zurückziehen. Im Zusammenhang mit der Alleingeborenen-Thematik sind das meiner Erfahrung nach die Flucht-Zwillinge; im Gegensatz zu den Schmelz-Zwillingen. Sie haben offenbar für sich beschlossen – ob bewusst oder unbewusst ist letztlich irrelevant! –, sich nie mehr der Gefahr auszusetzen, ihren liebsten Menschen zu verlieren. Daher öffnen sie ihr Herz auch gar nicht mehr; leben aber auch ihre Hochsensibilität und Hochsensitivität wenn überhaupt, dann nur auf Sparflamme.

So habe ich immer wieder Menschen kennen gelernt, die meinem Gefühl nach eindeutig HSP waren, aber absolut nichts davon wissen wollten. Vor allem Männer tun sich in unserer Gesellschaft nicht so leicht mit dieser Anlage. Ich fand das immer wieder traurig – vor allem weil ich um den enormen Reichtum weiß, der neben den Herausforderungen mit dieser Anlage verbunden ist! Aber letztlich musste ich erkennen und anerkennen, dass jeder für sich selbst entscheiden muss, ob und wann er hinsieht und sein Potenzial entfaltet. Wer weiß, vielleicht ist auch der Zeitpunkt für die Offenbarung dieser Anlage in unserem Seelenplan festgelegt?

Hochsensibel ARBEITEN

Auch in der Arbeitswelt gibt es einiges, das Sie als HSP für Ihre Seelenhygiene berücksichtigen sollten; denn viele Ihrer Eigenschaften und Merkmale, werden sich wesentlich auf ihre berufliche Entfaltungsmöglichkeit auswirken.

HSP nehmen ihre Umgebung stärker wahr – teils nur in einem Sinnessystem oder in einigen, teils aber auch in allen mit einer Tendenz zu Synästhesie (eine Anlage auf die ich etwas später näher eingehen werde). Haben auch Sie als Kind das Spiel: „Ich seh´, ich seh´, was du nicht siehst" gespielt? Wie habe ich es geliebt, wenn mein Vater mich morgens damit geweckt hat! Hochsensible und hochsensitive Menschen würden bei der Variante: „Ich fühl´, ich fühl´, was du nicht fühlst" besonders gut abschneiden.

Daraus ergibt sich, dass sie sich ganz besonders für Berufe eignen, in denen sowohl die fünf physischen Sinne als auch die darüber hinausgehenden `Übersinne´ gefragt sind und eine wichtige Rolle spielen. An dieser Stelle erinnere ich mich an einen alten Professor, der uns Medizinstudenten ans Herz gelegt hat, unsere Sinne zu schärfen und in die Diagnostik mit einzubeziehen. Früher, so berichtete er, hätten Ärzte bestimmte Krankheiten bereits am Geruch erkannt. Aber natürlich kann auch bereits das genau hinsehende Auge einiges erkennen, was heute großteils maschinell überprüft wird.

Verstehen Sie mich nicht falsch; ich bin froh, dass es heute mithilfe von Teststreifen möglich ist, Zucker im Harn von Diabetikern festzustellen; dass Mediziner sich diesbezüglich also nicht mehr auf ihren Geschmackssinn verlassen müssen. Aber vielleicht wäre ein Mittelweg gut, bei dem Ärzte ihre Patienten genauer ansehen, anhören, anfühlen und ihren Geruchssinn zumindest für den ersten Eindruck mit einbeziehen. Und dazu wären HSP besonders geeignet!

Die Medizin und alle anderen heilerischen und pflegerischen Berufe sind ein Bereich, wo Sie viele HSP finden werden. Allerdings vorwiegend die nicht allzu ausgeprägten Hochsensiblen und Hochsensitiven; denn für diese ist der medizinische Alltag oft kaum zu ertragen. Das weiß ich aus eigener Erfahrung, denn ich habe oft weit mehr mit meinen Patienten mit gelitten als diese selbst.

Auch der besonders gute Zugang zur Intuition und zum Bauchgefühl kann beruflich genützt werden. HSP können eine fremde Person bereits beim ersten Kennenlernen besser einschätzen als nicht HSP; sie spüren deren Ehrlichkeit und Authentizität. Die meist gute Menschenkenntnis und die hohe soziale Kompetenz (also die ausgeprägten Soft Skills) machen sie auch zu guten Personalchefs, zu effizienten Mediatoren, Beraterinnen und Therapeuten. Und da sie einen ausgeprägten Sinn für Gerechtigkeit mitbringen, sind sie – nach der Meisterung ihre Entscheidungs-Schwäche – meist gute Richter.

Da HSP hoch kreativ sind und viel Phantasie haben, finden sich viele in künstlerischen Berufen. Allerdings tun sie sich in der Selbstvermarktung nicht leicht; brauchen also einen guten Manager oder eine Agentin. Und da Hochsensible und Hochsensitive meist an ihrem Selbstwert und ihrer Kreativität zweifeln, gibt es meiner Ansicht nach viel zu viele `verhinderte Künstler/innen´; wobei sie sich mit ihrer Tendenz zur Selbstsabotage vorwiegend selbst im Weg stehen.

Ein weiteres interessantes Feld sind Berufe, die mit Schönheit und der Verschönerung der Welt zu tun haben. Das sind neben künstlerischen und kunstgewerblichen Berufen aller Sparten die Maskenbildnerei, die Kosmetik oder das Friseurwesen. Diese Berufe haben den Vorteil, dass HSP dabei Menschen berühren können, was vor allem kinästhetischen Typen (und hier ganz besonders den Alleingeborenen!) immer ein Bedürfnis ist; so bieten viele auch allerlei Massagearten, Körpertherapien und diverse energetische Heilmethoden an.

Weil die meisten HSP auch sehr an der Erkundung der großen Lebensfragen (dem Sinn des Lebens, woher wir kommen und wohin wir gehen) interessiert sind, sind Philosophie und Psychologie interessante Fächer, aber auch das weite Feld der Spiritualität! Die eloquenteren unter ihnen schreiben gern, eignen sich aber durchaus auch als Lehrer/innen und Trainer/innen.

An sich sind HSP gute und geschätzte Teamworker, weil sie sehr gewissenhaft und verantwortungsbewusst sind. Darüber hinaus sind sie aufmerksam und können gut zuhören. Ihr Perfektionismus und analytischer Verstand kann, wenn er nicht überbordet, ebenso wertvoll sein wie ihre Liebe zum Detail und ihr oft klarer Überblick. Allerdings können sie kaum mit Konkurrenz umgehen; und wenn sie sich von der Qualität ihrer Arbeitskraft auch durchaus für Führungspositionen eignen, liegt ihnen eine solche nur dann, wenn ihr hoher ethischer Anspruch dabei nicht zu kurz kommt.

Da HSP in ihrer Feinfühligkeit sehr früh schon Stimmungen wahrnehmen können, die einen negativen Einfluss auf das Betriebsklima haben, können sie für die Gruppe wertvolle Impulse einbringen. Da sie aber die Tendenz haben, vor allem auf das Wohl anderer zu achten, laufen sie gerade in größeren Teams Gefahr, auszubrennen.

Immer dann, wenn eine HSP allzu überfordernden Eindrücken ausgesetzt ist, braucht sie unbedingt die Möglichkeit, sich zurückzuziehen, um ihr hochgefahrenes Wahrnehmungssystem wieder herunter zu fahren und in ihre eigene Mitte zu finden. Und das bezieht sich sowohl auf die Fülle an Eindrücken, als auch auf die Intensität.

Mit je mehr Menschen eine hochsensible und hochsensitive Person zusammen ist, umso mehr Eindrücke nimmt sie auf, umso mehr fühlt sie in ihrer ausgeprägten Empathie die Emotionen anderer mit – oft weit intensiver als diese selbst. Das kann besonders in Großraumbüros zu massiver Überforderung führen; vor allem wenn sie noch nicht gelernt hat, ihre eigenen Emotionen von denen zu unterscheiden, die sie von anderen übernommenen hat.

Aber auch in Berufen, in denen HSP intensiven Emotionen ausgesetzt sind, kommt es leicht zu Überforderung; vor allem dort, wo sie immer wieder mit Notsituationen – und mit massivem Stress! – konfrontiert sind. Interessanterweise agieren sie in der Notsituation selbst oft erstaunlich klar und vernünftig (etwa bei der Rettung, der Feuerwehr oder in der Katastrophen-Hilfe); brennen dabei aber leicht aus und brauchen danach unbedingt ausreichend Zeit für ihre Regeneration.

Sie sehen, dass HSP einen ungemein wertvollen Beitrag für die Gesellschaft einbringen können. Dabei müssen sie jedoch stets sehr aufmerksam auf sich selbst achten und die entsprechenden Vorsichtsmaßnahmen berücksichtigen, um nicht ins Burnout zu kippen.

Zum Thema „HSP im Beruf“ gibt einiges an Literatur, in die Sie sich vertiefen sollten, wenn Sie sich intensiver mit diesem Bereich auseinandersetzen möchten. Mir war nur daran gelegen, hier einige fundamentale Gedanken mit Ihnen zu teilen.

Hochsensibel KREATIV SEIN

Wie vorhin schon kurz erwähnt, weisen HSP meist ein hohes schöpferisches Potenzial auf. Nur leider fehlt ihnen oft das nötige Selbstvertrauen, um dieses Talent auch auf den Boden zu bringen. Daher sind viele zwar Hobbykünstler, wagen dann aber oft nicht den Schritt in die Öffentlichkeit. Ich finde das schade, wenngleich künstlerischer Ausdruck durchaus auch nebenberuflich ein hilfreiches Ventil sein kann – gerade in Zeiten der Überstimulation!

Aber ich glaube an einen Seelenplan und denke, wir bekommen zu unseren Talenten auch die Verantwortung mit, diese auch zu entfalten und umzusetzen. So schlummert in jeder Gabe zugleich auch die Aufgabe, diese erblühen zu lassen und der Welt zu schenken – und dazu möchte ich Sie wirklich anregen!

Mir ist vor vielen Jahren ein Gedanke zugekommen (leider weiß ich nicht mehr woher, so danke ich einfach unbekannterweise der geheimen Quelle ☺), der mich damals tief bewegt hat; dies aber immer wieder tut, wenn ich mich daran erinnere – daher möchte ich ihn hier mit Ihnen teilen:
„Du musst dich und all deine Möglichkeiten vollständig erkennen, damit du dich ganz und gar an dich selbst verschenken kannst!".

Sich für Kunst als Lebensinhalt zu entscheiden, bringt für HSP den Vorteil mit sich, viel Zeit mit sich alleine verbringen zu können und sich – vielleicht bei wohltuender Musik – frei verströmen und in intensiven Emotionen schwelgen zu können! Während des schöpferischen Aktes gibt es auch keine Konkurrenz mit anderen Kreativen, keine zu hohen Anforderungen von außen (nur den eigenen Perfektionismus!) und keine äußere Überstimulierung.

Aber wenn es dann darum geht, sich selbst als Künstler/in zu `vermarkten´, dann wird es für die meisten HSP schwierig. Das meist geringe Selbstwertgefühl wirkt dabei nicht gerade förderlich; außerdem kommt nun doch die Konkurrenz mit anderen Mitbewerbern zum Tragen.

Aber Kunst sollte auf die eine oder andere Art öffentlich gezeigt werden; und Vernissagen und die Präsentation eigener Werke gehören mit zum Anspruchsvollsten, womit man sich als HSP zu konfrontieren hat. Einerseits ist man den vielen Menschen ausgesetzt, die sich dann meist auch noch in Small Talk ergehen; was für die meisten Hochsensiblen und Hochsensitiven der Horror ist. Darüber hinaus werden die eigenen `kreativen Kinder´ – mehr oder weniger kompetent und oft alles andere als wertschätzend! – be- oder gar verurteilt.

Die oft oberflächliche und bedenkenlos geäußerte Kritik von kaum dazu Berufenen hinterlässt tiefe Wunden und verletzt die, ihre eigene Qualität ohnehin stets anzweifelnde, hoch sensible und sensitive Person oft nachhaltig. Was oft sogar eine lang andauernde kreative Blockade auslösen kann.

Hinzu kommt noch bei jeder Vernissage die bange Frage, ob wohl diesmal etwas verkauft wird. Wenn ja, dann schmerzt das Ansinnen mancher `Kunstkenner´ eiskalt den Preis herunter zu handeln – und mindert das ohnehin mangelnde Selbstwertgefühl noch weiter. Wenn nein, dann folgt dem Abend der Präsentation die Post-Vernissagen-Depression, die alles in Frage stellt…

Diese Beschreibung klingt nicht gerade verlockend – dennoch wird es immer wieder HSP geben, die ihrem schöpferischen Streben nachgeben und sich für ihre Kunst als Hauptberuf entscheiden. Und wenn Sie sich in der Kunstszene herumschauen, werden Sie erkennen, dass zumindest die allermeisten Künstler/innen hochsensibel und meist auch hochsensitiv sind.

Das gilt übrigens nicht nur für bildende Künstler/innen, sondern ebenso für Schauspieler/innen; die vor allem am Abend der Premiere (oft aber vor jeder Vorstellung) oft Blut schwitzen! Einerseits nähren der Perfektionismus und die Angst vor Fehlern (etwa einem Black Out) das Lampenfieber; andererseits können auch da Kritiker mit ihren oft unbedachten Worten tiefe Wunden reißen. Was ebenso für Film-Schauspieler/innen gilt, die psychisch oft extrem belastet und nicht selten schwerst depressiv sind; wie leicht nachzulesen ist.

Als ich vom Suizid des großartigen Schauspielers Robin Williams, erfuhr, der so viele Menschen mit seiner Schauspielkunst erfreut und zum Lachen gebracht hatte, war ich ebenso tief bestürzt wie von der Nachricht, die außergewöhnliche Schauspielerin Romy Schneider sei an gebrochenem Herzen gestorben. Und das sind nur zwei von den zahllosen HSP-Künstlern, die die Menschheit ungemein bereichert haben; dabei aber selbst zugrunde gegangen sind.

Vielleicht gehört es zum Lebensplan einiger HSP, sich selbst in dem Feuer, das die Welt erhellt, zu verzehren?

Hochsensibel TRÄUMEN

Die Traumkraft hochsensibler und hochsensitiver Menschen ist, wie zu erwarten, sehr rege. Einerseits ist sie wohl ein lebenswichtiges Ventil für Menschen, deren Wahrnehmungsfähigkeit um das Vielfache hochgefahren ist; in dem Sinne, als sie nachts all die unendlich vielen Eindrücke, die sie tagsüber sammeln – und nicht immer gleich alle verarbeiten können! – verarbeiten müssen.

So sehe ich in den nächtlichen Träumen Hochsensibler (aber auch in den Tagträumen, in denen sie sich gern ergehen!) ein wichtiges Instrument zur Psychohygiene; das sie daher bewusst fördern sollten.

Hochsensible und hochsensitive Menschen träumen meist intensiver, vielfältiger, expressiver. Das liegt einerseits an der ausgeprägten Kreativität und Assoziationskraft; andererseits aber an der außerordentlichen Emotionalität. So gibt es bei ihnen anscheinend mehr zu verarbeitendes Material, das zu Träumen verwoben wird. Die übrigens einen wertvollen Beitrag zur Persönlichkeitsentwicklung liefern können, wenn sie erinnert werden! Daher sollten vor allem HSP ein Traumtagebuch führen oder zumindest die prägnanten Inhalte gleich nach dem Aufwachen festhalten; denn Träume sind sehr flüchtig, wie wir wohl alle schon erlebt haben.

Weiters empfehle ich intensiv träumenden HSP, danach zu trachten Luzidität zu erlangen; sich also innerhalb des Traumes bewusst zu werden, dass sie gerade träumen. Das hat den großen Vorteil, dass sie Einfluss nehmen können auf die Abfolge und vor allem den Ausgang ihrer Träume. So kann das, was sich sonst vielleicht zum Alptraum entwickelt hätte, in der bewussten Um- und Neugestaltung sogar helfen, schwere Blockaden zu lösen; und der HSP in einem bestimmten Lebensbereich oder allgemein freie Bahn gewähren.

Auch zum Thema Luzidität gibt es kompetente Literatur. Mir war hier vor allem daran gelegen, Ihnen diese ungemein potente Gestaltungsmöglichkeit – sowohl in Bezug auf Ihre Träume selbst, als auch auf Ihr ganzes Leben! – ans Herz zu legen. Und ich vertraue darauf, dass jene von Ihnen, für die das bewusste Spiel mit ihren Träumen wichtig und wertvoll ist, sich von diesen Hinweisen angesprochen fühlen und sich weiter informieren!

Hochsensibel SPIELEN

Wie Ihnen bereits aufgefallen sein dürfte, spreche ich generell lieber vom `Spielen´ als vom `Arbeiten´, vor allem in Bezug auf unsere Persönlichkeitsentwicklung – ganz einfach weil unser inneres Kind lieber mitspielt als mitarbeitet!

Aber abgesehen davon können Spiele für HSP ungemein wertvoll sein. Einerseits um Druck abzubauen, abzuschalten und sich zu regenerieren. Viele von uns (vor allem Scanner) tun sich schwer, im Nichts-Tun abzuschalten. Uns bieten wenig anspruchsvolle Computerspiele wie Mahjong, Solitär oder Tetris eine gute Gelegenheit, die Außenantennen abzuschalten und die Aufmerksamkeit im Hier und Jetzt zu fokussieren. Gewaltspiele eignen sich natürlich nicht!

Abgesehen davon befriedigen diese Spiele (ähnlich übrigens wie Puzzles oder Memory) ein Ur-Bedürfnis! Es geht darum, passende Paare zu finden und zu verbinden; oder Figuren in passende freie Räume einzufügen. Und dieses Bedürfnis ist vor allem bei alleingeborenen Zwillingen stark: in Analogie zu sich selbst und ihrer anderen Hälfte wollen sie immer passende Paare zusammen bringen.

Darüber hinaus holen sie sich beim Gewinn Glückshormone – besonders wenn dann am Bildschirm zur Belohnung noch ein Feuerwerk erscheint ☺; das freut dann vor allem das innere Kind.

Parallel dazu eignen sich solche scheinbar anspruchslosen Spiel-Zeiten hervorragend, um in Muße die oft viel zu vielen komplexen Eindrücke, die das Hirn gesammelt hat, aufzuarbeiten.

Allerdings kann das eine Gratwanderung sein, denn die Sucht liegt immer nahe. Einerseits um aus einem als zu grob und schwer und verwirrend empfundenen Alltag zu flüchten. Andererseits weil das Belohnungszentrum im Gehirn aufgrund des Gewöhnungseffektes nach immer mehr verlangt.

Daher empfehle ich Ihnen, sich durchaus solche Zeiten des Abschaltens zu gönnen, wenn Ihnen solche Spiele Freude bereiten; dabei aber Acht zu geben, nicht danach süchtig zu werden! Ich setze mir dann immer bewusst ein Limit – was allerdings nicht heißt, dass ich es auch immer einhalte ☺!

Hochsensitiv KOMMUNIZIEREN

Auch dieses Kapitel erhebt nicht den Anspruch, Ihnen eine wissenschaftliche Abhandlung zu bieten! Ich möchte hier einfach ein paar meiner Gedanken zum Thema `zwischenmenschlicher Austausch´ von HSP mit Ihnen teilen.

Kommunikation geht bei allen Menschen über den bloß verbalen Austausch hinaus – in Kommunikations-Trainings lernen wir, dass über 85% der Kommunikation nonverbal sind. Bei HSP gilt das aber ganz besonders, weil sie die nonverbalen Signale um vieles stärker wahrnehmen. Das liegt einerseits an ihrer Hochsensitivität und andererseits an der (zumeist) Dominanz ihrer rechten Gehirnhälfte, in der die nonverbale Verständigung ja ihren Hauptsitz hat; während unsere Sprachzentren in der linken Gehirnhälfte sitzen.

Wenn Sie schon einmal versucht haben, einen emotionalen Konflikt per Email zu klären, dann wissen Sie, dass Missverständnisse (auch beim Einsatz von noch so vielen Emoticons!) geradezu vorprogrammiert sind! Das heißt, bloße Worte haben immer ein sehr weit gefächertes Bedeutungsspektrum – je nach Eloquenz, Bildungsstand, familiärer Sprachkultur, sozialem Umfeld und Belesenheit.

Allgemein heißt es: „die Botschaft entsteht beim Empfänger“, und das ist bis zu einem gewissen Grad richtig. Dennoch ist aus meiner Sicht ein klagloses Funktionieren einer guten Kommunikation vor allem eine Funktion der Resonanz zwischen zwei Menschen.

Wir haben – und das scheint mir vor allem für HSP zu gelten! – zu jedem Wort ein Bild und andere Assoziationen; vor allem aber eine damit verbundene Gefühlsnote! Wenn ich beispielsweise das Wort `Baum´ schreibe, dann verbinden Sie beim Lesen ein bestimmtes Bild, vor allem aber ein Gefühl damit. Ebenso wie auch ich beim Schreiben. Und das Gefühl wird jeweils ganz anders sein, wenn ich `Krokodil´ schreibe und Sie dieses Wort lesen; oder `Regenbogen´ oder `Wasserfall´ oder auch `Freiheit´ oder `Liebe´...

Hier befinden wir uns aber erst im Bereich der Worte, reduzieren uns also auf die Übermittlung einer verbalen Botschaft. Würde ich mich in Ihrer Nähe befinden und Ihnen diese Worte mit einer speziellen Betonung ins Ohr flüstern oder mit der entsprechenden Mimik entgegen schreien, hätten Sie vermutlich ganz andere Assoziationen dazu. Wenn Sie nun nicht nur hochsensibel, sondern auch hochsensitiv sind, würden Sie, über meine Worte hinausgehend, auch noch meine damit verbundene (oder nicht unmittelbar damit verbundene) Gestimmtheit wahrnehmen; und wenn Sie meine Gedanken lesen könnten, vielleicht sogar mein diese Worte begleitendes Denken. Was Ihnen zweifellos ein anderes Bild und ein anderes Gefühl vermitteln würde.

Das heißt, in der Kommunikation von HSP kommen zu den Worten nicht nur die Mimik, die Gestik und die Betonung hinzu; sondern die Gefühlslage des Senders in der Begegnung mit der des Empfängers: und die die Kommunikation begleitenden Gedanken – die dem Gespräch sinnverwandt sein können, aber nicht unbedingt müssen.

Denn bei beiden Gesprächspartnern können durch diesen Dialog Trigger ausgelöst und Assoziationsketten in Gang gesetzt werden, die in eine völlig andere Richtung gehen. Ist Ihnen schon einmal aufgefallen, dass wir während des Gespräches über ein Thema – zumindest phasenweise – an ein ganz anderes Thema denken können; weil meist irgendwelche Assoziationen mit herein schwingen?

Sehen Sie, wie ungemein komplex die Kommunikation wird, wenn wir all diese Faktoren mit einbeziehen, die besonders bei HSP zum Tragen kommen? Manchmal wundere ich mich angesichts all dessen, wie überhaupt je ein Gespräch zu einem sinnvollen Ergebnis – ja vielleicht sogar zu beidseitigem Verständnis führen kann ☺.

Eine Kommunikationsform, die sich meiner Ansicht nach für HSP besonders eignet, ist die „Gewaltfreie Kommunikation“ von Marshall Rosenberg, bei der Empathie die Basis für einen wertschätzenden Umgang miteinander ist. Dabei sollen sich alle Gesprächspartner (im Alltag, in der Therapie oder auch in der Lösung von Konflikten) vor allem wohl und angenommen fühlen, um den gedanklichen Austausch zu fördern! Das aktive Zuhören steht im Vordergrund, und es geht vorwiegend um die Gefühle, die hinter Reaktionen stehen; und die Bedürfnisse, die die jeweiligen Handlungen bedingen.

Da die GFK nicht zu meinen Hauptgebieten gehört, ging es mir hier vor allem darum, Sie darauf aufmerksam zu machen und zur Vertiefung auf die entsprechenden Bücher zu verweisen.

Hochsensible SPIRITUALITÄT

Wenn wir schon eine Unterscheidung zwischen hochsensibel und hochsensitiv machen, dann sind vor allem hochsensitive Menschen besonders offen für Spiritualität; allerdings meist erst dann, wenn sie ihre Anlage – und sich selbst in ihrer Anlage – annehmen und ganz dazu stehen können.

Und leider ist das oft nicht der Fall! Ich habe zwar zahlreiche HSP kennen gelernt, die meinen Hinweis auf ihre spezielle Anlage dankbar angenommen und dann auch den Test gemacht haben, um Bestätigung zu finden. Aber leider sind mir auch viele HSP eindeutig als solche aufgefallen (was wohl vor allem an meiner selektiven Wahrnehmung lag), die absolut nicht bereit waren, sich mit dieser Anlage auseinander zu setzen. Grund dafür scheint einerseits zu sein, dass es in unserer Gesellschaft nicht unbedingt salonfähig ist, so dünnhäutig zu sein. Andererseits blockieren viele ihre Feinfühligkeit, weil sie damit Wunden ihrer Kindheit assoziieren und sich nicht mit diesen auseinander setzen wollen.

Jene aber, die bereit sind, hinzusehen – und ich nehme an, dass Sie als Leser und Leserin dieses Buches dazu gehören –, finden leicht Zugang zu all den wunderbaren Geschenken, die mit dieser Anlage verbunden sind! Dazu gehören unter anderem auch ein sehr unmittelbarer Zugang zur geistigen Welt (daher sind viele HSP Medien) und eine natürliche Begabung zu allerlei energetischen Spielen. Menschen, die bereit sind, ihre Anlage zu leben und daraus zu profitieren, sind oft aurasichtig oder aurafühlig, können teilweise sogar den Verlauf ihrer Meridiane wahrnehmen und haben meist ein hohes heilerisches Potenzial. Vor allem im Spiel mit der Quanten-Welle habe ich diesbezüglich erstaunliche Erfahrungen gemacht. Die Welle einer HSP ist meist stärker wahrnehmbar und besonders wirksam!

Meiner Erfahrung nach gibt es hier eine schöne gegenseitige Potenzierung: einerseits fördert die Entfaltung der spirituellen Fähigkeiten die Entwicklung der Persönlichkeit; und umgekehrt. Je selbstbewusster HSP sind – also je bewusster sie sich ihrer selbst und ihrer Anlagen sind –, umso leichter entfalten sich ihre spirituellen Talente; zu denen sie eine besondere Begabung haben! Und das passiert meiner Erfahrung nach meist ganz von selbst, wenn sie auf die Signale Ihrer Seele achten und diesen nachkommen…

Hochsensible SYNÄSTHESIE

Synästhesie ist die Fähigkeit, mehrere Sinne gleichzeitig (aneinander gekoppelt) wahrzunehmen, also quasi eine Art Symphonie der Sinne. Sie soll rund 4 % der Bevölkerung betreffen; andere Forscher gehen von 10 % aus; aber es dürfte eine weit höhere Dunkelziffer geben – vor allem unter HSP! Die meisten Betroffenen sprechen nicht darüber, weil sie denken, ihre Wahrnehmung sei normal und jedem anderen würde es genau so gehen. Und wenn sie darüber sprechen, ernten sie meist Unverständnis. Frauen sind häufiger betroffen; und in der Kindheit dürfte diese Anlage meist noch stärker ausgeprägt sein. Manche Experten gehen sogar davon aus, dass fast alle Menschen als Synästhetiker geboren werden, die meisten diese Fähigkeit aber in den ersten Monaten wieder verlieren.

Obwohl dieses Phänomen also häufig nicht ausgeprägt ist, haben synästhetische Formulierungen in unseren Sprachgebrauch Eingang gefunden wie ein „strechender Geruch“, „knallige Farben“, ein „weicher Klang“ oder eine „bittere Erfahrung“; man kann sich „grün ärgern“ oder „einen Tag blau machen“; es gibt „rote und schwarze Zahlen“...

Synästhesie kann genuin sein, also angeboren und damit vererbbar. Sie kann aber auch induziert, also bewusst provoziert werden; indem man sich beispielsweise bewusst Farben zu Musik vorstellt. Was allerdings auch nach der Einnahme von Drogen wie LSD passieren kann. Koffein und vermutlich auch Thein scheinen die Synästhesie zu hemmen, während Alkohol oder Marihuana sie steigern soll.

Es gibt die sensorische Synästhesie, bei der beispielsweise Klänge gesehen oder Farben gehört werden; also verschiedene Sinneswahrnehmungen zu verschmelzen scheinen. Ein akustischer Reiz, der das Gehirn erreicht, wird bei diesen Menschen nicht nur im Hörzentrum verarbeitet, sondern in einer Art Übersprung auch in der Sehrinde. Das `Farben-Hören´, also die Kombination aus Sehen und Hören ist die häufigste Form; aber oft sind auch andere Sinne betroffen. Dann kann etwa Essen mehr als nur ein geschmackliches Vergnügen sein.

Kognitive Synästhetiker sind häufiger. Sie bringen etwas, das sie meist früh gelernt haben, mit bestimmten Dingen in Verbindung. Beispielsweise verbinden sie ein Wochentag oder Monat mit einer bestimmten Farbe oder Form – wobei diese Verbindung das ganze Leben lang konstant bleibt. Oder sie verschmelzen Namen, Buchstaben oder Zahlen mit anderen Eindrücken. Oft gibt es aber auch räumliche Anordnungen oder eine Geschlechts-Zuteilung – so kann ein Wochentag oder eine Zahl weiter oben oder weiter unten sein und ein bestimmtes Geschlecht haben.

Es gibt Selbst-Tests, um eine solche Anlage zu verifizieren, deren Ergebnis jedoch nicht unbedingt zu 100% stimmen muss. Daher empfehle ich sie Ihnen nur dann, wenn Sie es spielerisch angehen können und keine allzu hohen Erwartungen daran knüpfen. Einfach weil Erwartungen die Tendenz in sich haben, enttäuscht zu werden – und wie stressig Enttäuschungen sind, weiß wohl jede HSP.

Bei einem Test werden beispielsweise die Namen von Farben in einer anderen Farbe geschrieben – und interessanterweise tun wir uns generell schwerer, die Farbe zu lesen als das Wort. Synästhetiker brauchen länger, um `richtig´ oder `falsch´ zu erkennen, wenn Farbe und Wort nicht zusammen passen, es für sie also das falsche Wort oder die falsche Farbe ist. Sie empfinden das als unangenehm und irritierend, was im Test meist zu einer kleinen Verzögerung führt.

Für mich persönlich ist es immer wieder faszinierend, wie ich die ganz unterschiedlichen Schmerzqualitäten, die ich bei der (besonders für eine HSP oft sehr schmerzhaften!) Myo-Reflex-Therapie empfinde, mit Farben, Formen und Geschmäckern verbinde. Ein Phänomen, das schon mein Vater im Zusammenhang mit dem `bitteren und giftgrünen Schmerz´ seiner Angina Pectoris berichtet hat. Offenbar habe ich diese spezielle Synästhesie also von ihm geerbt.

Hirnphysiologisch scheint es bei diesem Phänomen zu einer vermehrten Vernetzung des Gehirns und daraus resultierend zu einer besonderen Vielschichtigkeit zu kommen; die Wissenschaftler weltweit erforschen, weil sie sich Einsichten erhoffen, die auch für andere Menschen wertvoll sein könnten. Eine Theorie dazu ist, dass zwischen den Wahrnehmungsarealen, die an der Entstehung der Synästhesie beteiligt sind, bereits anatomisch ausgeprägte Verkabelungen, also Nervenbahnen, existieren. Wobei sich für mich die Frage stellt, ob nicht wir alle ursprünglich solche dichteren Vernetzungen haben, diese sich allerdings aufgrund von Nicht-Gebrauch wieder zurückbilden.

Im Prinzip geht es dabei also um Sinneseindrücke, die es eigentlich gar nicht geben kann; weil sinnliche Wahrnehmungen durch einen anderen als den entsprechenden Sinnesreiz ausgelöst werden. Dabei handelt es sich aber nicht um bloße Einbildung, sondern einen durchaus messbaren Effekt im Gehirn. Die entsprechenden anderen Hirnareale werden also tatsächlich mit stimuliert.

Meinem Gefühl nach kommt dieses Phänomen unter HSP gar nicht so selten vor. Allerdings sind sich die meisten Synästhetiker ihrer Besonderheit oft gar nicht bewusst, weil ihre Gabe für sie ganz normal ist. Sie empfinden die kombinierten Eindrücke als zusammengehörig und betonen, es würde ihnen etwas abgehen, wenn sie diese Verschmelzungen nicht wahrnehmen würden.

Wer weiß, vielleicht sollte ich dieses Kapitel nur schreiben, um Sie auf Ihre bisher noch nicht als solche erkannte Synästhesie aufmerksam zu machen? Ich bin dabei einem inneren Impuls gefolgt und würde mich freuen, wenn ich einigen unter Ihnen auch diese Offenbarung bringen konnte.

Wenn Sie Synästhetiker sind, können Sie sich einfach an dieser Fähigkeit erfreuen, indem Sie etwa ein Konzert bewusst mit all den Farben, die Sie parallel zu den Klängen wahrnehmen, genießen. Aber es gibt Menschen, die ihre Gabe gezielt nützen, um eine neue Sprache leichter zu lernen. Dank einer Ziffern-Farb-Synästhesie können Sie beispielsweise neue Vokabeln mit den für Sie passenden Farben (oder auch anderen Sinneseindrücken) kombinieren; damit haben Sie das neu zu Lernende mehrfach und damit stärker in ihrem Gehirn repräsentiert; und infolge dessen leichter abrufbar.

Allerdings kann ausgeprägte Synästhesie auch zu Reizüberflutung führen; etwa wenn in größeren Menschenansammlungen zu viele Wahrnehmungen auf einmal auf Sie zu kommen. Dann können Sie Ihre Eindrücke nicht mehr differenzieren. In diesen Fällen sollten Sie dem Drang folgen, sich zurück zu ziehen! Am besten in die Natur.

Synästhetiker sind eher kreativ und viele Kreative sind synästhetisch: aber das ist kein Muss. Berühmte Synästheten waren: Wassily Kandinsky, der musikalische Bilder malte, J. W. Goethe, die Musiker F. Liszt, J. Sibelius, Jimmy Hendrix und Billy Joel, der Forscher Nikola Tesla und der amerikanische Physik-Nobelpreisträger Richard Feynman, die Dichter Edgar Allan Poe (er hatte eine Farb-Ton-Synästhesie) und Arthur Rimbaud, der in seinem Gedicht „Voyelles" (Vocale) ein Beispiel für Buchstaben-Farb-Synästhesie beschreibt.

Hochsensibel LACHEN

Humor kann den emotionalen Zustand eines Menschen und dessen Wahrnehmung tief greifend verändern – er erweist sich daher mehr und mehr als Behandlungs-Form mit großem und nachhaltigem Nutzen. Als wirksamer Eisbrecher gegen die häufigsten negativen Emotionen wie Ärger, Wut, Neid und Resignation verschafft er uns Zugang zu einer unschätzbaren emotionalen Ressource: unserer Freude. Menschen, die viel lachen, sind auch besser gegen Angst gefeit. Auch jene, die gar nicht als solche verstanden wird, sondern somatisiert wird und den Betreffenden in einen Teufelskreis von Hoffnungslosigkeit führt; die von außen gesehen oft gar nicht verständlich erscheint, weil materiell alles da zu sein scheint.

„Lachen ist die beste Medizin!“ – das weiß schon der Volksmund! Aber mittlerweile befasst sich auch die Medizin damit. Weltweit erforschen heute Mediziner in gelotologischen Instituten (Gelotologie = Wissenschaft vom Lachen) die „Biologie unseres Humors“, indem sie die Gehirnaktivität von Probanden untersuchen, denen gute und weniger gelungene Witze erzählt oder Filme mit Stan Laurel und Oliver Hardy gezeigt werden. Während dieser Zeit werden regelmäßig die unterschiedlichsten physiologischen Parameter gemessen.

Lachen fördert ganz allgemein alle wichtigen physiologischen Systeme: es stimuliert das Herz-Kreislauf-System, die Atmung, das Gehirn, die Skelettmuskulatur sowie das Hormon-System auf positive Weise. Wenn das Zwerchfell beim Lachen hüpft, massiert es die Eingeweide und fördert so die Verdauung und den Stoffwechsel.

Zwanzig Sekunden herzliches Lachen entsprechen einer körperlichen Leistung von drei Minuten schnellem Rudern oder Laufen; und sind eine hervorragende Präventiv-Maßnahme gegen alle möglichen Erkrankungen. Obwohl diese Wirkung auf den ersten Blick paradox erscheint, wirkt Lachen tatsächlich entspannend und entkrampfend! Zunächst erhöhen sich im Lachen zwar die Herzfrequenz und der Blutdruck; aber nach wenigen Minuten folgt auf diese Art Schockzustand die Entspannungsphase: der Herzschlag verlangsamt sich und bleibt dann nachhaltig auf einem niedrigen Niveau; und auch der Blutdruck sinkt und bleibt tief.

Die Skelettmuskulatur, die beim Lachen zunächst angespannt wird, entspannt sich danach dauerhaft. Und genau diese entspannende

Wirkung des Lachens dient der Schmerz-Bekämpfung; weil viele Schmerzen mit anhaltender Muskelanspannung verbunden sind! Aber Lachen ist auch dank der damit verbundenen Endorphin-Ausschüttung ein hervorragender Schmerzkiller.

Gelotologen fanden auch heraus, dass beim Lachen die Konzentration des Immunglobulin A steigt, ein vom Körper produzierter Antikörper, der vor allem in der Mundschleimhaut, in den Atemwegen und den Augen Infekte abwehrt. Aber Lachen stimuliert auch die natürlichen Killerzellen, Krebszellen zu identifizieren; es regt jenen Teil des Immun-Systems an, der mit Viren infizierte Zellen zerstört; und es vermindert die Produktion von Cortisol im Körper – jenes Stresshormon, das unsere Immunabwehr drosselt.

Obwohl Wortspiele und Witze in verschiedenen Regionen des Gehirns verarbeitet werden, gibt es eine zentrale Humor-Schaltstelle. In dieser kommen alle Informationen zusammen; und sie gibt den Befehl zum Lachen oder zumindest zum Schmunzeln. Dieses Lach-Zentrum sitzt im Stirnhirn unmittelbar hinter den Augenhöhlen. Dort wird also die Entscheidung getroffen, ob gelacht werden darf oder nicht – die viel zu oft in ein Nein mündet!

Humor-Forscher meinen, die Welt leide an fatalem \`AADS´ (\`acquired amusement deficiency syndrom´ = erworbenes Humor-Defizit). Daher gibt es heute weltweit Lach-Clubs und Lach-Seminare mit vielen tausenden von Mitgliedern. Die Initiative ging vom indischen Arzt Dr. Kataria aus, der eine Lachtechnik auf Basis des Yoga entwickelt hat. In Indien gibt es auch regelmäßig Lach-Wettbewerbe, bei denen jedes Jahr der/die beste Lacher/in gefunden wird.

Je mehr wir lachen, umso empfänglicher werden wir für Humor. Allerdings scheint vielen von uns das Lachen schon in der Kindheit abhanden gekommen zu sein. Aber es ist nicht wirklich verloren, sondern bloß verschüttet: wir können es wieder finden und reaktivieren – genau wie unsere Freude.

Das wussten auch seit jeher Therapeuten! Alfred Adler brachte mit seiner \`konfrontativen Technik´ seine Patienten dazu, auch das Komische in ihren Problemen zu sehen. Viktor Frankl setzte auf die \`paradoxe Intention´. Und Paul Watzlawick bemerkte, dass der Versuch, Symptome loszuwerden, häufig das Gegenteil bewirkte. Also beschrieb er Wege, die scheinbar in die entgegengesetzte, unvernünftige Richtung führten.

Auf manche Menschen wirkt Lachen beängstigend – die Medizin spricht von `Gelotophobie´, die viel häufiger sein dürfte, als man annehmen würde. Und sie ist vor allem bei HSP nicht selten. Dahinter steckt oft die Scham, von anderen ausgelacht zu werden. Daher wird in den Lach-Clubs auch gezielt ohne Grund gelacht, denn Witze könnten für manchen Beteiligten verletzend wirken oder – vor allem unter Stress – auch nicht richtig verstanden werden.

Wenn HSP sich in einer Umgebung wohl fühlen und entspannen können, dann haben sie jedoch ihr Lachen zugänglich – daher sollten Hochsensible sich möglichst oft gemeinsam mit anderen HSP in vertrauter Umgebung aufhalten, um vom großen Nutzen dieser urmenschlichen Funktion zu profitieren. Schon Charly Chaplin meinte, der vergeudetste Tag wäre der, an dem er nicht gelacht hätte.

Humor ist übrigens ein Geschenk für beide: den Empfänger und den Sender. Haben Sie schon einmal versucht, ein Lächeln anzuzünden? Ich mache mir oft, wenn ich besonders guter Laune bin, den Spaß und lege es darauf an, andere zum Lachen, oder zumindest zum Lächeln zu bringen – und je mürrischer sie zuvor sind, umso mehr freue ich mich, wenn mir dies gelungen ist ☺!

Kennen Sie das Video von Christine Rabette "Bodhisattva in Metro", in dem ein Mann einen ganzen mürrischen Wagon mit seinem Lachen ansteckt? Obwohl ich es bereits unzählige Male gesehen habe, steckt es mich immer wieder an. Und Sie werden sehen: auch Sie werden mitlachen; weil Sie gar nicht anders können!

Bei dieser Gelegenheit möchte ich Ihnen empfehlen, sich einen Lach-Ordner in Ihrem Outlook zu installieren, in dem Sie alle lustigen Mails, Anhänge und Links sammeln. Und wenn Ihre Stimmung gerade wieder durchhängt, dann schmökern Sie darin! Glauben Sie mir, das ist ähnlich hilfreich wie das Schmerzmittel, das Sie vermutlich alle daheim haben.

Herzhaftes Lachen bringt alle Emotionen näher an die Oberfläche; denn Lachen ist, wie die deutsche Philosophin Ute Lauterbach sagt, subversiv: es reißt Kontrollen nieder. Ich gebe ihr Recht, wenn sie meint: *„Lachen lässt Luft aus unserem aufgeblasenen Ego heraus.“*.

Vor allem über uns selbst zu lachen, ändert unsere ganze Stimmung. Betrachten Sie sich im Spiegel und lassen Sie einfach Ihr Lachen zu, während Sie die wildesten Grimassen schneiden! Auch wenn Sie sich dabei noch so merkwürdig, ja sogar blöd vorkommen – Lachen ist gesund, weil es Sie Endorphine ausschütten lässt.

Etwas, was mich auch immer wieder amüsiert – und was ich Ihnen empfehle, auch einmal zu versuchen –, ist Folgendes: Stellen Sie sich in der U-Bahn zur Tür und spielen Sie mit Ihrem Spiegelbild, das sichtbar wird, während der Zug durch die Tunnels fährt. Lächeln Sie sich freundlich zu und beobachten Sie dabei die anderen Passagiere, die sich über Sie mokieren ☺; wohl wissend, dass in Wahrheit nicht Sie der/die Lächerliche sind.

Ähnlich belustigend ist es, wenn Sie mit dem Auto im Stau stehen und, anstatt bitterböse drein zu schauen wie die meisten anderen Autofahrer, einen Blick in Ihren Rückspiegel werfen und sich mit Ihrem Spiegelbild amüsieren. Und dann achten Sie wieder auf die Reaktion der anderen! Sie werden sehen, es wird Ihnen große Freude bereiten, wenn Ihnen andere im Blickkontakt dann auch zulächeln oder gar zu lachen beginnen! Dies nicht im Gegeneinander des Sie Auslachens, sondern im Miteinander geteilter Heiterkeit ☺. Aber ich finde auch die gegenteilige Reaktion lustig!

Eine Tatsache, die Ihnen wohl auch schon aufgefallen sein dürfte, ist, dass es einfacher ist, weiterzulachen, als damit anzufangen. Wir alle haben wohl schon die Erfahrung gemacht, dass wir am meisten lachen, wenn wir es nicht sollten; aber auch wenn wir etwas Lächerliches unglaublich ernst nehmen.

Frage Sie sich an dieser Stelle:

Habe ich früher mehr gelacht als heute?
Und wenn ja – gibt es irgendetwas, das dagegen sprechen würde, mein Lachen wieder zu reaktivieren?

Übrigens: *„Wer lacht, kann nicht schießen!“*

Hochsensibler `HELLER SCHATTEN´

Als `hellen Schatten´ bezeichne ich jenes Potenzial an Schätzen, das noch unerkannt in uns schlummert und auf Entdeckung und Entfaltung wartet. Dieser Bereich scheint mir vor allem bei alleingeborenen HSP besonders umfangreich zu sein.

Meist weisen Eigenschaften und Leistungen anderer, die wir bewundern, in diese Richtung; allerdings gilt es, diese Hinweise auch zu erkennen. Diese konstruktiven Spiegelungen können wir mittels `The Work´ ebenso ans Licht bringen wie die destruktiven. Negative Spiegelungen, die andere uns vor Augen führen, weisen uns vor allem auf unseren lieblosen, selbst erniedrigenden, achtlosen Umgang mit uns selbst hin – sie spiegeln uns den `dunklen Schatten´.

Zum Thema `Schattenarbeit´ – vor allem in Bezug auf die dunkle Seite der Medaille – gibt es eine Menge guter Literatur. Der `helle Schatten´ wird meiner Ansicht nach eher stiefmütterlich behandelt. Obwohl er doch meist ungeahnte Kostbarkeiten für uns bereithält, die ans Tageslicht zu bringen wesentlicher Teil unserer Lebensaufgabe ist. Und dazu möchte ich Sie in diesem Kapitel inspirieren.

Das Potenzial von HSP ist generell sehr reich angelegt. Allerdings hindern uns der Mangel an Selbstwertgefühl und die daraus resultierende Tendenz zur Selbstsabotage – also das, was ich als „mit angezogener Handbremse Vollgas Fahren“ bezeichne – meist daran, dieses Potenzial auch tatsächlich zu nützen.

Das liegt auch am ausgeprägten Perfektionismus, unter dem die meisten HSP – ganz besonders die alleingeborenen – leiden. Und zwar im wörtlichen Sinn leiden! Denn damit machen sie sich das Leben unnötig schwer und versagen sich jegliche Zufriedenheit; die uns meiner Ansicht nach in eine sehr wertvolle Schwingung bringt. Eine, aus der wir sicher mehr schaffen, als in der nagenden Unzufriedenheit, die viele von uns ein Leben lang begleitet.

Wie finden Sie nun Zugang zu diesem `hellen Schatten´, Ihren Perlen oder Nuggets; oder wie auch immer Sie die verborgenen Kostbarkeiten bezeichnen wollen? Wie entdecken Sie brachliegende Potenziale? Wie heben Sie Ihren Schatz? Dazu gibt es verschiedene Spiele, deren ich Ihnen einige ans Herz legen möchte.

Als erstes sind hier einige prozess-orientierte Fragen:

Welche Eigenschaften bewundere ich an anderen?
Welche Fähigkeiten, die mir an anderen gefallen, hätte ich auch gerne?
Um welche Leistungen beneide ich andere?
Welche Talente fallen mir bei anderen immer wieder ins Auge?
Welche Stärken würde ich mir auch wünschen?
Wie wer wäre ich gerne?
In welchen Bereichen meines Lebens wäre ich gerne anders?
Wer ist mein leuchtendes Vorbild?
Wem eifere ich nach, ohne an meinen Erfolg zu glauben?

Was ist Ihnen alles zu diesen Fragen eingefallen?

Eine weitere Möglichkeit wäre, Ihre Zukunft zu Rate zu ziehen und sich einen Brief aus Ihrer Zukunft zu schreiben ☺. Ja, Sie lesen richtig! Auf diesen `Dialog der Hände´ gehe ich etwas später noch ein.

<u>Innere Ratschläge aus der Zukunft</u>

Ich schreibe mit meiner rechten Hand einen Brief an mein zukünftiges Selbst (meine weise Alte, meinen weisen Alten im Alter von 70 oder 80 Jahren) und frage es, welche Potenziale aus seiner Sicht derzeit auf Entfaltung warten.
Dann wechsle ich mein Schreibgerät in die linke Hand und lasse mein weiseres Selbst mir über diese aus der Zukunft antworten!

Was hat Ihr weises Selbst Ihnen über Ihre linke Hand geschrieben? Ist das nicht erstaunlich?

Aber es gibt noch einen weiteren Persönlichkeitsanteil in Ihnen, dessen Weisheit Ihnen helfen kann, verborgene Potenziale zu entdecken: Ihr inneres Kind. Ihr inneres Kind hat noch einen viel direkteren Zugang zu jener Zeit, als Ihre selbst sabotierenden Blockaden noch nicht so wirksam waren, als Ihr erwachsenes Selbst.

Versetzen Sie sich daher in Ihre Kindheit und fragen Sie sich:

Was habe ich als Kind am liebsten gespielt?
Was wollte ich als Kind einmal werden?
Welche Berufe sind mir vorgeschwebt?
Was war mein Lieblingsbuch als Kind?
Als wen/was habe ich mich im Fasching verkleidet?
Wovon habe ich als Kind geträumt?
Als Kind wollte ich …
Als Kind hätte ich … gebraucht!
Als Kind war mir … wichtig!
Als Kind wäre mit … wichtig gewesen!
Als Kind war mir klar, dass ich eines Tages …

Aber natürlich können Sie auch den `Dialog der Hände´ mit Ihrem inneren Kind spielen:

Ratschläge von meinem inneren Kind

Ich schreibe mit meiner rechten Hand einen Brief an mein inneres Kind und frage es, welche Potenziale aus seiner Sicht derzeit auf Entfaltung warten.
Dann wechsle ich mein Schreibgerät in die linke Hand und lasse mein inneres Kind mir über diese antworten!

Darüber hinaus können Sie sich auch fragen:

Welche Begriffe/Bezeichnungen wurden mir als Kind immer wieder an den Kopf geworfen?
Welche möglichen Begabungen könnten dadurch verschüttet worden sein?

So könnte die `Ang´rührte´ bereits sehr früh schon die `Hochsensible´ angekündigt haben; der `Träumer´ den `Kreativen´; die `Neugierige´ die `vielseitig Interessierte´; der `Lügner´ den `Phantasievollen´; das `Plappermaul´ die `Eloquente´…

Aber es gibt noch ein weiteres Zeichen für Seelen-Resonanz: Ihre Begeisterung!

Das Fremdwort dafür lautet „Enthusiasmus“, was wörtlich übersetzt `Eingöttlichung´ heißen würde ☺! Begeisterung ist eine ungemein wertvolle Schwingung, die ich als guten Wegweiser in die richtige Richtung sehe. Fragen Sie sich daher:

Was begeistert mich?
Wobei lacht mein Herz?
Was genieße ich in vollen Zügen?
Wobei fließt meine Energie?
Wobei bin ich im Flow?
Wofür brenne ich?
In welchen Situationen kann ich leicht meine Sinne öffnen?
Was entfacht meine Leidenschaft und Hingabe?
Ich welchen Situationen vergesse ich mich ganz und gar?
Wobei gebe ich mich hin, ohne mich auf- oder wegzugeben?
Wobei vergesse ich Zeit und Raum?
Bei welchen Tätigkeiten fühle ich mich daheim?
Wobei bin ich besonders in meiner Kraft?
Wann und mit wem bin ich spontan und ausgelassen?
Was nehme ich mir für meine Pension vor?

Was begeistert Sie?

Aber auch diese Fragen lüften interessante Geheimnisse:

Wenn ich noch 5 Leben zur Verfügung hätte, welche Beruf würde ich wählen?
Wäre ich noch einmal 20 und hätte genug Geld – was würde ich alles tun?
Wäre ich 65 und hätte Geld und Zeit – was würde ich alles tun?
Was würde ich probieren, wenn es nicht zu verrückt wäre?
Was würde ich tun, wenn es nicht zu egoistisch wäre?
Was täte ich, wenn es mir nicht peinlich wäre?
Wofür ist es schon zu spät?
Wofür ist es noch zu früh?

Und was fällt Ihnen noch alles dazu ein?

Hochsensible SELBSTERKENNTNIS

In den folgenden Kapiteln möchte ich Ihnen einige Werkzeuge zeigen (oder in Erinnerung bringen, wenn Sie sie bereits kennen), die mir selbst und vielen anderen geholfen haben. Einerseits uns selbst besser kennen – und dann hoffentlich auch lieben ☺! – zu lernen. Andererseits den für uns HSP besonders fatalen Stress zu lösen und wirklich der Homo Sapiens Sapiens zu werden; als der wir das enorme Potenzial, das in uns allen schlummert, erst zugänglich haben und entfalten können.

Die Astrologie ist eigentlich mein \`ältestes Spiel´. Ich spiele seit 1975 damit und kam ursprünglich als sehr kritische Hinterfragerin dazu. Damals dachte ich, es wäre Unsinn, dass „die Sterne Einfluss auf uns hätten". Aber da ich danach trachte, nichts zu be- oder gar zu verurteilen, womit ich mich nicht intensiv auseinandergesetzt habe, habe ich mir mein erstes astrologisches Buch gekauft; und habe mich eine Weile recht fasziniert dieser Materie gewidmet – und war gefangen! In der erstmaligen Bearbeitung meines eigenen Horoskopes und dem meiner Lieben durfte ich erkennen, dass eine niveauvolle astrologische Deutung durchaus Sinn macht und wertvoll ist. Und erstaunlicherweise entdecke ich auch nach so vielen Jahren noch interessantes Neues.

Einerseits zeigt unser Horoskop uns Potenziale, die vielleicht noch unentdeckt in uns schlummern. Andererseits erkennen wir darin Schwachstellen, die zu meistern wir offenbar auf die Welt gekommen sind. Und darüber hinaus bietet es uns in der kombinierten Deutung mit den laufenden Jahreshoroskopen jeweils Einblick in die aktuell wirksame Zeitqualität.

Die alten Griechen unterschieden ja die Zeitquantität (= Chronos) von der Zeitqualität (= Kairos). So ist es natürlich nicht die Astrologie mit all ihren Planeten, Tierkreiszeichen, Häusern und Aspekten, die irgendetwas mit uns macht. Genau wie die Uhr nicht Einfluss auf den quantitativen Zeitaspekt hat; oder das Thermometer auf die Temperatur! Sondern ein Horoskop (das uns in der wörtlichen Übersetzung hilft, „in die Stunde zu schauen") zeigt als spezifisches Messinstrument die jeweils aktuelle Zeitqualität an, zu der ein Ereignis (eine Ehe, eine Geschäftseröffnung oder in der Geburt ein Menschenleben) beginnt; und wie es demnach geprägt wird.

Es gibt unzählige verschiedene astrologische Schulen (erinnern Sie sich an die Blinden, die den Elefanten beschreiben ☺), die uns jeweils spezifische Einblicke in den gestirnten Himmel gewähren. Ich habe mich mit einigen davon näher befasst und daraus mein persönliches astrologisches Mosaik gestaltet. In dieses möchte ich Ihnen hier einen kleinen Einblick geben – speziell in Bezug auf HSP.

Als nächstes möchte ich Sie mit dem numerologischen System bekannt machen, das ich anwende. Auch davon gibt es unterschiedliche, deren mir jenes, das auf Pythagoras zurückzuführen ist, am nächsten liegt. Hier gibt es 9 Archetypen, die in mehreren relevanten Zahlen ihren Niederschlag finden; aber die wesentlichste und am meisten spürbare Zahl ist die Lebenszahl. Zu dieser habe ich 9 kurze Beschreibungen für Sie zusammengestellt – ohne Anspruch auf Vollständigkeit! Sehen Sie bitte auch dieses Kapitel als Appetitmacher für einen tieferen Einstieg in diese Materie; wenn auch Sie Feuer fangen.

Meine erste Begegnung mit der Numerologie hatte ich im Jahr 1985; und war damals sehr beeindruckt von der Stimmigkeit der Beschreibung meiner Lebenszahl. Allerdings waren mir damals noch nicht die entsprechenden Bücher zugänglich; so verlor ich die Zahlen wieder aus den Augen. Erst 2014 kam dieses Numerologie-System wieder auf mich zu – und hat mich neuerlich gefangen genommen.

In der Zwischenzeit hatte mir jemand ein Numeroskop nach einem anderen System erstellt, mit dem ich merkwürdigerweise absolut nichts anfangen konnte. Umso mehr konnte ich dann die großartigen Videos von Aditi Ghosh, die ich im Internet zu meinem ursprünglichen System fand, schätzen. Und stieg mit neu erwachter Freude wieder in dieses höchst wertvolle Werkzeug zu vertiefter Selbsterkenntnis ein.

Ein weiteres wundervolles Werkzeug zur Bereicherung unserer Selbsterkenntnis ist `The Work´; auf das ich Ihnen auch mit einigen Beispielen Appetit machen möchte. Oder das ich Ihnen in Erinnerung bringen darf, wenn Sie es bereits kennen. Dieses Spiel hat mich bereits in den Büchern angesprochen, aber vor allem das Seminar bei Byron Katie hat mein Herz im Sturm erobert ☺!

Ähnliches gilt für das Frieden bringende hawaiianische Vergebungs-Ritual `Ho´oponopono´, das ich Ihnen in der von Bärbel Mohr angebotenen Adaptation auf westliches Denken vorstellen (oder in Erinnerung rufen) möchte. Auch mithilfe ihrer `doppelten Verständnistechnik´ lernen Sie sich selbst wieder ein Stück näher kennen – und hoffentlich auch lieben! Auch dieses Spiel finde ich sehr hilfreich!

Weiters möchte ich Ihnen den `Dialog der Hände´ ans Herz legen. Vor allem für die extrem Reflektierten unter Ihnen, die alles hinterfragen und immer weiter in die Tiefe gehen wollen, ist dieses Spiel von unschätzbarem Wert. Ausführlich beschreibe ich es in einem eigenen Ratgeber für HSP und Alleingeborene; dennoch möchte ich es Ihnen auch hier kurz vorstellen.

Zuletzt empfehle ich Ihnen eine Art Zwischenbilanz Ihrer verschiedenen Lebensbereiche. Vielleicht in einer Art Ja-Biographie, in der Sie Ihr bisheriges Leben aus der neuen Sichtweise (als HSP und vielleicht auch alleingeborener Zwilling) und auf konstruktive, aufbauende Art und Weise beschreiben. Mit viel Verständnis und Nachsicht auch für all das, was Ihnen nicht gefällt, werden Sie dabei viele Aha-Erlebnisse haben; und vieles, das Sie bisher nicht nachvollziehen konnten, wird Ihnen sonnenklar.

Für mich findet diese Zwischenbilanz immer wieder auch im Zuge des Schreibens meiner Bücher statt; und interessanterweise entdecke ich nach wie vor Neues. Im Sinne von neuen Erklärungen, die mir plötzlich für bisher kaum Verständliches oder Nachvollziehbares zukommen; und mir immer noch das eine oder andere Aha-Erlebnis bescheren. Dies obwohl ich seit über vierzig Jahren sehr bewusst lebe. Und ich liebe Aha-Erlebnisse, weil sie mir immer wieder eine ordentliche Portion Glückshormone schenken ☺.

Geht es Ihnen ähnlich?
Beglückt es Sie auch so, wenn Ihnen etwas klar wird, was bisher umnebelt und nicht greifbar schien?
Lieben Sie auch diesen Moment, in dem sich der Schleier hebt und mit einem großen Aha auf einmal Klarheit da ist?

Jedenfalls empfehle ich Ihnen, sich wirklich Zeit und Muße für diesen schriftlichen Lebensrückblick aus der neuen Perspektive zu gönnen – seien Sie sich dessen wert! Dokumentieren Sie all die Gedanken, die Sie sich machen; notieren Sie all das, was Ihnen bewusst wird, und all die Einsichten und Ideen, die Ihnen oft plötzlich wie Gedankenblitze in den Sinn kommen! Als HSP sind Sie vermutlich sehr nachdenklich und hungrig nach Verstehen – aus dem heraus erst Verständnis erwachsen kann.

HSP und Astrologie

Die Astrologie arbeitet im Prinzip mit 12 Archetypen, denen jeweils ein Tierkreiszeichen, ein Haus und ein Planet zugeordnet ist. Und mit diesen werden wir hier spielen. Das heißt, Sie bekommen hier keine Rezepte von mir, was es heißt, wenn Sie Ihre Sonne, Ihren Mond oder Ihren Aszendenten in diesem oder jenem Zeichen und Haus haben; weil das hier natürlich den Rahmen sprengen würde. Wenn Sie Ihr Horoskop bereits kennen, wird Ihnen vieles bekannt vorkommen. Wenn Sie sich noch nie mit der Astrologie auseinander gesetzt haben, dann mag meine Beschreibung Ihr Interesse daran wecken. Dann wenden Sie sich bitte an eine kompetente Person, die Ihnen einen spezifischen Einblick in Ihr Geburtsbild und all das, was es zu erzählen hat, gewährt.

Ich möchte hier vor allem die Zusammenhänge zwischen den 12 Archetypen und jeweils davon geprägten HSP aufzeigen; und nehme an, dass Sie sich zumindest in einigem davon wieder erkennen werden. Diese Prägung kann durch eine starke Sonnen- oder Mondposition in einem Zeichen bedingt sein oder durch den Aszendenten. Natürlich spielen alle anderen Planeten in ihren jeweiligen Häusern und Aspekten eine wichtige Rolle in Ihrem Lebens-Orchester; aber diese empfehle ich Ihnen, sich wirklich ausführlich deuten zu lassen.

Den 12 Archetypen ist jeweils ein Haus zugeordnet (das erzählt etwas über das Wo, also den Lebensbereich, in dem sich die angezeigte Qualität äußert), ein Tierkreiszeichen (dieses zeigt das Wie) und ein Planet (dieser spricht für das Was). Niemand ist nur einem einzigen Archetyp zuzuordnen; aber meist zeigt sich im Mischungsverhältnis doch ein gewisser Schwerpunkt einiger Archetypen.

Lesen Sie zuerst bei Ihrem Sonnenzeichen nach und fühlen Sie, wie sehr Sie wirklich vom entsprechenden Archetyp geprägt sind. Ist Ihr Aszendent bekannt, sollten Sie auch diesen zu Rate ziehen. Meiner Erfahrung nach ist er immer wichtig: immerhin ist er der individuellste Punkt im Horoskop. So können Sie für den Tag Ihrer Geburt unter 12 verschiedenen Tierkreiszeichen wählen und Ihren Aszendenten jeweils davon beeinflussen lassen. In meiner Philosophie entscheiden Sie auf Seelenebene selbst über Ihr Horoskop, wählen also sehr bewusst Ihre Prägung (mit all Ihren Schwächen und Stärken) – wie in einer Art Lebens-Menü. Ich nenne das unseren Seelenplan.

Archetyp 1 – 1. Haus / Widder / Mars

In reiner, unverfälschter Form gelebt, ist dieser feurige Archetyp sehr aktiv, energisch, dynamisch und ehrlich; er zeigt sich auch mal aggressiv, impulsiv und cholerisch; er ist der unabhängige Pionier, der Impulse gibt und gern die Initiative ergreift; er beginnt gern Neues, überlässt die Ausführung aber gern anderen; kämpferisch strebt er vorwärts und weiß sich mutig durchzusetzen und seine Wünsche zu realisieren; er nimmt klare Positionen ein, kann gut mit Konflikten umgehen und durchaus auch „nein" sagen; unbekümmert und tatendurstig liebt er Herausforderungen...

Wie wird sich nun eine von diesem Archetyp geprägte HSP darstellen? Höchstwahrscheinlich wird diese feurige Persönlichkeit eher dem extravertierten Typus angehören; und man wird ihr ihre Hochsensibilität nicht so anmerken wie beispielsweise einer eher wässrig geprägten. Oft wird sie ihre Hochsensibilität auch verstecken oder gar verdrängen, weil diese beiden Anlagen scheinbar nicht wirklich zusammenpassen. Aus meiner Sicht ist diese Kombination jedoch sehr interessant – vermutlich nicht leicht zu leben, aber hoch kreativ, charismatisch und durchaus einflussreich. Das sind Menschen, die in ihrer Abenteuerlust die Menschheit wirklich weiterbringen können – eben weil sie auch bereit sind, mutig Neuland zu erkunden und zu erobern.

Wichtig ist für diese Menschen, dass sie sehr bewusst auf Zeiten des Rückzugs in die eigene Stille achten, weil sie den Impuls dazu allzu leicht übersehen und überhören. Daher drohen sie meinem Gefühl nach allzu leicht auszubrennen; sollten also trotz guter Konstitution sehr bewusst auf Ausgleich und Regeneration achten.

Archetyp 2 – 2. Haus / Stier / Venus

In reiner, unverfälschter Form gelebt ist dieser erdige Archetyp eher bodenständig, praktisch und sehr sesshaft; er ist stabil und zuverlässig; geduldig plant er auch langfristig und bleibt beharrlich dabei, seine realistischen Pläne umzusetzen; Haben ist für ihn wichtig und er schätzt vor allem materielle Sicherheit; er ist sinnlich, hingabefähig, weiß zu genießen und hat viel Sinn für das verwertbare Schöne; er grenzt sich friedlich ab...

Eine von diesem Archetyp geprägte HSP erscheint vermutlich eher introvertiert und passt in ihrer starken Sinnlichkeit vor allem zu einer hochsensiblen Anlage – während die Hochsensitivität oft als nicht bodenständig genug empfunden und blockiert wird. Da ein solcher Mensch eher gemütlich und bequem ist und dabei recht gut auf sich selbst aufpassen kann, besteht bei ihm nicht so sehr die Gefahr des Ausbrennens. Als Schwäche kann am ehesten allzu große Trägheit und die Tendenz zu Resignation in Erscheinung treten; und manchmal auch eine Neigung zu Melancholie, die ganz im Gegensatz zur sinnlichen Lebensfreude zu stehen scheint.

Besonders positiv bei dieser Anlage scheinen mir Verlässlichkeit und charmante Liebenswürdigkeit zu sein (Stier ist eines der beiden Venuszeichen!), sowie das hohe kreative Potenzial; dieses bringt, wenn es nicht blockiert wird, viel Schönheit und Ästhetik in die Welt.

Archetyp 3 – 3. Haus / Zwilling / Merkur

Ideal ausgelebt ist dieser luftige Archetyp sehr flexibel und lebhaft; dabei stets vielseitig interessiert, offen für das Unbekannte und extrem wach und aufmerksam; ständig reflektiert, hinterfragt und relativiert er alles und jeden; dabei ist er redegewandt und braucht in der Interaktion mit der Umwelt verbale Kommunikation wie die Luft zum Atmen; er ist humorvoll und im Gedankenaustausch kontaktfreudig, vermittelnd, aber unverbindlich; er ist hoch intelligent und wissensdurstig, manuell geschickt und dabei stets in Bewegung (körperlich, geistig und seelisch)...

Wie wird sich nun eine von diesem luftigen Archetyp geprägte HSP darstellen? Wie leicht in der Beschreibung nachzufühlen ist, ist diese Anlage in ihrer besonderen Lebhaftigkeit und Außenorientierung extrem gefährdet, in die Überstimulation zu kippen. Daher sei diesen Menschen, die meist sowohl hochsensibel als auch hochsensitiv, dabei auch oft viel begabte Scanner Persönlichkeiten sind, dringend ans Herz gelegt, sich zu Zeiten des Rückzugs in die innere Stille zu zwingen. Denn von selbst werden sie diese Ruhezeiten vermutlich nicht einhalten; weil immer irgendetwas interessant ist und dringend bedacht werden muss.

HSP mit dieser Prägung sind die bunten Schmetterlinge auf der Welt (als Kind ist es der Zappelphilipp); sie beleben jede Gesellschaft mit ihrem Esprit und sind begnadete Entertainer – vor allem ihr Humor ist stark ausgeprägt, wobei sie auch über sich selbst lachen können!

Archetyp 4 – 4. Haus / Krebs / Mond

Ideal ausgelebt ist dieser wässrige Archetyp empathisch, fürsorglich und mütterlich (auch als Mann); er ist bewahrend und sammelt mit Vorliebe Erinnerungen, Dinge und Eindrücke; in seiner starken Empfindsamkeit und Einfühlungsgabe wirkt er heilsam und tröstend; sucht dabei Geborgenheit, emotionale Sicherheit und Romantik; in der Verarbeitung von Ereignissen ist er seelisch höchst beeindruckbar und mit viel Phantasie begabt; vor allem in der Kindheit ist er verträumt und zieht sich gerne zurück; im Zusammenleben ist er aufmerksam, feinfühlig und nährend und braucht die Rückverbindung mit seinen Wurzeln…

Wie wird sich nun eine von diesem wässrigen Archetyp geprägte HSP darstellen? Höchstwahrscheinlich ist sie introvertiert und entspricht stark dem Bild, das man sich üblicherweise von einer HSP macht. Ein solcher Mensch nimmt auch die feinsten Schwingungen wahr, ist daher sehr empfindsam, verletzlich und harmoniebedürftig; bei Konflikten zieht er sich rasch beleidigt und oft tränenreich in sein Schneckenhaus zurück.

Diese HSP sind die Übermütter, die alle in ihrer Umgebung behüten, nähren und verwöhnen; dabei neigen sie zu gluckenhafter Overprotection und zum Helfer-Syndrom; in ihrer starken Empathie laufen sie allzu leicht Gefahr, in Co-Abhängigkeit zu geraten.

Archetyp 5 – 5. Haus / Löwe / Sonne

In idealer Ausprägung ist dieser feurige Archetyp offenherzig, großzügig und protegierend; er ist vital und charismatisch, strahlt natürliche Macht aus und ist dabei selbstbewusst, selbstsicher und tolerant; stolz herrscht er in seinem Revier (seiner Familie, seiner Firma) und duldet keine Autorität über sich; er ist optimistisch und vertrauensvoll und lebt ganz im Hier und Jetzt; er ist lebenslustig und mag Bequemlichkeit; er ist schöpferisch, steht gerne im Mittelpunkt und verwirklicht sich in seiner Selbstdarstellung…

Wie wird sich nun eine von diesem Archetyp geprägte HSP darstellen? Mit dieser Ausprägung assoziiert man auf den ersten Blick nicht die hochsensible und hochsensitive Anlage, aber ich bin sicher, dass es diese in allen 12 Ausformungen gibt! Sonnenhafte Menschen sind zwar sehr charismatisch, dabei aber lange nicht so aktiv und extravertiert wie Marsianer; in ihrem Selbstvertrauen ruhen sie meist in sich und strahlen aus ihrer eigenen Mitte. Sie repräsentieren eher das ruhige, beständige Feuer und laufen aufgrund ihres ausgeprägten Selbstwertgefühls kaum Gefahr, sich für andere zu verausgaben.

Was sie der Welt zu schenken haben, ist ihre ursprüngliche Kreativität, ihr sonniges Gemüt, ihre Lebensfreude und ihre lebensbejahende, optimistische Lebenseinstellung, mit der sie ihr Umfeld erhellen.

Archetyp 6 – 6. Haus / Jungfrau / Merkur

Dieser erdige Archetyp ist in idealer Ausprägung verantwortungsbewusst, praxisbezogen, verlässlich und realistisch; in der Gestaltung des Arbeitsalltages ist er effektiv und effizient; dabei sehr nützlich und hilfreich; er dient und berät gerne und passt sich in der sozialen Integration gut den Umständen an; dabei ist er äußerst kritisch und setzt seine Prioritäten vernünftig, ordentlich und vorsichtig; im Umgang mit dem Thema Gesundheit (der eigenen oder in seinem Beruf) ist er analytisch und klug; er kann genügsam sein bis zur Askese...

Wie wird sich nun eine von diesem erdigen Archetyp geprägte HSP darstellen? Diese Menschen haben ein starkes Helfer-Syndrom und stellen in ihrer Bereitschaft zum Dienen ein großes Kontingent an Pflegenden und Heilenden – was so lange wertvoll ist (für andere und sie selbst), so lange sie sich selbst dabei nicht vergessen. Für Menschen mit dieser Prägung scheint es mir besonders wesentlich zu sein, ihr gutes Zeitgefühl und ihren klugen Umgang mit Zeit auch tatsächlich für sich anzuwenden.

Diese sehr kritischen Menschen analysieren und bewerten sowohl andere als auch sich selbst ständig und bringen in ihrem ausgeprägten Wunsch nach Kontrolle Ordnung in die Welt.

Archetyp 7 – 7. Haus / Waage / Venus

Idealerweise ist dieser luftige Archetyp ausgleichend, Du-orientiert und sehr harmoniebedürftig; er liebt Gemeinsamkeit und Ergänzung; ist im Umgang mit anderen liebenswürdig, zuvorkommend, partnerschaftlich und charmant; im Team wirkt er ausgleichend, diplomatisch und vermittelnd; seine Partnerschaften meistert er gerecht, versöhnlich und friedliebend; abwägend sucht er den Ausgleich; er ist geschmackvoll und liebt Ästhetik und die schönen Künste...

Wie wird sich nun eine von diesem luftigen Archetyp geprägte HSP darstellen? Für sie ist Partnerschaft enorm wichtig, weil sie sich vor allem in einem resonanten Wir wohl fühlt. „Nein" zu sagen fällt ihr schwer, und sie lässt andere gerne vor. Dabei ist sie gesellig und eher extravertiert, liebt den harmonischen Austausch mit Gleichgesinnten – ist daher am liebsten mit anderen, ebenso harmoniebedürftigen HSP zusammen. Weil dieser Archetyp aber dem sehr starken kardinalen Kreuz angehört, läuft er nicht so Gefahr, sich aufzugeben.

Menschen mit dieser Prägung beschenken die Welt mit ihrer angenehmen Gesellschaft und mit Schönheit – sowohl der eigenen, als auch der, die sie erschaffen; oder auch als Galeristen vermitteln.

Archetyp 8 – 8. Haus / Skorpion / Pluto

In idealer Ausprägung ist dieser wässrige Archetyp der intensivste, tiefgründigste und leidenschaftlichste von allen; sein Forschergeist ist tief schürfend, detektivisch und psychologisch; er liebt Geheimnisse und deren Erkundung und geht im Aufdecken von Verdrängtem kompromisslos der Wahrheit auf den Grund; im Umgang mit Macht ist er radikal, engagiert und opferbereit, zuweilen aber auch selbst zerstörerisch; Loslassen fällt ihm schwer, dennoch ist er ständig in Transformation und steigt dabei dank seiner enormen Regenerationskraft immer wieder wie Phoenix aus der Asche...

Wie wird sich nun eine von diesem wässrigen Archetyp geprägte HSP darstellen? Hier finden wir den Alles-oder-nichts-Menschen mit extremer Opferbereitschaft und starker Neigung zu Selbstzerstörung, der leicht in Co-Abhängigkeit geraten; der aufgrund der Intensität und Tiefe seiner Gefühlswelt aber auch selbst suchtgefährdet ist; er ist hoch emotional und leidet oft unter Schuldgefühlen und extremer Eifersucht; in die Enge getrieben, kann sein Verhalten kontrollierend und manipulativ werden. Entspannt und glücklich legt er enorme Leistungsfähigkeit an den Tag.

Bei kaum einem anderen Archetyp sind der helle und der dunkle Pol so extrem ausgeprägt. In der positiven Ausprägung kann er durch psychischen Druck wachsen und aus der Hölle ans Licht gelangen; er schafft es, im ständigen „Stirb und Werde" Seelentiefen auszuloten und die schwersten Krisen zu überwinden – und schenkt neugeboren der Menschheit seine tiefen Einsichten.

Archetyp 9 – 9. Haus / Schütze / Jupiter

Ideal ausgelebt ist dieser feurige Archetyp abenteuerlustig, vertrauensvoll und stets auf der Suche nach Horizonterweiterung; seine Lebenseinstellung ist positiv und optimistisch; stets aufgeschlossen und wahrheitsliebend sucht er nach dem Sinn des Lebens; dabei ist er loyal, sozial engagiert und gerecht; in seiner ausgeprägten Begeisterungsfähigkeit reißt er auch andere mit; ist dabei aber oft belehrend, dogmatisch und rechthaberisch; seine Ziele reichen ebenso weit wie seine Reisen; Freiheit und Bewegung (körperliche, geistige und seelische) sind ihm enorm wichtig…

Wie wird sich nun eine von diesem Archetyp geprägte HSP darstellen? Dieser extrem aktive, extravertierte Optimist ist ständig in Bewegung und trachtet danach, der Welt Expansion zu schenken und sie zu einem besseren Ort zu machen! In seiner lichterloh brennenden Begeisterungsfähigkeit und Blauäugigkeit schießt er oft übers Ziel und läuft Gefahr, auszubrennen; wenn er sich nicht immer wieder bewusst Zwangspausen verordnet! Seine Stimmungen schwanken von himmelhoch jauchzend bis zu Tode betrübt.

Hier stehen vor allem das soziale Engagement, die ausgeprägte Gerechtigkeitsliebe und die philosophisch aufgeschlossene Sinn-Suche im Vordergrund. Diese Menschen vermitteln anderen als Lehrer, Professoren und Meister ihre spannenden Eroberungen und ihr Horizont erweiterndes Wissens.

Archetyp 10 – 10. Haus / Steinbock / Saturn

Ideal ausgelegt ist dieser erdige Archetyp in seinem Streben sehr ehrgeizig, leistungsstark und zielstrebig; Ansehen ist ihm ebenso wichtig wie Erfolg und Status; in der Überwindung von Hindernissen zeigt er Disziplin und Durchhaltevermögen; dabei ist er selbstgenügsam bis asketisch; er erfüllt seine Aufgaben beherrscht, verantwortungsbewusst und unermüdlich; in der Identifikation mit dem eigenen Image ist er bereit, sich alles hart und systematisch zu erarbeiten; er ist sachlich, oft nüchtern und setzt in seiner Berufung Prioritäten…

Wie wird sich nun eine von diesem erdigen Archetyp geprägte HSP darstellen? Saturnin geprägte Hochsensible wirken oft verschlossen, zuweilen sogar gefühlskalt. Es sind eher die Unternehmer und Organisatoren, denen man ihre HSP kaum anmerkt – was nicht heißt, dass sie diese Prägung nicht haben können! Meinem Gefühl nach sind das meist Menschen, denen ihre Hochsensibilität nicht geheuer ist, und die vor allem ihre Hochsensitivität eher verdrängen.

Hier finden wir jene HSP, denen kein Berg zu hoch, keine Herausforderung groß genug sein kann. Diese Menschen schaffen wirklich Großes – oft jedoch aus einem Mangel an Selbstwertgefühl, der immer wieder ihr Streben anfeuert.

Archetyp 11 – 11. Haus / Wassermann / Uranus

Ideal ausgelebt ist dieser luftige Archetyp unkonventionell, genial und experimentierfreudig; in der Entwicklung von sozialem Gewissen ist er zukunftsorientiert, idealistisch und human; unter Gleichgesinnten und in seinen Interessensgemeinschaften ist er kameradschaftlich, altruistisch und freundlich; wenngleich er bereit ist, sich für Gemeinnützigkeit einzusetzen, bleibt er dabei immer individualistisch und auf seine Freiheit bedacht; in seinen Zukunftsvisionen strebt er stets danach, über begrenzte Vorstellungen hinaus zu wachsen und seinen hohen Idealen und großen Hoffnungen zu folgen; er ist hoch intuitiv und hat originelle Einfälle…

Wie wird sich nun eine von diesem luftigen Archetyp geprägte HSP darstellen? Das Nervensystem dieser Menschen scheint besonders hochgefahren, daher laufen auch sie Gefahr, auszubrennen. In Beziehungen ist der Freiheitsdrang meist stärker als der Wunsch nach Gemeinsamkeit; die wenn überhaupt, dann eher in offener Form gelebt wird. Das führt vor allem bei alleingeborenen HSP zu einer starken Ambivalenz. Diese Menschen sind häufig hochsensitiv und haben meist einen sehr unmittelbaren Zugang zur Astrologie.

Uranische Menschen fallen gern aus dem Rahmen und sind immer gut für Überraschungen; ihr revolutionäres Wesen lässt sie alte Strukturen durchbrechen und Fesseln sprengen; vor allem wenn sie ihrer stark ausgeprägten Intuition folgen, schenken sie der Menschheit in ihrer Ver-Rücktheit manch neue Entdeckung.

Archetyp 12 – 12. Haus / Fische / Neptun

Ideal gelebt ist dieser wässrige Archetyp als Heiler extrem einfühlsam, mitfühlend und opferbereit; in der Hingabe an eine größere Aufgabe gibt er sich selbstlos hin; im Umgang mit Leid (dem eigenen oder dem anderer) überwindet er sein Ego; verträumt und phantasievoll arbeitet er im Verborgenen und in stiller Einkehr; in der Einfühlung in andere fühlt er stark die All-Einheit und kann sich leicht für Transzendenz öffnen; er entwickelt seine Einbildungskraft meist schon früh und lässt dabei Übersinnliches zu...

Wie wird sich nun eine von diesem wässrigen Archetyp geprägte HSP darstellen? Diese Kombination ist eine sehr organische, wohl leichter zu lebende als viele andere. Bei praktisch allen ist die Sensibilität und die Sensitivität sehr hoch; wie sie ausgelebt wird, ist letztlich abhängig von den anderen Einflüssen. Auch hier finden wir ein weites Spektrum vom selbstlosen und an Heiligkeit grenzenden Heiler und Helfer am einen Ende des Spektrums bis zum asozialen, süchtigen Aussteiger am anderen Ende. Was diesen Menschen gut tut, ist eine gesunde Portion Disziplin und Vernunft, die ihnen hilft, all das Wunderbare, das sie wie selbstverständlich durch den Schleier wahrnehmen, auch in einer gesunden Erdung auf die materielle Ebene herunter zu transformieren.

Hier finden sich die großen Märtyrer und Visionäre, die in ihrem ausgeprägten Altruismus stets Eigenes zurückstellen; sie geben sich der Re-Ligio im besten Sinn des Wortes hin und opfern sich für die Welt – Jesus Christus wird mit diesem Archetyp assoziiert.

Wie Ihnen vielleicht aufgefallen ist, werden zwei Archetypen jeweils von demselben Planeten (Merkur und Venus) beherrscht! Daher haben wir eine eher vom Zwilling und eine eher von der Jungfrau gefärbte merkurische HSP. Sowie eine eher vom Stier und eine eher von der Waage geprägte venusische HSP. Die Unterschiede werden Ihnen in meinen Beschreibungen hoffentlich klar.

Ist es mir gelungen, Ihnen mit meinen Kurzbeschreibungen das eine oder andere Aha-Erlebnis zu bescheren? Haben Sie sich teilweise oder gar sehr in einer oder einigen der Beschreibungen wieder gefunden? Fühlen Sie Bestätigung – vielleicht für bisher Unterdrücktes, nicht so frei Gelebtes?

Interessant ist die Astrologie für mich vor allem auch im Wechselspiel mit der Numerologie – denn es gibt jeweils 9 verschiedene Ausprägungen für jeden astrologischen Archetypus. Und natürlich auch für die verschiedenen Kombinationen...

HSP und Numerologie

Wie bereits erwähnt, geht das numerologische System, das ich anwende, auf Pythagoras zurück. Es unterscheidet 9 Archetypen, die in mehreren relevanten Zahlen ihren Niederschlag finden. Wenn dieses Kapitel Ihnen Appetit auf ein tieferes Einsteigen macht, dann empfehle ich Ihnen beispielsweise das „Kleine Handbuch der Numerologie“ von Glynis McCants, das Ihnen einen sehr umfangreichen Einstieg in diese Materie bietet.

Die wesentlichste – und für bewusst lebende Menschen am meisten spürbare – Zahl ist unsere Lebenszahl. Sie ergibt sich aus der Quersumme unseres Geburtstages. Also hat jemand, der beispielsweise am 17.11.1984 geboren wurde, die Lebenszahl 5, weil 1 + 7 + 1 + 1 + 1 + 9 + 8 + 4 = 32. Daraus ergibt sich die Quersumme 5.

Ich habe hier Kurzbeschreibungen der 9 verschiedenen Typen für Sie zusammengestellt – besonders im Hinblick auf HSP und Alleingeborene. Wenn Sie sich stark mit Ihrer Lebenszahl identifizieren können, empfehle ich Ihnen, sich eingehender mit der Numerologie zu befassen. Vor allem weil dann wohl auch die anderen Zahlen Ihnen interessante Aufschlüsse bieten: die Seelenzahl, die sich aus den Vokalen Ihres Namens ergibt; die Persönlichkeitszahl aus den Konsonanten; die Schicksalszahl aus dem ganzen Namen; die Reifezahl aus Namen und Geburtsdatum; die Tageszahl; die Einstellungszahl; die persönliche Jahreszahl...

Für mich hat sich das Bild, das ich mir von Menschen mache, die zu mir in Beratung kommen, dank der Numerologie enorm erweitert und in Kombination mit der Astrologie zugleich vertieft. Vor allem aber haben mir die Zahlen auch neue Tiefen in meinem eigenen Wesen erschlossen. Und ich denke, das werden sie auch für Sie tun, wenn Sie sich für diesen Selbsterkenntnis-Weg begeistern.

Diese kleine Übersicht über wesentliche Charakterzüge in der reinen Ausprägung erhebt natürlich keinen Anspruch auf Vollständigkeit! Daher forschen Sie bitte eigenständig weiter, wenn meine Begeisterung Sie auch Feuer fangen lässt ☺. Interessant sind auch die Schatten-Ausprägungen, die es genau wie bei den astrologischen Archetypen natürlich auch hier im `zu viel´ oder `zu wenig´ der entsprechenden Energie gibt.

<u>Ein Mensch mit der Lebenszahl 1</u>:

Ist ein natürlicher Anführer voller Selbstvertrauen und Mut;
sehr kraftgeladen und braucht ständig geistige Anregungen;
er liebt den Wettbewerb und gedeiht sehr gut unter Konkurrenz;
er ergreift unabhängig und selbst bestimmt die Initiative;
ist bereit, sich zukunftsorientiert auf Unbekanntes einzulassen;
er braucht Freiheit – vor allem auch im Denken;
er hält kaum Autorität über sich aus
und ist ein risikobereiter, innovativer und kreativer Pionier;
er strebt mit zielstrebiger Willenskraft nach Selbstverwirklichung,
wartet nicht auf die Zustimmung anderer
und ist hoch kreativ;
er hat einen starken Impuls, seine Ideen in die Welt zu bringen,
braucht aber ein Team, um seine originellen Ideen umzusetzen;
als Unternehmer muss er lernen, zu delegieren
und seine Impulse klar zu formulieren,
um nicht zu fordernd aufzutreten;
er ist nicht für tägliche Routine geschaffen;
er ist begeisterungsfähig und kann andere begeistern
und deren Entwicklung beschleunigen;
seine Energie ist immer erwartungsvoll gespannt;
er ist stets hoch aktiv
und er kann sich selbst, aber auch andere gut motivieren;
er ist ein schöpferischer Denker
mit einer starken Vorstellungskraft;
er ist ein Visionär…

Wenn wir uns diese Beschreibung nun im Zusammenhang mit der Hochsensibilität (auch bei Alleingeborenen) ansehen, dann fallen einige Diskrepanzen auf: <u>Einser</u> lieben und brauchen Konkurrenz, für die meisten <u>HSP</u> ist Konkurrenz hingegen qualvoll! Einser sind Führungsnaturen, HSP tun sich in dieser Rolle nicht allzu leicht. Einser sind eher egozentrische Kopfmenschen, HSP sind vor allem die du-orientierten Empathen. Das heißt, dass diese Lebenszahl eine starke Ambivalenz in das Leben Hochsensibler und vor allem Hochsensitiver bringt. Und ich nehme an, dass Menschen mit dieser Kombination sich nicht besonders leicht tun, ihre Anlage als HSP zu akzeptieren und tatsächlich auszuleben! So vermute ich, dass nicht allzu viele Einser dieses Buch lesen werden; obwohl es gerade Menschen mit dieser Kombination wertvolle Dienste erweisen kann!

Wenngleich diese Kombination wie die Faust aufs Auge wirken mag, bin ich überzeugt, dass es auch Menschen mit dieser Anlage gibt. Meinem Gefühl nach sind das eher die extravertierten HSP. Und es gibt durchaus auch Gemeinsamkeiten zwischen diese beiden Anlagen: das hohe kreative Potenzial, die oft genialen Ideen und der hohe Leistungsdruck, unter den sich diese Menschen selbst stellen.

So fällt mir hier ein Gedanke von Hesse ein, den ich übrigens im Kapitel über das Oxymoron noch einmal aufgreifen werde:
„Jedes Leben wird ja erst durch Spaltung und Widerspruch reich und blühend!"

Ein Mensch mit der Lebenszahl 2:

Ist extrem sensibel und sensitiv
und der geborene Mediator und Friedenstifter;
seine Hauptanliegen sind Harmonie, Ausgleich und Liebe;
er ist verständnisvoll, diplomatisch, taktvoll und aufrichtig;
er braucht Zärtlichkeit, Innigkeit und Nähe
und liebt es, anderen zu dienen;
er bringt sich gerne in Gruppen ein
und nimmt im Team alle Emotionen wahr;
dabei läuft er Gefahr, Energievampiren zum Opfer zu fallen;
so muss er lernen, sich emotional von anderen abzugrenzen;
er ist fürsorglich, partnerschaftlich und stark du-orientiert
und sucht immer nach Win-Win-Situationen;
er fühlt sich nur wohl und sicher, wenn er gebraucht wird;
er ist geduldig und belehrbar;
er ergeht sich gerne in Details
und vollendet die Dinge, die andere initiiert haben;
er ist meist schüchtern und möchte nicht im Rampenlicht stehen;
er arbeitet lieber hinter den Kulissen
und fühlt sich nur in vertrauter, sicherer Umgebung richtig wohl;
er verträgt Druck und plötzliche Veränderungen nicht gut;
er ist hoch intuitiv mit starkem „Bauchgefühl"
und dabei spirituell interessiert, oft sogar medial begabt;
er fragt sich, wie andere die Welt anders wahrnehmen können;
er gibt mehr, als er annehmen kann…

Wenn Sie nun die beiden Beschreibungen von HSP und Zweiern vergleichen, wird Ihnen vermutlich auffallen, dass diese Kombination wohl die harmonischste ist (interessant, dass Harmonie für beide so wichtig ist ☺!). Praktisch alle Anlagen decken sich miteinander, so ist anzunehmen, dass HSP mit der Lebenszahl 2 sich am leichtesten tun werden, ihr wahres Wesen zu leben. Wohlgemerkt nach der Meisterung früher Herausforderungen, vor allem als Alleingeborene!

Allerdings sollte hier nicht der Eindruck entstehen, alle HSP wären Zweier, weil die beiden Anlagen so sehr übereinstimmen! Ich kann Ihnen natürlich nicht das Gegenteil beweisen; aber erstens habe ich schon HSP in Kombination mit allen neun Lebenszahlen kennen gelernt; und zweitens inkarnieren wir nach meiner Lebensphilosophie auf diesem Planeten, um sehr unterschiedliche – teils auch recht widersprüchliche – Erfahrungen zu machen. Und zwar sowohl in sich kongruente (wie beispielsweise alleingeborene HSP plus starke Zwei oder Einling plus starke Eins), als auch sehr in sich ambivalente.

Ich wäre jedenfalls neugierig, wie Sie darüber denken – und vor allem aus welcher eigenen Kombination heraus. Denn auch für die Beurteilung dieser Thematik scheint mir die Anlage wichtig zu sein: eine Eins wird meine Anregung anders sehen als eine Zwei, eine Sieben oder eine Neun – wie Sie bald lesen können ☺.

Ein Mensch mit der Lebenszahl 3:

Ist ein großer Kommunikator und Geschichten-Erzähler;
er ist intelligent, eloquent und äußerst kreativ;
er liebt es, andere mit seiner Darstellung zu unterhalten (Entertainer)
und ist ein humorvoller Optimist, der andere gern aufbaut;
er gedeiht im sozialen Austausch
und liebt das Leben und die Schönheit;
er inspiriert sich und andere mit seiner positiven Lebenseinstellung;
er ist kindlich, gewinnend, charmant,
wirkt dabei aber oft ungreifbar;
er ist hoch sensitiv
und nimmt Emotionen anderer schwammartig auf;
sein Hauptanliegen ist der kreative Selbstausdruck in Wort / Schrift;
er ist der begnadete Schriftsteller, Berater, Redner oder Lehrer;
er nimmt Wissen auf, verarbeitet es und gibt es zeitgemäß wieder;
dabei will er stets das Leben anderer verbessern;
er hat eine gesteigerte Vorstellungskraft
und sieht mehr als nur das, was da ist;
er lebt gern in seiner Welt romantischer Gefühle
und fühlt sich in seiner Traumwelt behaglicher als in der Realität;
er hat ein waches Auge für Außergewöhnliches, Geheimnisvolles;

er hat stets viel zu viel zu Tun in viel zu wenig Zeit;
aber er geht entspannt mit Stress-Situationen um…

Wenn Sie diese Beschreibung mit der der HSP vergleichen, fällt Ihnen vermutlich auf, dass unter den Dreiern vor allem die hochsensitiven Scanner Persönlichkeiten zu finden sind. Aber wir finden viele der charakteristischen Eigenschaften in beiden Anlagen. Daher scheint mir diese Kombination weniger widersprüchlich zu sein, als etwa die zwischen HSP und einer Eins als Lebenszahl; wenngleich beide Kombinationen sich eher extravertiert geben werden!

Besonders wichtig für eine Dreier-HSP scheint es mir zu sein, Zeiten des Rückzugs und der Ruhe einzuhalten, um sich in der stets drohenden Überstimulierung nicht selbst allzu sehr zu verlieren! Wir finden hier viele Schauspieler und andere Künstler.

Ein Mensch mit der Lebenszahl 4:

Ist ein geborener Lehrer, Trainer, Wissens-Lieferant;
er ist verantwortungsvoll, zuverlässig und vertrauenswürdig;
er sorgt stets für Sicherheit, Fortschritt und Stabilität;
seine Devise ist: „Gut Ding braucht Weile!";
er hat kaum Leerzeiten und ist immer im Tun
und Zeit ist ein Gut, das er nicht verschwenden möchte;
er ist ein systematischer Perfektionist und bringt Ordnung ins Chaos;
er arbeitet geduldig, hart und methodisch für seine Ziele;
er liebt seine Arbeit und ist ein kluger, effizienter Pflicht-Erfüller;
er liebt Routine und Regeln und schließt Angefangenes ab;
er plant seinen Tagesablauf genau und arbeitet Listen ab;
er will genau wissen, was von ihm erwartet wird;
er möchte immer die Kontrolle haben;
er ist technisch und manuell begabt, präzise;
er möchte keineswegs dumm oder unvorbereitet erscheinen;
Theorie taugt für ihn nur dann, wenn sie praktisch umsetzbar ist;
er schätzt Situationen und erforderliche Maßnahmen richtig ein;
er löst Probleme gründlich und wirksam…

Wenn wir uns die Kombination aus HSP und einem Vierer als Lebenszahl ansehen, dann finden wir eine Menge Überschneidungen; so denke ich, dass diese Menschen gut mit ihrer Anlage umgehen können! Vor allem die Verlässlichkeit, der Perfektionismus und der Wunsch nach Kontrolle sind beiden eigen. Ebenso das starke Verantwortungsgefühl und der Wunsch wertvoll zu sein; und dafür auch Wertschätzung und Anerkennung zu bekommen.

Ich nehme an, dass sich ein Mensch mit dieser Anlage eher introvertiert geben wird! Wichtig scheinen mir auch hier besonders Zeiten der Regeneration zu sein; denn Vierer tendieren als Workaholic dazu, sich zu überfordern und auszubrennen.

Ein Mensch mit der Lebenszahl 5:

Ist ein mutiger, bewegungshungriger, freiheitsdurstiger Abenteurer;
er sieht das Leben als Spielwiese ständig neuer Erfahrungen
und möchte augenblickliche Befriedigung für sein Begehren;
er hat ständig das Bedürfnis nach Entladung seiner hohen Energie;
er ist äußerst sinnlich, braucht körperlichen Kontakt und Berührung
ist dabei sehr körperlich und gibt sich voll und ganz dem Leben hin;
er kann sich gut in Menschen hineinversetzen
und deren Bedürfnisse erkennen;
er muss die unzähligen Eindrücke, die auf ihn einstürmen, filtern;
er hat eine starke Überzeugungskraft (Verkäufer / Werbung);
er ist sehr unabhängig und lässt er sich nicht gern einsperren
und ist ständig in Bewegung – körperlich und geistig;
sein Lebenslauf ist bunt mit viel Abwechslung und Kehrtwendungen;
er ist humorvoll und kann auch über sich selbst lachen;
er liebt Veränderung und tut meist mehrere Dinge gleichzeitig;
er ist ruhelos und braucht viel Raum, um ihn zu erforschen;
er reist gern und will stets in neues, unbekanntes Terrain vordringen;
er braucht Selbst-Disziplin um seinen Freiheitsdrang zu meistern…

Die Kombination aus HSP und einem Fünfer als Lebenszahl ist sicher eine der weniger leicht zu lebenden. Sie ist eindeutig extravertiert und (ähnlich der Dreier-HSP) ein klassisches Beispiel für einen Scanner. Die starke Sinnlichkeit dieser Menschen ist meinem Gefühl nach ein starkes Indiz für den frühen Verlust eines Zwillings. Da mit diesem bis zu dessen Tod extreme Nähe und Sinnlichkeit gekostet wurde, wird diese ein Leben lang gesucht. Auch die ewige Suche des Fünfers deutet stark auf die Anlage als Alleingeborener.

Und was mir generell wichtig scheint, hier aber überlebensnotwendig sein dürfte, sind bewusst eingehaltene Zeiten des Rückzugs in die Stille, um wieder in die eigene Mitte zu finden – erst dann können all die ungefiltert aufgenommenen Eindrücke verarbeitet werden.

<u>Ein Mensch mit der Lebenszahl 6</u>:

Ist warm, gefühlsbetont, fürsorglich und nährend;
er hat starke Ausstrahlung und Anziehungskraft;
er sieht seine Aufgabe vor allem im Dienst am Menschen;
er ist fair, gerechtigkeitsliebend und in jeder Beziehung großzügig;
er ist freundlich und selten alleine, meist im Kreise seiner Lieben
und das Heim ist ihm Zentrum für Gemeinsamkeit und Geselligkeit;
er hat die Fähigkeit, Freundschaften zu pflegen
und liebt gute Gespräche, die in die Tiefe gehen;
er arbeitet gern innerhalb einer Gruppe für einen höheren Zweck
und trägt gern zum Wohle der Gesellschaft bei;
er wünscht sich eine verantwortungsvolle Aufgabe;
er wird gern um Rat gefragt – auch wenn das nicht zum Beruf gehört
und braucht Wertschätzung und Anerkennung;
er strebt nach Prestige
und macht sich Gedanken um die Meinung andere;
er hält Kritik nicht gut aus und arbeitet nicht gern unter Vorgesetzten;
er will zumindest die Kontrolle über die eigene Zeiteinteilung haben;
er legt Wert auf gute Manieren und Kultiviertheit
und hält Sitten und Gebräuche in Ehren;
sein Zentrum der Aufmerksamkeit sind Familien-Angelegenheiten
und er trägt oft schon früh Verantwortung;
er sollte sich von der Familie lösen, um zu sich selbst zu finden;
mangels eigener Familie versorgt er Tiere und Freunde;
seine Vorstellungskraft ist gut entwickelt;
er ist ein Idealist und oft intolerant gegenüber weniger Fähigen;
er ist ein künstlerisch begabter und an Kultur interessierter Ästhet;
er benötigt ein schönes und edles Daheim…

In der Kombination der <u>Sechs</u> als Lebenszahl mit einer <u>HSP</u> zeigt sich vor allem ein sehr fürsorglicher, nährender Mensch mit einem meist ausgeprägten Helfer-Syndrom und starkem Charisma; aber auch der Perfektionismus, die Tendenz zu Kritik und Selbstkritik sowie die negativen Dialoge sind beiden Anlagen gemeinsam; weiters der hohe Idealismus und die gut entwickelte Vorstellungskraft.

Diese Menschen sind begnadete Berater, die sich liebend gerne sozial engagieren. Und auch wenn sie selbst in ihrer Kindheit nicht alles bekommen haben, was sie sich gewünscht hätten, folgen sie als Eltern einem hohen Ideal! Ihr Schönheitssinn prädestiniert sie aber auch für alle Berufe, deren Aufgabe es ist, die Welt zu einem schöneren Ort zu machen.

<u>Ein Mensch mit der Lebenszahl 7</u>:

Ist ein intuitiver Denker und beobachtender Geist;
sein Augenmerk richtet sich vorwiegend nach innen;
er schaut in die Stille und erforscht die Geheimnisse des Lebens;
er braucht seelischen Tiefgang und einen aufwärts gerichteten Geist;
er strebt nach innerer Verbindung mit dem Ewigen als Kraftquelle;
er ist stets auf der Suche nach dem Sinn des Lebens
und fragt nach der Bedeutung von Ereignissen und Beziehungen;
er hat starke Sehnsucht nach Spiritualität
und einen Hang zum Mystischen;
er arbeitet lieber alleine und an ungestörtem Ort
und braucht viel Einsamkeit, um sein inneres Leben zu entfalten;
er ist sehr wählerisch im Umgang mit anderen;
erst Verwandtschaft im Geist führt zu tiefen Freundschaften;
er redet nicht viel, sondern beobachtet mehr und scharf;
er wirkt auf andere oft abgehoben und distanziert;
er bleibt ein Leben lang Lernender
und schärft seine Intuition durch Studium und gründliche Lektüre;
er hat ausgeprägte analytische und intellektuelle Fähigkeiten;
er liebt Zeit in der Natur (möglichst nahe am Wasser)
und zieht sich aus dem Weltgedränge zurück;
er hat oft das Gefühl, nicht hierher zu gehören;
er lebt einfach und ist mit sich zufrieden;
er überlegt seine Entschlüsse gründlich;
sein tiefsinniger Humor
zeugt von großem Wissen über das Leben…

Die Kombination der <u>Sieben</u> als Lebenszahl mit einer <u>HSP</u> ist meinem Gefühl nach eine sehr organische und in sich geschlossene. Sie hat eine starke Tendenz zu Introversion. Das sind einerseits die Philosophen, die der Welt ihre Weisheit schenken. Aber hier finden wir auch die Berater und spirituellen Lehrer, die Suchende auf dem Weg zu sich selbst und in ihre Selbstverwirklichung begleiten. Einige sind auch natürliche Heiler und Medien, die der Menschheit eine Lichtbrücke in die geistige Welt öffnen.

Menschen mit dieser Kombination brauchen meine Empfehlung, sich zurückzuziehen, nicht, denn das ist ihr natürliches Bedürfnis. Sie wissen am besten von allen, wie man aus der Stille Kraft zieht!

Ein Mensch mit der Lebenszahl 8:

Ist erfolgreich, einflussreich und unabhängig;
er hat einen starken Wunsch, die Zügel in die Hand zu nehmen
und will sich mit Macht, Einfluss und Kontrolle durchsetzen;
er ist sehr willensstark, entschlossen und eigensinnig
sein großer Ehrgeiz verbirgt sich hinter wohlgeordneten Gefühlen;
er will Recht haben und sich durchsetzen;
er erlaubt keine Einmischung und keinen Widerstand
und fordert und fördert Gehorsam;
er setzt seine Macht unternehmerisch und zum Wohle aller ein;
er kann an kompetente Mitarbeiter / Mitstreiter delegieren
und sein Führungsstil ist konstruktiv, sein Verhandeln ist fair;
er baut auf gesellschaftlichen und kosmischen Gesetzen auf;
er hat gutes Urteilsvermögen und Scharfblick
und ist ein verantwortungsvoller Verwalter für Eigentum und Besitz;
er ist rechtschaffen und hat einen ausgeprägten Gerechtigkeitssinn;
er hat sich selbst im Griff und verhält sich angemessen;
jede Investition von Zeit und Geld soll ihm Gewinn bringen;
er will als beherrschter Herrscher beruflich erfolgreich sein
und möchte als Stütze der Gesellschaft anerkannt werden;
er schätzt es, wenn andere zu ihm aufschauen
und will bekannt, ja gern auch berühmt sein;
er muss ein gesundes Verhältnis zu Geld, Macht, Kontrolle finden;
Geld bedeutet ihm die Freiheit, nachhaltige Werte zu schaffen...

Die Kombination der Acht als Lebenszahl mit einer HSP scheint nicht so organisch zu sein wie die vorhergehende; aber sicher gibt es auch Menschen mit dieser vermutlich extravertierten Prägung. Achter müssen an der Spitze stehen; hingegen tun sich hochsensible und hochsensitive Menschen erfahrungsgemäß nicht allzu leicht damit, eine Machtposition einzunehmen.

Daher vermute ich, dass jene Achter, die als HSP inkarniert sind, diese Anlage eher zurücknehmen werden – obwohl sie mir in ihrer starken Fühligkeit, Intuition und vor allem auch Integrität gerade für eine Führungsposition wertvoll erscheint. Meinem Gefühl nach werden wir in Zukunft viele HSP in Machtpositionen brauchen – und genau dafür eignen sich hochsensible und hochsensitive Achter!

Ein Mensch mit der Lebenszahl 9:

Ist ein Humanist, Idealist und mitfühlender Menschenfreund;
er ist ein großherziger Helfer und Fürsprecher der Unterprivilegierten

und beschützt die Schwachen, Ausgestoßenen;
er gibt sich in bedingungsloser Liebe der Menschheit hin
und bringt als Hoffnungsträger Zuversicht in Schmerz und Leid;
er entwickelt Einfühlungsvermögen aus Leid und Enttäuschung;
mehr als im aktiven Tun erreicht er durch das Gesetz der Anziehung;
auf seinem Weg erlebt er Verzögerungen, Störungen und Umwege,
und ordnet persönliche Interessen den Bedürfnissen anderer unter;
er erlebt das Aufgehen der Saat, die er gesetzt hat, oft nicht;
bei ihm ist Gewinn die Frucht des Dienstes
und er erlebt eigene Durchbrüche vorwiegend im Dienst am Ganzen;
er streift immer wieder die alte Haut ab und lässt Vergangenes los
und steigt wie Phoenix aus der Asche;
er kann vergeben, Nachsicht üben und Enttäuschungen loslassen;
seine Vision steht immer über persönlicher Vorliebe und Abneigung
und er strebt nach Brüderlichkeit und allumfassender Einheit;
er hat einen ausgeprägten Sinn für Integrität
und ist ein geborener Heiler, Lehrer und charismatische Leitfigur;
er ist ein Meister der Vorstellungskraft
und ein höchst kreativer Denker, oft auch Künstler...

Die Kombination der Neun als Lebenszahl mit einer HSP scheint mir durchaus kongruent – das starke soziale Engagement, die Bereitschaft zur Hingabe und zum Zurückstehen hinter anderen passt zu beiden Anlagen. Gemeinsam ist ihnen auch die stark ausgeprägte Vorstellungskraft, die sich weniger in aktivem Tun auswirkt, als in bewusster Realitätsgestaltung gemäß dem Gesetz der Anziehung.

So finden sich unter dieser Kombination die großen Visionäre im Dienste der Menschheit. Aber auch jene, die Goethes „Stirb und Werde“ tagtäglich leben und vorzeigen: ablegen und neu werden; Tod und Wiedergeburt; der Phoenix, der verbrennt, um dann erneut wieder aus der Asche aufzuerstehen.

Liebe Leserin, lieber Leser, wenn es mir gelungen ist, Ihnen mit diesem kleinen Einblick in numerologische Deutung Appetit auf mehr Information und ein tieferes Einsteigen in die Materie zu machen, dann freut es mich!

Wenn Sie hingegen mit meinen Beschreibungen das Auslangen finden, bin ich auch zufrieden – wer weiß, vielleicht kehrt auch bei Ihnen die Numerologie eines Tages wieder in Ihr Leben zurück ☺?

Hochsensibel mit `The Work´ spielen

Dieses großartige Spiel von Byron Katie darf in keinem meiner Bücher fehlen, also möchte ich Ihnen auch hier einige Beispiele zeigen. So wie wir letztlich unserem Spiegel dankbar sein können, wenn er uns etwas zeigt, das zu erkennen wichtig und hilfreich ist – und vielleicht der Korrektur bedarf –; so halten uns auch andere und die Welt einen Spiegel vor Augen. Wenn wir dessen Botschaften erkennen, ersparen wir uns so manchen `leeren Kilometer´.

Niemand würde auf die Idee kommen, den Spiegel zu zerschlagen, wenn ihm das, was er widerspiegelt, nicht gefällt, nicht wahr? Oder den Spiegel zu putzen, wenn das Gesicht, das er reflektiert, schmutzig ist. Aber in der Spiegelung durch andere sind wir meist nicht so glücklich über das, was sie uns vermitteln. Keine Frage, das ist oft nicht angenehm; aber es ist doch ungemein hilfreich. Jedenfalls wenn wir uns auf einem Weg der Bewusstseinserweiterung befinden. Nirgendwo anders werden wir uns selbst so gnadenlos gespiegelt sehen wie in einem geliebten Du. Wobei natürlich auch wir diese Spiegelfunktion für andere erfüllen; denn auch wir wissen oft sehr gut, wie wir bei unserem Du Trigger auslösen ☺, nicht wahr?

Also sollten wir unserem Gegenüber eigentlich dankbar sein, wenn es uns mit seinem verletzenden Verhalten unseren eigenen grausamen Umgang mit uns selbst vor Augen führt. Manchmal zeigt uns die Spiegelung anderer auch unseren Umgang mit anderen; meist geht es aber vor allem um unser Verhalten uns selbst gegenüber.

Wenn Sie `The Work´ noch nicht kennen, dann möchte ich Ihnen die Bücher von Byron Katie oder von Moritz Boerner ans Herz legen. Aber Sie finden auch zahlreiche Videos von Seminarmitschnitten im Netz, dank derer Sie lernen können, diese Technik anzuwenden; wenn Sie sie noch nicht kennen. Oder Sie machen ein Seminar.

Hier möchte ich Ihnen nur einen kleinen Überblick geben und anhand einiger für HSP typischer Beispiele die Umkehrungen zeigen.

Denken Sie an irgendetwas Verletzendes, Ängstigendes oder Ärgerliches, das irgendjemand mit Ihnen macht, und fragen Sie sich, was Sie lieber hätten. Das kann übrigens durchaus auch etwas Vergangenes sein – was haben Sie in den schlimmsten Beziehungen, die Sie je erlebt haben, Ihrem jeweiligen Du erlaubt, mit Ihnen zu tun?

Zählen Sie all das auf, was Ihnen an dieser Stelle einfällt und dann hinterfragen Sie, was Ihnen all das über Sie und Ihren eigenen Umgang mit sich selbst erzählt. Alle Spiegelungen, die Sie so entdecken, sind wertvoll und erhellend.

Ich nehme an, dass diese Spiegelungen nicht nur negativ und unangenehm sein werden. Sehen Sie sich also auch die positiven Reflexionen an – und freuen Sie sich daran. Das ist Ihr Potenzial, das Sie vielleicht noch weiter entfalten können, Ihr `heller Schatten´.

Besonders profitieren werden Sie aber aus all dem `Negativen´, das Sie an anderen stresst. Sie können andere und deren Umgang mit Ihnen nicht ändern; sehr wohl können Sie aber sich selbst und Ihren Umgang mit sich selbst ändern! Dafür braucht es jedoch Klarheit, Einsicht und oft ein Aha-Erlebnis:
„Aha, so gehe ich zuweilen mit mir selbst um!".

Wenn Sie ein aktuelles Beispiel nehmen, brauchen Sie natürlich nicht in der entsprechenden Beziehung zu bleiben, wenn es Ihnen schlecht geht. Aber ich würde Ihnen empfehlen, all die Spiegelungen, die Sie erkennen können, zu verwerten; ehe Sie sich trennen. Oder bald danach, wenn Sie es wirklich nicht mehr ausgehalten haben. Sonst besteht die Gefahr, auch in der nächsten Beziehung das sinngemäß Gleiche wieder anzuziehen. Vielleicht in anderer Verkleidung, aber um nichts weniger schmerzhaft.

Ein Thema, mit dem HSP oft Probleme haben, ist die Kommunikation. Für sie ist es wichtig, Dinge auszusprechen, das, was ihnen im Kopf herumgeht, gemeinsam zu besprechen.

Haben auch Sie das Gefühl, Ihr Gegenüber würde zu wenig mit Ihnen kommunizieren?
Hören Sie beispielsweise zu wenig auf Ihre innere Stimme?

„Mein Du sollte mehr mit mir kommunizieren!"

Die Umkehrungen lauten:
=> *„Mein Du sollte nicht so viel mit mir kommunizieren!"*
Weil es Ihnen einen wertvollen Spiegel vor Augen führt...

=> *„Ich sollte mehr mit meinem Du kommunizieren!"*
Wer weiß, was Ihr Du sich von Ihnen wünscht?
Vielleicht dass Sie sich mehr auch in seine Interessen einbringen?

=> *„Ich sollte nicht so viel mit meinem Du kommunizieren!“*
Könnte durchaus sein, dass Ihr du das zuweilen so sieht ☺.
Nicht jeder Mensch braucht so viele Worte als Rettungsanker, um sich im oft undurchdringlichen Gewirr menschlicher Emotionen zu Recht zu finden – wie wir HSP sie brauchen!

Aber jetzt kommt die wichtigste Umkehrung!
=> *„Ich sollte mehr mit mir selbst kommunizieren!“*
Welche wichtigen Informationen enthalten Sie sich selbst vor?
Und hören Sie sich selbst zu?

Vor allem aber in folgender Wendung:
=> *„Mein Kopf sollte mehr mit meinem Herzen kommunizieren!“*
In dem Sinn, als Ihr Kopf vielleicht mehr auf Ihr Herz hören sollte.

***

Ein weiteres Thema, das ich bei HSP (auch bei mir selbst zuweilen!) immer wieder erlebe, ist das Gefühl, zu wenig ernst genommen zu werden.

Fühlen auch Sie sich von Ihrem Du zu wenig ernst genommen?

„Mein Mann sollte mich und meine Bedürfnisse mehr ernst nehmen!“

=> *„Mein Mann sollte mich und meine Bedürfnisse nicht so ernst nehmen!“*
Erstens um mir einen Spiegel vor Augen zu halten, zweitens weil das eigentlich meine Aufgabe wäre.

=> *„Ich sollte die Bedürfnisse meines Mannes ernster nehmen!“*
Tun Sie das zu seiner vollen Zufriedenheit? Fragen Sie ihn...

=> *„Ich sollte die Bedürfnisse meines Mannes nicht so ernst nehmen!“*
Wenn Sie eine typische hochsensible und hochsensitive Persönlichkeit mit ausgeprägtem Helfer-Syndrom sind, dann mag das stimmen!

=> *„Ich sollte meine Bedürfnisse ernster nehmen!“*
Heureka!!! Ich kenne kaum eine HSP, die sich ausreichend um sich selbst und ihr inneres Kind kümmert!

Aber auch:

=> „Mein Kopf sollte die Bedürfnisse meines Herzens ernster nehmen!“
Diese Wendung stimmt praktisch immer!

***

Auch Eifersucht ist ja ein Stressthema bei uns – und oft ziehen wir damit ja genau das an, wovor wir uns fürchten.

Sind auch Sie schon einmal betrogen worden?
Sind Sie in dieser Beziehung zu sich selbst gestanden?
Wurde Ihre Hingabe nicht zuweilen zur Aufgabe, ja Weggabe?

Um hier Gerechtigkeit walten zu lassen – Sie wissen, wie sehr uns HSP Gerechtigkeit am Herzen liegt ☺! – drehen wir das jetzt um; wobei es dieses Spiel natürlich ebenso wie alle anderen in beiden Richtungen gibt!

„Meine Frau sollte mir treu sein!“

=> *„Meine Frau sollte mir nicht treu sein!“*
Ein Spiegel kann nur zeigen, was er reflektiert…

=> *„Ich sollte meiner Frau treu sein!“*
Wenn dieser Mann seiner Frau im sexuellen Sinn treu ist, dann könnte es sein, dass er ihr in anderer Hinsicht nicht treu ist. Vielleicht hat er sich in einer Richtung weiterentwickelt, in die sie nicht mit kann oder will?

=> *„Ich sollte meiner Frau nicht treu sein!“*
Nun, vielleicht hat die Beziehung ihr natürliches Ende gefunden, wenn sie nicht mehr zufrieden ist und sich anderweitig orientiert?

=> „Ich sollte mir treu sein!“
Auch hier ein ganz großes Heureka! Meiner Erfahrung nach (auch meiner eigenen übrigens!) werden jene Menschen betrogen, die sich selbst nicht treu sind! Die sich selbst hintergehen, nur um anderen Menschen gerecht zu werden.

=> „Mein Kopf sollte meinem Herzen treu sein!“
Auch diese Wendung ist praktisch immer relevant! HSP haben eine starke Intuition; leider aber oft die Tendenz, nicht darauf zu hören!

***

Ein weiteres interessantes Thema mit seinen Umkehrungen:
„Mein Freund sollte mich nicht anlügen!“

=> *„Mein Freund sollte mich anlügen!“*
Wer weiß?

=> *„Ich sollte meinen Freund nicht anlügen!“*
Das ist eine interessante Wendung, denn HSP sind zwar ehrlich; aber in ihrer Unfähigkeit „nein“ zu sagen, geben sie anderen oft ein „falsches Ja“. Ist das genau genommen nicht eine Lüge?

=> *„Ich sollte meinen Freund anlügen!“*
Vielleicht hat auch diese Wendung in bestimmten Situationen ihre Richtigkeit?

Und wieder kommt die wichtigste Wendung:
=> *„Ich sollte mich nicht anlügen!“*
Hier sind wir bei einem für HSP leider oft relevanten Thema! Tendieren wir nicht dazu, Dinge oder Menschen zu idealisieren? Ich nenne das „uns einen Affen vor machen“; weil wir der Wahrheit nicht ins Auge sehen wollen – etwa in co-abhängigen Beziehungen…

***

Hier ist noch ein sehr verbreitetes Problem – in beiden Richtungen!

„Meine Frau sollte mich nicht ständig kritisieren!“

=> *„Meine Frau sollte mich ständig kritisieren!“*
Um mir einen Spiegel vor Augen zu halten…

=> *„Ich sollte meine Frau nicht ständig kritisieren!“*
Menschen, die kritisiert werden, sind auch jene, die selbst gern kritisieren!

=> *Ich sollte meine Frau kritisieren!“*
Vielleicht in dem Sinn, als sie sich – wohlgemerkt positives! – Feedback von mir wünscht? Die Umkehrungen brauchen oft Phantasie!

=> *Ich sollte mich nicht ständig kritisieren!“*
Und wie das stimmt! HSP haben meist eine extreme Tendenz zu Selbstkritik. Diese beruht auf der starken Angst vor Kritik von außen, der man lieber mit eigener Kritik zuvor kommen möchte. Wir tendie-

ren also dazu, uns selbst zu kritisieren, um Kritik, die von außen auf uns zukommen könnte, vorwegzunehmen; und damit scheinbar in ihrer destruktiven Wirkung zu erleichtern.

Verantwortlich dafür ist unser innerer Kritiker, der meint, wir könnten besser damit umgehen, wenn diese Maßregelung von innen kommt; als wenn wir von außen damit überrascht werden. Was leider nicht funktioniert, denn auch Selbstkritik tut unserem inneren Kind weh. Abgesehen davon nehmen wir im vorauseilenden Gehorsam oft Kritik vorweg, die uns von außen gar nicht zugekommen wäre!

=> *„Mein Kopf sollte mein Herz nicht ständig kritisieren!“*
Eine wichtige Wendung, weil vor allem die Emotionalen unter uns gern in ihren Kopf flüchten!

Wie Sie sehen, geht es bei diesen Umkehrungen nicht so sehr darum, was richtig oder falsch ist; sondern um die Relativierung einer stressigen Überzeugung. Es gibt immer verschiedene Sichtweisen.

***

Hier sind noch einige Themen in der Kurzfassung:

Wenn Ihr Partner sich zu wenig um Sie kümmert, dann fände ich es sinnvoll, sich zu fragen, ob es nicht an der Zeit wäre, sich einmal selbst um sich zu kümmern; und endlich einmal sich selbst und Ihrem inneren Kind liebevolle Fürsorge zu schenken, anstatt ständig nur für andere Menschen da zu sein.
=> *„Ich sollte mich mehr um mich selbst kümmern!“*

***

Und wenn Ihr Du unpünktlich ist und Sie ständig warten lässt, dann deutet das wohl darauf hin, dass auch Sie sich immer selbst warten lassen – etwa während Sie auf Ihr Gegenüber warten und eigene Ansprüche zurückstellen. Das tun Sie vermutlich in dem Wunsch, den anderen nicht zu enttäuschen.
=> *„Ich sollte mich nicht ständig warten lassen!“*

***

Wenn der Geiz Ihres Geliebten Sie stört, und Sie ihn lieber großzügiger hätten, dann fragen Sie sich, wie großzügig Sie mit sich selbst umgehen. Und wenn Sie ehrlich genug sind, werden Sie unweiger-

lich Ihre eigene Kleinlichkeit in Bezug auf sich selbst erkennen; während Sie anderen gegenüber vermutlich viel großzügiger sind, habe ich Recht?
=> *„Ich sollte mir selbst gegenüber großzügiger sein!“*

***

Aber auch wenn Sie von Ihrem Du zu wenig Lob, Anerkennung und Wertschätzung bekommen, deutet das wohl darauf hin, dass Sie selbst sich zu wenig loben, anerkennen und wertschätzen; während Sie andere auf Händen tragen.
=> *„Ich sollte mir mehr Lob, Anerkennung und Wertschätzung entgegen bringen!“*

***

Sie sehen schon: Wenn Sie bei diesem Spiel sich selbst gegenüber ehrlich sind, wird es Sie immer wieder mit großen Aha-Erlebnissen belohnen. Das mag sich im ersten Moment nicht angenehm anfühlen; aber letztlich können Sie dankbar sein für die Einsichten, die es Ihnen schenkt. Sie können Ihren Feind erst dann besiegen, wenn Sie wissen, wo er lauert – und das gilt insbesondere für den Feind in Ihrem eigenen Inneren! Und meiner Ansicht nach gibt es kaum etwas Hilfreicheres, um diesen zu erkennen, als die Spiegelungen durch andere.

Hochsensibel `Ho´oponopono´ spielen

Und dann nehmen Sie Ihr, in der Spiegelung durch andere erkanntes, destruktives Verhaltensmuster mit einem liebevollen „Ja, so ist es im Augenblick!“ an. Und schenken Sie dem Teil in Ihnen, der dafür verantwortlich ist, liebevolle Vergebung – vielleicht mit einem `Ho´oponopono´.

Auch dieses hawaiianische Vergebungs-Ritual finde ich in seiner befriedenden Wirkung besonders für HSP hilfreich. Anfangs konnte ich nicht allzu viel damit anfangen. Aber der Bericht von Joe Vitale über die Erfolge des Dr. Len, der damit eine ganze Abteilung geistig abnormer Rechtsbrecher geheilt haben soll, ließ mich doch neugierig werden. Es hieß, dieser Psychiater hätte nur die Krankengeschichten der Patienten studiert, die Resonanz in seinem eigenen Inneren erkannt und mit `Ho´oponopono´ aufgelöst. Daraufhin konnten fast alle Patienten als geheilt entlassen werden; obwohl Dr. Len keinen einzigen dieser psychisch Kranken je persönlich zu Gesicht bekommen hätte.

Besonders faszinierte mich aber die Adaptation Bärbel Mohrs in ihrem Buch „Cosmic Ordering“. Mit ihrer `doppelten Verständnistechnik´ spiele ich immer wieder gern und mit Erfolg. Ich glaube, dass eine Veränderung im kleinsten Teil eines Ganzen durchaus Einfluss auf das Ganze hat. Und kann dank der Hologramm-Analogie die Wirkung dieses Rituals nun auch mental nachvollziehen und verstehen; das ist für mich immer eminent wichtig.

Wenn Sie `Ho´oponopono´ noch nicht kennen, sich aber davon angesprochen fühlen, dann versuchen Sie es erst einmal in seiner klassischen Form. Aber wenn Ihnen Verstehen und Verständnis ebenso wesentlich sind wie mir, dann spielen Sie mit der Fassung von Bärbel Mohr; bei der ich mich posthum für ihre Anregungen bedanken möchte!

Im ursprünglichen `Ho´oponopono´ geht es meinem Verständnis nach nur darum, meinen Anteil an all dem, was mich in der Welt stört, zu heilen: mit vier Sätzen, die ich so lange wiederhole, bis ich in mir Frieden finde.

„Es tut mir leid!“, „Ich vergebe mir!“, „Ich liebe mich!“, „Danke!“

In der `doppelten Verständnistechnik´ geht es darum, Verständnis für die Reaktion oder Handlung der anderen Person (aber auch für sich selbst!) zu finden; aus dem heraus wir leichter Frieden finden. Dazu versetzen wir uns in unser Gegenüber hinein und fragen uns, warum wir in dessen Lage das gemacht hätten, was uns so gestört, verletzt, geärgert, gekränkt hat.

Greifen wir hier einen Gedanken auf, mit dem wir bereits `The Work´ gespielt haben:

„Meine Frau sollte mich nicht ständig kritisieren!"

Wenn dies für Sie gilt, dann fragen Sie sich:
„Wenn ich meine Frau wäre, warum würde ich mich dann ständig kritisieren?"

Und dann lassen Sie Ihrer Phantasie freien Lauf – und fragen Sie gegebenenfalls auch andere, wie sie das sehen. Daher empfiehlt Bärbel Mohr auch, dieses Spiel gemeinsam mit einigen anderen zu spielen; weil jeder verschiedene Argumente mit einbringt – je nach Mentalität, Charakter, Lebenssituation oder Stimmung. So bekommen Sie weit mehr Anregungen, als wenn Sie es bloß für sich alleine machen. Wiewohl auch das schon durchaus hilfreich sein kann; wenn Sie einmal keine anderen Impulsgeber bei der Hand haben.

Sie werden sehen, dass Verständnis in Ihnen aufkeimt, wenn Sie sich in Ihre Frau (oder jede andere Person, die Sie kritisiert) hinein versetzen. Und dann wiederholen Sie die vier Sätze so lange, bis Sie sich friedlich und entspannt fühlen:

„Es tut mir leid!", „Ich vergebe mir!", „Ich liebe mich!" und „Danke!".

Mit dieser ersten Frage können Sie die Beweggründe Ihres Gegenübers erkennen – oder auch nicht. Sie dient allerdings vor allem dazu, Verständnis und Mitgefühl zu entwickeln; und damit Frieden zu finden. Wir können andere nicht ändern. Was wir aber sehr wohl ändern können, ist unsere Einstellung zu unserem Gegenüber. Und damit ändert sich automatisch die Qualität unserer Ausstrahlung über unser Herzfeld. Wenn wir mit einer neuen Einstellung unsere Resonanz zu dem, was uns im Außen stört, ändern, dann ändert sich oft auch das Außen – oder aber es tangiert uns nicht mehr. Und beides wirkt Stress lösend.

Dann kommt die zweite Frage:

„Warum habe ich einen Menschen angezogen, der mich ständig kritisiert?“

Auch hierzu können Sie sich die Sichtweise anderer zunutze machen. Bitten Sie sie, sich diesmal in Sie hinein zu versetzen und sich diese Frage zu stellen. Dabei können durchaus ganz verschiedene, teils recht humoristische Argumentationen auftauchen.

Und neuerlich wiederholen Sie die vier Sätze, bis Sie Frieden finden:

„Es tut mir leid!“, „Ich vergebe mir!“, „Ich liebe mich!“ und „Danke!“.

So wie in den Umkehrungen bei `The Work´ geht es auch hier nicht um richtig oder falsch – es hilft einfach, sich verschiedene Sichtweisen und Motivationen vor Augen zu halten, um den eigenen Standpunkt zu relativieren. Daher sind Impulse anderer ja auch so wertvoll, weil sie unseren Horizont erweitern.

Für mich sind `The Work´ und `Ho´oponopono´ zwei sehr wertvolle und einander durchaus ergänzende Spiele. Manche Ergebnisse decken sich; aber für mich persönlich fühlt sich `The Work´ eher als mentale Technik an, während `Ho´oponopono´ meinem Gefühl nach vor allem auf der Herzensebene spielt.

Mit welchen Sätzen wollen Sie `Ho´oponopono´ spielen?
Wen laden Sie dazu ein?

Wenn Sie `EFT´ kennen, können Sie die Wirkung dieser vier Sätze noch verstärken, indem Sie die energetischen Punkte klopfen, während Sie die Sätze sprechen:

„Es tut mir leid!“, „Ich vergebe mir!“, „Ich liebe mich!“ und „Danke!“.

Für jene, die `EFT´ noch nicht kennen, gebe ich im entsprechenden Kapitel eine Kurzfassung dazu.

Hochsensible LEBENSRÜCKSCHAU

HSP tun sich zuweilen schwer, anderen, dem Leben und sich selbst zu vertrauen; und eine ihrer zahlreichen Ängste ist die oft unbewusst wirkende Zukunftsangst. Meinem Gefühl nach hängt das ganz stark mit dem frühen Verlust eines Geschwisters zusammen, betrifft also vor allem die Alleingeborenen.

Ist es nicht verständlich, dass ein Zwilling, der hilflos miterleben muss, wie seine zweite Hälfte stirbt, sein Urvertrauen verliert?
Und dass das immer wieder mühsam aufgebaute Vertrauen bei jedem Rückschlag, jedem Scheitern und jedem Verlust jedes Mal aufs Neue erschüttert wird?

Ich kenne dieses Phänomen nicht nur aus eigener Erfahrung, sondern höre das immer wieder auch von anderen Hochsensiblen! Nach der Offenbarung meiner Alleingeburt habe ich für mich einen sehr hilfreichen Weg gefunden, mein bis in die Grundfesten erschüttertes Vertrauen wieder aufzubauen; der vielleicht auch für Sie wertvoll ist.

Als mir klar wurde, warum mein bisheriges Leben so verlaufen war; warum ich so agiert und reagiert habe; warum ich genau diese Erfahrungen angezogen habe; und vor allem, warum ich mir immer wieder selbst im Weg gestanden bin; wurde mir zugleich auch klar, dass mein Ur-Trauma erst dann heilen würde, wenn ich Frieden finden würde mit meiner Vergangenheit. Dabei würde mir mein neues Verständnis (das aus dem neuen Verstehen erwuchs) helfen.

Aber meine innere Stimme riet mir darüber hinaus zu einer Art Forschungs-Reise in meine Vergangenheit, um diese neu zu sehen und neu zu deuten – und darauf aufbauend ein neues Vertrauen zu finden. Was mir dabei deutlich wurde, sind die roten Fäden, die mich mein ganzes Leben lang begleitet haben; wenn auch natürlich unterhalb meiner Bewusstseinsschwelle. In der Rückschau konnte ich sie aber ganz leicht erkennen. Und dies hat mein Vertrauen in das, was ich als `meine geistige Führung´ bezeichne, gestärkt!

Meine Seele, mein höheres Selbst, mein göttlicher Anteil – welcher Begriff auch immer sich für Sie stimmig anfühlt – begleitet und leitet mich durchs Leben! Das zu wissen, empfinde ich als ungemein beruhigend; es schenkt mir ein wohltuendes Gefühl von `kosmischer

Geborgenheit´ – obwohl Vertrauen ja nicht gerade zu den Stärken alleingeborener HSP gehört,

Meine Lebensrückschau

Ich schreibe meine Lebensgeschichte aus der Klarheit der neuen Erkenntnisse und Einsichten und achte dabei besonders auf die roten Fäden, die mein Leben durchziehen; und die ich erst rückblickend erkennen kann. Diese roten Fäden, die mich verlässlich begleitet und geleitet haben.
So kann ich in all dem, was mir bisher teils chaotisch und sinnlos erschienen ist, einen neuen Sinn und eine wohltuende Richtigkeit erkennen!
Ich achte aber auch auf all die `Zufälle´, die ich erlebt habe; all die Synchronizitäten und Fügungen, die mir zugekommen sind; all die Rettungen, die ich erfahren habe! Und erkenne auch darin, dass ich niemals alleine war, sondern immer begleitet und beschützt!
Und ich erlaube mir, daraus Vertrauen zu gewinnen!

Wenn für Sie das Thema `alleingeborener Zwilling´ nicht relevant scheint, dann halten Sie beim Blick auf Ihre Vergangenheit einfach Ausschau nach all den Zeichen für Ihre geistige Begleitung; dafür, dass Sie immer geführt waren, auch und gerade in anspruchsvollen Zeiten.

Dazu gibt es die schöne Geschichte von dem Mann, der sich beim Rückblick auf sein Leben bei Gott beschwert, weil er in Krisenzeiten immer nur eine Fußspur erkennen kann: „Wo warst du, als ich dich so dringend gebraucht hätte?“. Woraufhin Gott antwortet: „Das ist meine Fußspur, denn in diesen Zeiten habe ich dich getragen!“.

Ich weiß nicht, ob Sie an Gott oder eine höhere Macht glauben; und bin auch nicht angetreten, Sie zu missionieren. Ich finde dieses Bild einfach beruhigend – und fand beim bewussten Rückblick auf mein Leben viele Zeichen dafür, dass ich in Wahrheit niemals alleine, sondern stets wie mit unsichtbaren Fäden geführt war.

Wenn auch Sie sich für die Möglichkeit erwärmen können, Ihren Zwilling verloren zu haben – mit all den daraus erwachsenden Folgen –, dann erlauben Sie all den vielen Aha-Erlebnissen, die aus dem ersten großen Aha Ihrer Alleingeburt erwachsen, tief in Ihrem Inneren klärend zu wirken.

AHA, ICH HABE MEINEN ZWILLING VERLOREN!
Aha, deshalb fühle ich mich so einsam!
Aha, daher kommen meine Schuldgefühle!
Aha, darauf beruht mein geringes Selbstwertgefühl!
Aha, deshalb fühle ich mich nie gut genug!
Aha, daher kommt mein Perfektionismus!
Aha, deshalb möchte ich immer die Kontrolle behalten!
Aha, deshalb leide ich so unter Depressionen!
Aha, das ist der Grund für meine Todessehnsucht!
Aha, daher warte ich mein Leben lang und weiß nicht, worauf!
Aha, daher suche ich immer und überall, ohne zu wissen, wonach!
Aha, deshalb habe ich so viele Studien und Ausbildungen gemacht!
Aha, deswegen gehe ich so vielen Berufen nach!
Aha, deshalb bin ich so eifersüchtig!
Aha, daher kommt meine nächtliche Angst!
Aha, deshalb kann ich besser geben als annehmen!
Aha, daher umgebe ich mich mit Spiegeln!
Aha, daher kaufe ich alles doppelt!
Und so weiter ...

Aus Ihrem Verstehen kann Verständnis erwachsen – und aus dem neuen Verständnis erwächst Frieden. Und vor allem Ihr inneres Kind wünscht sich nichts mehr als Ihr liebevolles Verständnis – noch viel mehr als das Verständnis anderer. Meiner Ansicht nach liegt es vor allem an Ihnen, Ihr inneres Kind in die Heilung zu begleiten; denn Sie wissen am besten, was es sich wünscht und was es braucht, um zu heilen. Und ein Lebensrückblick aus dem neuen Verständnis wird Ihnen dabei gute Dienste erweisen.

Übrigens empfehle ich Ihnen, all das hier Beschriebene mehrmals nach seiner Relevanz für Sie persönlich zu hinterfragen. Ich beobachte immer wieder, dass alleingeborene HSP viele auf sie zutreffende Indizien erst beim zweiten oder dritten Hinsehen an sich identifizieren können. Vielleicht geht dieser Heilungsprozess wirklich zwiebelschalenartig vor sich?

So werden auch mir immer wieder neue Aspekte klar, obwohl ich mich nun schon seit Jahren intensiv mit diesem Thema befasse. Allerdings sehe ich diese Aha-Erlebnisse heute als amüsante Ergänzungen, die nicht mehr wie früher automatisch mein Selbstmitleid aktivieren.

Wenn etwas Sie beim Lesen direkt `anspringt´, dann empfehle ich Ihnen, für eine Weile innezuhalten und mit der Frage: „Was erweckt hier spontan Resonanz in mir?“ in Ihre Vergangenheit einzutauchen.

Aber widmen Sie sich auch jenen Indizien, die Ihnen vor allem bei anderen auffallen; bei sich selbst jedoch nicht. Nicht selten sind das nämlich wertvolle Spieglungen, die Sie auf einen Ihrer `blinden Flecke´ hinweisen wollen.

Vielleicht setzt Ihre bewusste Aufmerksamkeit auf dieses Thema in der Tiefe Ihres Unterbewussten etwas in Bewegung; und dann erinnern Sie sich vielleicht erst später an das hier Gelesene. So ging und geht es mir immer wieder beim Schreiben aber auch in meinen Beratungen. Meine Hirnbahnen scheinen ziemlich `verwickelt´ zu sein ☺; früher dachte ich, ich wäre begriffsstutzig. Heute weiß ich, dass meine `lange Leitung´ daher kommt, dass mein Denken um vieles komplexer ist als das der meisten anderen!

Mich erinnert das an einen archäologischen Prozess, bei dem wir vorsichtig Schicht um Schicht abtragen, um nach und nach in die Tiefe unseres Unbewussten vorzudringen – und dort allerlei kostbare Schätze zu entdecken. Damit kann unser Heilungsprozess durchaus auch freudvoll sein; ähnlich einer spannenden Schatzsuche ☺.

Betrachten Sie auf Ihrem Spaziergang durch Ihre Vergangenheit vor allem auch all die Siege, Triumphe, Erfolge und Quantensprünge, die Sie bisher nicht als solche erkannt und übersehen haben. Schauen Sie bewusst hin, schreiben Sie Ihre Lebensgeschichte im Licht der neuen Erkenntnisse neu und klopfen Sie Ihrem inneren Kind auf die Schulter, wenn Sie etwas Entsprechendes entdecken.

Was habe ich in meinem bisherigen Leben alles geschafft?
Was habe ich alles geschaffen?
Welche Herausforderungen habe ich gemeistert?
Welche Hürden überwunden?
Welche dunklen Täler tapfer durchschritten?
Welche Prüfungen habe ich bestanden?
Welche Fähigkeiten eingesetzt?
Welche Wege geebnet?
Welche Ideen umgesetzt?

Welche Talente habe ich entfaltet?
Welche Stärken an den Tag gelegt?
Welche Schwächen überwunden?
Welche Fertigkeiten entwickelt?
Welche Befreiungen habe ich geschafft?
Welche Gewohnheiten abgelegt?
Welche Irrtümer revidiert?
Welche Ziele habe ich erreicht?
Welche Visionen verwirklicht?
Was noch alles?
Und kann ich jetzt im Nachhinein meine Begleitung erkennen?
Wird mir klar, dass ich niemals wirklich alleine war?
Sehe ich die roten Fäden?

Glauben Sie mir, es wird Ihnen ungemein wohl tun, all das noch einmal Revue passieren zu lassen; und all die positiven Emotionen, die Sie sich damals vielleicht gar nicht erlaubt haben, nun bewusst nach zu erleben und zu genießen. Das wird Ihre Heilung signifikant beschleunigen!

Übrigens dürfen Sie auch andere um deren Hinweise bitten, wenn Ihnen zu meinen Anregungen nichts oder kaum etwas einfällt. Zum Ausgleich können ja auch Sie ihnen deren Großartigkeit vor Augen führen – ich mag Win-Win-Situationen! Und sonnen Sie sich genüsslich im Licht dieser neuen Erkenntnisse; Sie nehmen damit niemandem etwas weg. Im Gegenteil: Sie erhellen diesen Planeten, wenn Sie Ihr Licht scheinen lassen.

Es mag noch eine ganze Weile dauern, bis Sie alle dunklen Ecken Ihrer Erinnerung durchleuchtet haben; und auch darin werden Sie kostbare Schätze finden. Richten Sie Ihre selektive Wahrnehmung vor allem auf Ihr kontinuierliches Begleitet-Werden – das beruhigt ungemein! Eine solch heilsame Rückschau eignet sich übrigens auch als gutes Einschlaf-Ritual; besonders wenn Sie gerade unter Schlafstörungen leiden. Was leider immer wieder vorkommt bei HSP – vor allem den alleingeborenen Hochsensiblen und Hochsensitiven.

Hochsensibler `Dialog der Hände´

Dieses Spiel beruht darauf, dass die Nervenbahnen zwischen unserem Körper und unserem Gehirn im Hals die Mittellinie kreuzen; sodass unsere rechte (bei Rechtshändern dominante) Hand mit der linken Gehirnhälfte verbunden ist; und die linke Hand mit der rechten Gehirnhälfte. Somit verschafft sie uns Zugang zu Inhalten unserer kreativen, zeitlosen, ganzheitlich wahrnehmenden und in Bildern und Metaphern spielenden Hemisphäre. Die übrigens auch stärker mit unserem organischen Herzen verbunden ist; und uns offenbar auch einen direkteren Zugang zu unserem transpersonalen Potenzial (und daher auch zu Verstorbenen und anderen Wesenheiten in anderen Dimensionen) schenkt, als unsere linke Gehirnhälfte.

In dem Lied „Großvater" der österreichischen Musikgruppe „STS" wünscht sich der Sänger, sein geliebter, verstorbener Großvater möge doch „herunterkommen auf einen schnellen Kaffee". Haben auch Sie so einen weisen Großvater, Onkel oder Vater, eine liebevolle Großmutter, Tante oder Mutter im Jenseits? Wünschen auch Sie sich zuweilen einen weisen Ratgeber oder eine kluge Ratgeberin? Der `Dialog der Hände´ eröffnet Ihnen genau das: Kontakt mit solchen Mentoren! Aber kein anderer Austausch wird Sie so tief berühren und so wertvoll sein wie der mit Ihrem verlorenen Zwilling; so Sie von diesem Phänomen betroffen sind.

Mit diesem Zweihand-Dialog können Sie mit jeglichem Gegenüber kommunizieren – sowohl mit einer Person, mit der Sie sich durchaus auch direkt austauschen können; als auch mit einem Menschen, der Ihnen nicht direkt zugänglich ist. Das kann ein Verstorbener sein (wie Ihr verlorener Zwilling oder ein anderer Nahestehender, den Sie verloren haben) oder eine noch nicht geborene Wesenheit (wie das Kind, das Sie sich wünschen, und das auf seine Inkarnation wartet). Es kann aber auch jemand sein, der in der Ferne weilt und räumlich nicht erreichbar ist; oder jemand der Ihnen aus anderen Gründen nicht zugänglich ist. Sie können mit Engeln oder Aufgestiegenen ebenso kommunizieren wie mit Ihrem Körper oder einzelnen Organen; mit verschiedenen Persönlichkeitsanteilen (Ihrem inneren Kind, Ihrer weisen Instanz, Ihrem inneren Saboteur…), mit Tieren, Pflanzen und so weiter…

Wenn sich bei meiner Beschreibung Zweifel in Ihnen melden; dann kann ich Sie trösten: auch ich habe diese anfangs erlebt. Aber ich kann Ihnen versichern, dass Sie enorm aus diesem Spiel profitieren werden, wenn es Ihnen gelingt, Ihre Skepsis zu überwinden. Sowohl die inhaltlichen Ergebnisse als auch die Berührung, die Sie in vielen Anwendungen erfassen wird, werden Sie überzeugen!

Ich durfte immer wieder miterleben, wie vor allem die kritischen Skeptiker in meinen Seminaren während ihrer Links-Rechts-Korrespondenz mit lieben Verstorbenen in Tränen aufgelöst waren; oder zumindest feuchte Augen hatten. Daher empfehle ich Ihnen, dieses Spiel auch dann zu probieren, wenn es Sie auf den ersten Blick nicht so anspricht.

Über den `Dialog der Hände´ finden Sie einfach Zugang zu höchst wertvollen Bewusstseinsinhalten, die Sie mit Ihrer rechten Hand nicht erreichen können; und die Ihnen bisher verborgen geblieben sind. So können Sie Ihre rechte Gehirnhälfte einfach fragen, was sie Ihnen vermitteln möchte; Sie können ihr aber auch jede Frage stellen, auf die Sie sich eine kluge Antwort wünschen.

`Dialog der Hände´

Ich schreibe mit meiner rechten Hand einen Brief an meine rechte Gehirnhälfte (oder jedes andere Gegenüber, mit dem ich kommunizieren möchte), und lasse diese (oder dieses) über meine linke Hand antworten!

In meinem Buch „Alleingeborener Zwilling" finden Sie übrigens einige Kostproben meines Dialoges mit meinem Zwillingsbruder – vielleicht sind auch für Sie wertvolle Einsichten dabei. Jedenfalls wird aber Ihr persönlicher `Dialog der Hände´ Ihnen wertvolle Einsichten und Erkenntnisse schenken!

Auch diese Technik zur Bewusstseinserweiterung beschreibe ich ausführlich in einem eigenen Ratgeber (den 5. Band der Reihe „Hochsensibel das Leben meistern"). So darf ich Sie auf diesen verweisen, wenn Sie Appetit auf mehr Informationen haben und sich Anwendungs-Beispiele dazu wünschen.

Hochsensibles `AKROSTICHON´

An diesem Spiel habe ich bereits als Kind schon Vergnügen gefunden; so war ich hoch erfreut, als ich es viele Jahre später bei Vera Birkenbihl als wertvolle Empfehlung wieder gefunden habe.

Das `Akrostichon´ ist ursprünglich ein antikes Schreibspiel in Gedichtform. Heute wird es vor allem in der Lernpsychologie und in Kreativitätstrainings eingesetzt, um Kinder für das Schreiben zu begeistern, die Kreativität anzuregen und spielerisch den Wortschatz zu erweitern. Aus meiner Sicht eignet es sich besonders für Menschen, die gern mit Worten spielen und sich vertiefte Einsicht in ein bestimmtes Thema oder einen Menschen wünschen.

Bei einem `Akrostichon´ werden aus den einzelnen Buchstaben eines bestimmten Begriffes, mit dem man sich intensiver befassen möchte, jeweils neue Wörter gebildet. Wenn diese im Zusammenhang mit dem Grundwort stehen, verhelfen sie zu erweiterter Sichtweise und vertiefen das Verständnis.

Natürlich können Sie jeden Menschen, der Sie interessiert, aber auch jedes Thema, mit dem Sie sich intensiver befassen wollen, mit einem `Akrostichon´ durchleuchten. In unserem Zusammenhang empfehle ich Ihnen jedoch, vor allem Ihren Namen zu bespielen, um sich selbst wieder ein Stück weit besser kennen zu lernen.

`Akrostichon´ zu meinem Namen

Ich schreibe alle meine Namen untereinander und bilde dann aus jedem einzelnen Buchstaben ein neues Wort, das mit diesem Buchstaben beginnt und mich charakterisiert – eine passende Eigenschaft, einen Charakterzug, eine Fähigkeit, eine Schwäche, ein Talent, eine Reaktion, eine Eigenheit, eine kleine Marotte ☺.

Damit wir nicht nur theoretisch bleiben, möchte ich Ihnen hier ein kleines Beispiel zeigen. Besonders interessant und ergiebig wird dieses Spiel sein, wenn Sie verschiedene Menschen mit demselben Namen kennen, die sich jedoch in ihrer Persönlichkeit unterscheiden:

Die eine ERNA ist vielleicht

E – ehrlich, empathisch, einsichtig ...
R – reizend, redegewandt, reif ...
N – nett, nobel, natürlich ...
A – aufmerksam, anschmiegsam, altruistisch ...

die andere ERNA kann ganz andere Attribute haben

E – eigensinnig, eingebildet, eifersüchtig ...
R – rachsüchtig, rechthaberisch, roh ...
N – narzisstisch, niederträchtig, neidisch ...
A – aufbrausend, aufsässig, athletisch ...

Natürlich sind das zwei extreme Beschreibungen, die es in dieser Ausprägung vielleicht gar nicht gibt. Meine Absicht war jedoch, Ihnen damit zwei einprägsame Bilder zu vermitteln, damit Sie schon anhand eines so kurzen Namens den Wert dieses Spiels erkennen. Wenn Sie den ganzen Namen (alle Vornamen und den Familiennamen – eventuell auch noch den Mädchennamen bei Frauen – oder Kosenamen) auf diese Weise durchleuchten, wird Ihnen dies durchaus das eine oder andere Aha-Erlebnis bescheren.

Und weil ich dieses Spiel liebe, habe ich hier noch ein Beispiel für Sie:

H – Herz, Hirn einschalten => Hochform, Humor, Hilfe annehmen
O – Öffnung, Optionen, Oberhand gewinnen, Offenbarung, originell
C – Creativität, Chaos = Ordnung in Bewegung, Charakter, Chance
H – Hürden überwinden, Heilung, Hoffnung, Horizont erweitern
S – Selbstliebe, Selbstachtung, Stress-Lösung, sinnlich, Schatz
E – Emotionen, Einsicht, erwachen, erfreulich, Endorphine, echt
N – Nachsicht, Neigungen, neuer Lebensabschnitt, nützlich, Nähe
S – Sprung in neue Zukunft, Sprache, Sicherheit finden, selbständig
I – intensive Gefühle, Innigkeit, Intimität, interessant, integer, Insel
B – Beachtung, blauäugig, besonnen, Bewegung, Blockadenlösung
E – Entwicklung, Erfolg, einflussreich, eigenständig, Elan, ehrlich
L – liebevoll, Lachen, Lob, Leidenschaft, Lebenslust, Leichtigkeit

Konnte ich auch Sie für dieses Spiel begeistern ☺?

Hochsensibles `OXYMORON´

Dieses Spiel mit Worten scheint mir besonders für HSP, ganz speziell aber für Scanner Persönlichkeiten, die oft besonders viele Widersprüche in sich vereinen, geeignet zu sein! Sind es nicht genau die Ambivalenzen in uns, die uns interessant machen? Und diesen können wir mit den `Oxymorons´, die uns beschreiben, auf den Grund gehen.

Sie erinnern sich an den Gedanken Hesses:
„Jedes Leben wird ja erst durch Spaltung und Widerspruch reich und blühend!"

Ein `Oxymoron´ ist eine Wortkombination, die zwei Gegensätze in sich vereint. Beispielsweise beschreibt es eine in sich ambivalente Person mit deren widersprüchlichen Eigenschaften. Im Grunde vereinen wir alle mehr oder weniger starke Gegensätze in uns; jedoch werden das umso mehr sein, je komplexer unsere Persönlichkeit ist. Umso interessanter ist sie in meinen Augen aber auch.

Allerdings meine ich, dass wir umso mehr aus unserer Vielschichtigkeit profitieren können, je bewusster wir uns unserer inneren Ambivalenzen sind; denn umso eher können wir das daraus resultierende vielseitige Potenzial auch umsetzen.

Wenn wir mit den Begriffspaaren der `Oxymorons´ spielen, die uns kennzeichnen, bringen wir auch teilweise widersprüchliche Anlagen und Fähigkeiten `unter einen Hut´ und finden ein gesundes Gleichgewicht. Damit öffnen wir uns für jene Gelegenheiten und äußeren Umstände, wo wir sie am besten nützen können.

Meine `Oxymorons´

Ich erstelle eine Liste meiner ausgeprägten Eigenschaften und Merkmale – sowohl die aus meiner Sicht positiven, als auch jene, die ich lieber unter den Teppich kehren würde. All das bin ich – und ich bin gut und richtig so ☺ !
Eventuell kann ich auch einige andere Personen, die mich gut kennen, nach meinen typischen Charakteristika fragen!
Dann finde ich zu jeder einzelnen Eigenschaft den entsprechen den

Gegensatz – oder auch mehrere gegensätzliche Begriffe – und notiere diese jeweils neben der primären Eigenschaft.
Wenn die ursprüngliche Eigenschaft oder auch der Gegensatz eher negativ und abwertend ist, finde ich eine ebenso passende, jedoch positive und dennoch stimmige Umschreibung.
Dann überlege ich, ob einige der neuen Begriffe nicht vielleicht meine verleugneten oder (noch) wenig entwickelten Teilpersönlichkeiten beschreiben – also meinen „hellen Schatten". Und ich frage mich, welchen Vorteil es hätte, diese neu entdeckten gegenteiligen Eigenschaften (weiter) zu entwickeln.
Bei all dem achte ich auf gegensätzliche Begriffe, die auf mögliche innere Konflikte hindeuten, die mir bisher möglicherweise noch gar nicht bewusst waren! Diese inneren Polaritäten muss ich nicht beseitigen oder zu perfekter Harmonie führen. Sondern es geht darum, mir ihrer bewusst zu werden; und dann beide Seiten als integrierende Bestandteile meiner Persönlichkeit anzunehmen! Dann kann ich sie bewusst für mich nützen, indem ich sie jeweils dort einsetze, wo sie wertvoll sind.

Hier sind einige Beispiele zur Verdeutlichung:

Primäreigenschaft: „fleißig" => „faul" – aber dieser Begriff ist eher negativ! Ebenso passend, aber positiver klingen doch „gemütlich", „gemächlich" wie Balu, der Bär aus dem Dschungelbuch ☺ !

Primäreigenschaft: „humorvoll" => „humorlos" – das klingt nicht gut! Ebenso passend, aber positiver: „ernsthaft", „tiefgründig".

Primäreigenschaft: „ehrgeizig" => „ambitionslos" – klingt nicht gut! Ebenso passend, aber positiver klingen doch „zufrieden", „gelassen".

Primäreigenschaft: „großzügig" => „geizig" – klingt nicht gut! Ebenso passend, aber positiver klingen doch „sparsam", „preisbewusst".

Primäreigenschaft: „flexibel" => „starr" – klingt nicht gut! Ebenso passend, aber positiver klingen doch „standhaft", „konsequent".

Primäreigenschaft: „altruistisch" => „egoistisch" – klingt nicht so gut! Positiver und doch passend klingen „selbstbezogen", „selbstliebend".

Primäreigenschaft: „schweigsam" => „geschwätzig" – klingt nicht gut! Positiver und dennoch passend klingen „eloquent", „kommunikativ".

Primäreigenschaft: „mutig“ => „ängstlich“ – klingt nicht gut! Ebenso passend, aber positiver klingen doch „vorsichtig“, „abwägend“.

Primäreigenschaft: „schlank“ => „dick“ – klingt gar nicht gut! Ebenso passend, aber positiver klingen doch „weichschlank“, „weiblich-schlank“, „mollig“, „rubensisch“ ☺ ...

Und hier noch einige für HSP typische `Oxymorons´ – wobei die jeweilige Geschlechtszuordnung bedeutungslos ist!

* Der egoistische Helfer
* die extravertierte Einsiedlerin
* der Geborgenheit suchende Freiheitsdurstige
* die ernste Komikerin
* der großzügige Sparmeister
* die ordentliche Kreative
* der bequeme Sportler
* die hingabefähige Chefin
* der schüchterne Eroberer
* die wasserscheue Schwimmerin
* der soziale Eremit
* die neugierige Geheimnisträgerin
* der gelassene Ehrgeizige
* die sinnliche Asketin
* der eloquente Schweiger ...

Hilfreiche Spiele für HSP

Nun möchte ich einige meiner Lieblings-Spiele mit Ihnen teilen. Spiele, die vor allem auch mein inneres Kind liebt, sonst hätte ich sie schon lange nicht mehr in meinem Repertoire. Daher spreche ich auch lieber von \`Spielen´, weil sich mein (und sicher auch Ihr) inneres Kind bei diesem Begriff lieber mit einbringt als beim Begriff \`Arbeiten´. Aber auch Bezeichnungen wie: \`Techniken´, \`Strategien´ oder \`Übungen´ empfinde ich nicht besonders (innere) kinderfreundlich ☺.

Wenn wir uns unserer Anlage als HSP (und Alleingeborene) klar werden, gilt es meiner Ansicht nach zuerst, den Kontakt mit uns selbst aufzunehmen, uns selbst also in unserem So-Sein an- und dann auch in Besitz zu nehmen.

Erinnern Sie sich an den bereits zitierten wunderschönen Gedanken: *„Du musst dich und alle deine Möglichkeiten vollständig erkennen, damit du dich ganz und gar an dich selbst verschenken kannst!"*.

Hat er Sie ebenso elektrisiert wie mich damals, als er mir zugekommen ist? *„Mich an mich verschenken…"* – wie schön!

Tatsächlich sind die Möglichkeiten, die unsere Hochsensibilität und Hochsensitivität uns eröffnen, ungemein vielfältig; auch wenn der Preis dafür zuweilen recht hoch zu sein scheint. Unser Leben ist oft tatsächlich nicht einfach. Aber ich gehe davon aus, dass wir uns auf Seelenebene vor unserer Inkarnation sehr bewusst für diese Anlage entschieden haben! Also sollten wir das Beste daraus machen.

Und dazu braucht es natürlich Selbsterkenntnis; denn ich kann mich erst dann in meinem So-Sein verwirklichen und mein Potenzial entfalten, wenn ich weiß, wer ich bin; mein Potenzial also kenne.

Daher haben wir uns im vorhergehenden Teil dieses Buches mit diversen Selbsterkenntnis-Spielen befasst. Nun habe ich noch einige Blockaden lösende Empfehlungen für Sie; um sich Ihr Leben zu erleichtern und freudvoller zu gestalten.

HSP und bewusste Lenkung der Aufmerksamkeit

Wer bestimmt, wie es Ihnen geht?
Wer entscheidet über Ihre Emotionen?
Sind es nicht Ihre Gedanken, die Ihre Gefühlslage bestimmen?
Wie wäre es also, wenn Sie lernen könnten, Ihre Gedanken bewusst zu kontrollieren und im Falle destruktiver Gedanken, diese ebenso bewusst umzulenken?
Ist Ihr Glück nicht oft nur einen anderen Gedanken weit weg?

Ich gehe davon aus, dass das, was wir denken unsere Gefühle bestimmt; also unsere Gedanken letztlich unsere Befindlichkeit färben. Und da wir immer nur einen Gedanken gleichzeitig denken können, zugleich aber entscheiden können, was wir denken, finde ich es sinnvoll, zu lernen, bewusster mit unserem Denken umzugehen und es gegebenenfalls zu verändern. Damit können wir tatsächlich in jedem Augenblick Einfluss nehmen auf unser Befinden.

Da es drei Zeiten gibt, in denen sich unsere Gedanken bewegen können – und ich denke, alle drei sind legitim – sehen wir uns diese drei Bereiche gesondert an.

Die Zukunft betreffende Gedanken:

Negative Gedanken bezüglich meiner Zukunft (Sorgen, Ängste und Worst Case Szenarien) sind prinzipiell destruktiv! Aber wenn sie – oft aus heiterem Himmel – aufkommen, dann frage ich mich:
„Ist es wichtig, dass ich mich jetzt damit befasse?"
Wenn das der Fall ist, dann mache ich das.

Es kann beispielsweise sein, dass ich gerade in mein für den Urlaub fertig gepacktes Auto einsteigen möchte und mir plötzlich Gedanken in den Sinn kommen wie:
„Hoffentlich bricht niemand ein!"
Oder auch: *„Hoffentlich brennt mein Haus nicht ab!"*
Möglicherweise habe ich vergessen, zuzusperren oder den Herd abzudrehen; also überprüfe ich das.

Aber dann lenke ich meine Aufmerksamkeit schleunigst auf die Vorfreude oder sonstige positive Gedanken und damit Emotionen!

Positive Zukunftsgedanken (wie Hoffnungen, Zuversicht, Ziele, Wünsche und Visionen) sind sinnvoll, weil sie meine Körperchemie posi-

tiv beeinflussen. Vorfreude ist beispielsweise der stärkste Dopamin-Spender. Daher sollte ich sie mir immer wieder gönnen – vor allem dann, wenn meine Gegenwart nicht besonders rosig aussieht.
Aber auf Dauer lenken auch Zukunfts-Gedanken mich vom Hier und Jetzt ab und können durchaus ein Anzeichen für Fluchttendenzen sein – und mein Leben spielt sich hier und jetzt ab. Also gehe ich sparsam damit um!

Die Vergangenheit betreffende Gedanken:

Negative Gedanken zu meiner Vergangenheit (Schuldgefühle, Rache, Schuldzuweisungen oder Bedauern) sind besonders destruktiv, weil vergeblich – die Vergangenheit kann ich nicht ändern.
Aber manchmal mag es wichtig sein, sich negative Gedanken quasi als Referenz zu vergegenwärtigen.
Wenn ich beispielsweise mit einem neuen Du beim ersten Date in einem Restaurant sitze, und plötzlich fällt mir eine Episode aus einer schmerzhaften früheren Beziehung ein, dann frage ich mich:
„Ist es wichtig, dass ich mich jetzt damit befasse?“
Wenn das der Fall ist, dann mache ich das.

Es kann zum Beispiel sein, dass irgendwas im Verhalten meines Gegenübers einen Trigger auslöst, der mich vor neuerlichem Leid bewahren möchte. Dann kann ich meine rosarote Brille etwas zur Seite schieben und sehr genau auf die Reaktionen dieses neuen Mannes achten.
Wenn die Assoziation zu früheren Erfahrungen sich als Irrtum herausstellt, dann ist das umso besser. Dann lasse ich die Vergangenheit los und erfreue mich offenen Herzens an der beglückenden Gegenwart.

Wenn ich jedoch mit dem klaren Blick erhöhter Achtsamkeit erkenne, dass dieser Mann tatsächlich die alten Erfahrungen wiederholt, kann ich noch rechtzeitig die Bremse ziehen und ihn verabschieden.

Aber dann schwelge ich nicht länger in Negativität, mache mir keine Vorwürfe, dass ich fast wieder in eine Falle getappt wäre und beschimpfe mich nicht wegen meiner schlechten Menschenkenntnis und Naivität – sondern ganz im Gegenteil! Dann freue ich mich, die Gefahr diesmal rechtzeitig erkannt zu haben, lobe und anerkenne meine Klugheit und bin dankbar für die Signale meiner inneren Stimme.

Positive Erinnerungen polen meine Körperchemie in Richtung Endorphine um, sind daher höchst wertvoll. Nur mehr in der Vergangenheit zu schwelgen, finde ich allerdings nicht sinnvoll, weil mich das von meiner Gegenwart ablenkt. Dennoch kann es durchaus erfrischend sein, maßvoll in glücklichen Erinnerungen zu schwelgen.

Daher teile ich nicht die Ansicht einiger spiritueller Schulen, dass wir uns nur auf unser Hier und Jetzt fokussieren sollten. Wenn die Fähigkeit zur Rückschau nicht auch ihren Wert hätte, stünde sie uns wohl nicht zur Verfügung. Ich habe beim Autofahren auch nicht ständig den Blick im Rückspiegel; aber zwischendurch sehe ich sehr wohl nach, was sich hinter mir abspielt. Und ich liebe das Schwelgen in süßen Erinnerungen und daraus resultierenden Glückshormonen!

Die Gegenwart betreffende Gedanken:

Negative Gedanken zur Gegenwart (Selbstkritik, Ärger, Schuldzuweisungen oder Unzufriedenheit) meide ich nach Möglichkeit, weil sie mich durch die negative Körperchemie außerstande setzen, das Nicht-Ideale zu ändern. Allerdings bedarf gerade diese Gedankenkontrolle großer Aufmerksamkeit und Disziplin, weil die alten Denkmuster sehr fest in meinen Hirnbahnen eingeprägt sind und die meiste Zeit automatisch und wie von selbst ablaufen.

Aber es kann auch einmal sein, dass ein negativer Gedanke zu einer aktuellen Situation mich warnen und mir etwas Wichtiges signalisieren möchte! Daher frage ich mich:
„Ist es wichtig, dass ich mich jetzt damit befasse?“
Wenn das der Fall ist, dann mache ich das. Und frage mich:
„Kann ich das, was sich nicht gut anfühlt, ändern oder nicht?“
Wenn ich es ändern kann, dann mache ich das.
Wenn ich es nicht ändern kann, dann ändere ich meine Einstellung dazu.
Wenn mir auch das nicht gelingt, dann lenke ich meine Aufmerksamkeit auf Erfreuliches, Beglückendes, Erbauliches, Dankenswertes, Befriedigendes um.

Positive Gedanken zu meiner Gegenwart (Dankbarkeit, Zufriedenheit, Liebe, Wertschätzung oder Selbstachtung) sind immer willkommen und sollten meiner Ansicht nach jederzeit den Schwerpunkt bilden – sie bringen mich in eine positive Körperchemie und eröffnen mir dadurch mein gesamtes menschliches Potential.

Wie denken Sie darüber?

Hochsensibel FRAGEN

Im Kapitel über die `Affragen´ werde ich noch einmal auf die hirnphysiologische Bedeutung von Fragen generell und besonders der prozess-orientierten eingehen. Tatsache ist, dass Fragen unser Gehirn weit mehr anregen als Behauptungen – und das gilt ganz allgemein; sollte vor allem aber im Unterricht berücksichtigt werden.

Erinnern Sie sich an Ihre Schulzeit?
Wie ging es Ihnen damals mit Lehrkräften, die Sie nur mit (oft auch noch nutzlosem) Wissen voll gepumpt haben?
Und wie ging es Ihnen mit jenen, die Sie zum eigenständigen Denken angeregt haben?
Haben diese nicht viel mehr Fragezeichen in ihren Unterricht eingebaut?

Fragen scheinen mir vor allem für nachdenkliche HSP, die gern alles hinterfragen und den Sinn dahinter suchen, wertvoll!

Ich persönlich liebe Fragen und war ganz begeistert, als mir eines Tages das „Fragebuch“ von Mikael Krogerus und Roman Tschäppeler in die Hände fiel! Es ist eine Fundgrube für einen wachen Geist, der Impulse liebt und sich gern in `Denksport´ ergeht. Vor allem mein inneres Kind war ganz glücklich über diese Neuentdeckung mit all den vielen offenen Fragen!

Dieses Büchlein bietet unzählige, aus meiner Sicht sehr wertvolle und belebende Fragen, die mir besonders für die Scanner unter den HSP wertvoll scheinen – daher bin ich einem inneren Impuls gefolgt und habe dieses Kapitel hier aufgenommen.

Zwei Kostproben möchte ich hier zitieren:

„Wann habe ich zum letzten Mal etwas zum ersten Mal gemacht?“
„Wann habe ich zum ersten Mal etwas zum letzten Mal gemacht?“

Für mich sind das zwei wundervolle Fragen, die höchst interessante Assoziationen in mir auslösen...

Welche wertvollen Fragen fallen Ihnen hier ein?

Hochsensibel ATMEN

Atmen scheint etwas so Selbstverständliches zu sein, dass Sie sich vielleicht fragen, warum ich dieser alltäglichen körperlichen Funktion ein eigenes Kapitel widme. Aber unsere Atmung ist eine vitale Funktion, die wir nicht unterschätzen sollten. Glücklicherweise brauchen wir uns meist nicht um unsere Atmung zu kümmern, weil sie von unserem vegetativen Nervensystem unwillkürlich gesteuert wird.

Dennoch gibt es Situationen, in denen es sinnvoll ist, bewusst Einfluss darauf zu nehmen. Ein häufiges Problem bei HSP ist meiner Erfahrung nach, dass wir vor allem bei intensiver Konzentration in der Atmung innehalten.

Beobachten Sie das einmal bei sich und fragen Sie sich:

Atme ich normal weiter, während ich mich stark auf etwas konzentrierte?
Oder passiert es mir immer wieder, dass ich bei hoher Konzentration mit dem Atmen aufhöre?

Wenn Sie bemerken, dass auch Sie (wie die meisten Hochsensiblen) immer wieder aufhören zu atmen, wenn Sie sich stark auf etwas oder jemand konzentrieren, dann bewerten Sie das bitte nicht; sondern seien Sie froh, sich dessen bewusst geworden zu sein! Denn erst dann können Sie diese Tatsache ändern – was ich Ihnen wirklich ans Herz legen möchte!

Gerade bei hoher Konzentriert brauchen wir doch unsere höheren mentale Zentren. Und da vor allem unsere Hirnrinde, in der diese Funktionen sitzen, für ihre Aktivität viel Sauerstoff braucht, wäre es gerade dann, wenn es um etwas Wichtiges geht, sinnvoll, möglichst tief zu atmen. Und nicht immer erst dann, wenn unsere Sauerstoffrezeptoren aufgrund des Mangels, den sie wahrnehmen, Alarm schreien – was bei uns leider meist der Fall ist.

Weiters bietet uns unsere Atmung – und wie wir damit umgehen – zwei wertvolle Analogien. Einerseits signalisiert unsere Atmung uns, wie es in unserem Leben mit dem Ausgleich von Geben und Nehmen aussieht.

Vielleicht wollen Sie einmal kurz die Lektüre unterbrechen und darauf achten, wo Sie in Ihrem Atemrhythmus gerade stehen, wenn Sie plötzlich innehalten.

> *Ich halte während des Lesens inne und achte darauf, wo ich mich in meinem Atemrhythmus gerade befinde: kann ich aus dieser Position mehr einatmen oder mehr ausatmen?*

Meiner Erfahrung nach halten Menschen, die besser geben als nehmen können, vorwiegend im ausgeatmeten Zustand inne. Wenn das der Fall ist, dann kann aus dieser Atemposition weit mehr ein- als ausatmet werden. Das soll natürlich keine Bewertung sein, sondern bloß Ihre Achtsamkeit ansprechen.

Aber es gibt noch eine weitere wertvolle Analogie. Vor allem wir hochsensiblen Alleingeborenen nützen unser menschliches Potenzial meist viel zu wenig. Und dasselbe gilt für unsere Atmung: auch da nützen wir nur einen Bruchteil unserer Möglichkeit.

Auch dazu habe ich einige Fakten für Sie, deren Verständnis Ihre Bewusstheit für Ihre Atmung schärfen dürfte. Unsere Lunge ist ein schwammartiges Gewebe mit vielen elastischen Fasern. Daher würde sie sich zusammenziehen, wenn sie könnte, wie sie möchte. Das kann sie jedoch nicht, weil sie durch ein Vakuum an unseren Rippenkorb angepresst wird. Das heißt mit anderen Worten, dass auch im extrem ausgeatmeten Zustand immer noch Luft in unseren Lungenflügeln bleibt – unser Restvolumen.

Das zu beatmende Volumen teilt sich allerdings auch in drei Volumina auf: neben dem üblichen Atemvolumen bleiben ein expiratorisches und ein inspiratorisches Reservevolumen. Wir können also über unsere normale Atmung hinausgehend, immer noch weiter einatmen und ausatmen. Das können Sie leicht nachvollziehen:

> *Ich atme eine Weile ruhig und regelmäßig in meinem normalen Rhythmus. Dann achte ich darauf, wie weit ich aus meiner üblichen Ausatem-Position noch weiter ausatmen kann (das ist mein expiratorisches Reservevolumen).*

Und wie weit ich aus meiner üblichen Einatem-Position noch weiter einatmen kann (das ist mein inspiratorisches Reservevolumen).

Wann, glauben Sie, wird Ihre Sauerstoffversorgung besser sein? In Ihrer normaler Atmung oder im weiteren Ausschöpfen Ihrer Reservevolumina?

In meinen Seminaren habe ich dazu ein eingängiges Beispiel gebracht. Stellen Sie sich vor, Sie trinken abends ein Glas Wasser – aber Sie trinken nicht alles aus. Wenn Sie am nächsten Tag das Glas nur auffüllen – wann wird das Wasser besser sein: wenn Sie abends fast alles ausgetrunken haben? Oder wenn am nächsten Tag noch viel abgestandenes Wasser im Glas geblieben ist?

Bei Ihrer Atmung ist es dasselbe. Je tiefer Sie vor der nächsten Einatmung ausatmen, umso mehr Raum haben Sie für frische, mit Sauerstoff gesättigte Luft, die sich in das Restvolumen (das, wie erwähnt, immer in der Lunge bleibt) mischt; im Endeffekt enthält Ihre Atemluft also mehr Sauerstoff. Und dieses Mischungsverhältnis wird sich noch weiter verbessern, wenn Sie auch ihr inspiratorisches Reservevolumen möglichst weit ausschöpfen. Das ist gerade für HSP eminent wichtig!

Wie wäre es, wenn Sie sich vornehmen würden, in Zukunft zumindest einmal stündlich Ihre Atemkapazität für einige Atemzüge voll auszuschöpfen?

Eine besonders wertvolle Atemtechnik ist aus meiner Sicht auch die 5-zu-3-Atmung. Sie basiert auf der Tatsache, dass die Einatmung unter der Kontrolle des Sympathikus steht und die Ausatmung vom Parasympathikus gesteuert wird – das sind die beiden Anteile unseres vegetativen Nervensystems, die jeweils einen bestimmten Bereich unseres Lebens steuern. Der Sympathikus ist zuständig für Zeiten erhöhter Wachheit und größerer Herausforderungen, also auch für die Bewältigung von Stress. Der Parasympathikus steht in Zeiten der Ruhe und Regeneration im Vordergrund.

Wenn wir unseren Fokus bewusst vor allem auf die Ausatmung richten – also länger und langsamer aus- als einatmen –, fördern wir unseren Parasympathikotonus und damit die Entspannung und Regenerationsfähigkeit unseres Systems.

5-zu-3-Atmung

Während ich bequem sitze oder liege, achte ich bei meiner Atmung bewusst darauf, wie die beiden Atemphasen jeweils meinen Herzschlag beeinflussen; ich erkenne, dass mein Puls beim Ausatmen langsamer wird und beim Einatmung rascher.
Diese Tatsache nütze ich und lege eine Weile den Fokus vor allem auf die langsame Ausatmung: atme also bewusst fünf Pulsschläge lang aus und nur drei Pulsschläge lang ein.

Und noch ein Atemspiel möchte ich Ihnen ans Herz legen: die Herz-Atmung ☺:

Herz-Atmung

Während des Einatmens stelle ich mir vor, statt in meine Lungen in mein Herz zu atmen, das sich daher stark erweitert.
Während ich ausatme, kehrt mein Herz wieder in seine natürliche Größe zurück.
Um dann während der Einatmung wieder ganz weit zu werden…

Diese Empfehlung stammt übrigens aus der (bereits im Zusammenhang mit der Gelotologie erwähnten) Herz-Intelligenz-Forschung. Mit der näher zu befassen ich Ihnen dringend empfehlen möchte! Lesen Sie bitte die faszinierenden Bücher von Doc Childre „Die Herzintelligenz entdecken“ und „Vom Chaos zur Kohärenz“.

Ein weiteres aus meiner Sicht sehr wertvolles Atem-Ritual ist die Wechsel-Atmung aus der Yoga-Tradition. Sie hilft uns, unsere beiden Gehirnhälften zu integrieren und unser Stirnhirn einzuschalten. Sie wirkt ausgleichend auf wichtige Drüsen im Bereich des Gehirns und stärkt – wenn wir sie täglich für einige Minuten (möglichst vor dem geöffneten Fenster) zelebrieren – unsere Immunabwehr. Darüber hinaus erfrischt sie uns unmittelbar, erlaubt uns klareres, kreativeres Denken und balanciert Gehirn und Körper; dies hilft uns, leichter zu entspannen! So ist diese spezielle Atmung also nicht nur ein höchst wirksames Vehikel auf dem Weg zum Homo Sapiens Sapiens, sondern wirkt generell gesundheitsfördernd.

Normalerweise (oder besser gesagt: idealerweise) wechselt unser Haupt-Atemstrom etwa alle zwei Stunden von einem Nasenloch zum anderen. Dieser Atem-Zyklus korreliert mit dem Wechsel der Hemisphären-Dominanz im Gehirn: wenn wir vorwiegend durch das rechte Nasenloch atmen, zeigt dies Dominanz der linken Gehirn-Hälfte an. Diese geht mit Phasen nach außen gewandter Aufmerksamkeit und verstärkter Aktivität und Wachheit einher. Wenn wir hingegen vor allem durch das linke Nasenloch atmen, dominiert die rechte Gehirn-Hälfte, was mehr in sich gekehrten, ruhigeren und besinnlicheren Phasen entspricht.

Unter Stress geht dieser ausgleichende Wechsel des Atemstroms verloren; damit fehlt die Integration von linker und rechter Gehirn-Hälfte. Nun ist meist nur mehr die linke Gehirn-Hälfte aktiv; und die rechte ist ausgeschaltet. Somit stehen uns deren Funktionen und Fähigkeiten nicht mehr zur Verfügung. Aber gerade die Aktivität der rechten Gehirnhälfte ist für die meisten HSP (in ihrer meist Rechtshirn-Dominanz) wesentlich. Ihre Rechts- oder Linkshirn-Dominanz können Sie mit diversen Tests, die Sie im Internet finden, feststellen.

Wechsel-Atmung

Ich halte mein rechtes Nasenloch zu und atme durch das linke ein. Dann halte ich mein linkes Nasenloch zu und atme durch das rechte aus. Ich bleibe bei meinem rechten Nasenloch und atme wieder durch dieses ein, um dann neuerlich dieses zuzuhalten und durch das linke auszuatmen.
Der Wechsel der Nasenlöcher erfolgt also jeweils zwischen der Ein- und der Ausatmung. Aus- und Einatmung erfolgen jeweils durch dasselbe Nasenloch!

Diese Wechsel-Atmung können Sie sich aber auch bloß vorstellen; was vermutlich nicht dieselbe Wirkung erzielen wird, dennoch aber wertvoll sein kann, wenn Sie sie gerade nicht real ausüben können. Atmen Sie in Ihrer Vorstellung rechts ein und links aus, dann links ein und rechts aus – und so fort.

`EFT´ (`Emotional Freedom Technique´) für HSP

Diese Technik aus der energetischen Psychologie habe ich vor vielen Jahren als `Klopfakupressur´ von Fred Gallo kennen gelernt; aber mittlerweile habe ich `EFT´, die mir noch näher liegende Variante von Gary Craig entdeckt. Die `Emotional Freedom Technique´ ist ein großartiges Spiel zur umfassenden Selbstbefreiung und darf daher in keinem meiner Bücher und Seminare fehlen. Damit gelingt es uns relativ rasch und leicht, emotionale Blockaden nachhaltig zu lösen. Diese seien, so wird angenommen, die Ursache für jegliche Selbsteinschränkung – die ja ein eminent wichtiges Thema für die HSP ist.

`EFT´ wird in der Selbsthilfe ebenso eingesetzt wie in der professionellen Therapie und besteht im Klopfen spezieller Akupunkturpunkte, während gleichzeitig Worte gesprochen und teilweise auch Bilder visualisiert werden. Damit können Sie sich von begrenzenden Überzeugungen, unerwünschten Gewohnheiten und Verhaltensmustern befreien; sich aber auch auf die Verwirklichung Ihrer Wünsche, Ziele und Visionen einstimmen, indem Sie hinderliche Blockaden lösen.

Forschungen zeigen heute, dass die Hirnaktivität in den Stress-Zentren durch die Stimulation bestimmter energetischer Punkte verändert werden kann. Einerseits deaktiviert die `EFT´ Gehirnareale, die an der Angstempfindung beteiligt sind; andererseits bewirkt sie die Ausschüttung des Glückshormons Serotonin. Damit werden jene destruktiven biologischen Kettenreaktionen unterbrochen, die für die gestörten emotionalen Reaktionen verantwortlich sind.

Auch hier empfehle ich Ihnen, tiefer in diese Materie einzusteigen, wenn Sie `EFT´ noch nicht kennen. In „Klopf die Sorgen weg“ erklärt Gary Craig gemeinsam mit David Feinstein und Donna Eden ausführlich die Technik und präsentiert aktuelle Forschungsergebnisse sowie viele Erfahrungsberichte. Die Aktivierung bestimmter Akupunkturpunkte durch leichtes Klopfen wird auch in anderen Büchern beschrieben. In einige davon habe ich auch hinein geschnuppert; aber mir persönlich liegen sowohl Gary Craig als Person (vor allem in seinen Videos von Seminarmitschnitten!) als auch seine Klopfsequenz am nächsten; daher lege ich sie Ihnen hier ans Herz.

Die Punkt-Sequenz, die er empfiehlt, sind folgende: die beiden Augenbrauenpunkte jeweils am mittleren Ende der Augenbraue; die seitlichen Augenpunkte beidseits der äußeren Augenwinkeln auf dem Knochenrand; die Punkte unterhalb der Augen in der Mitte des Jochbeins; der Punkt unterhalb der Nase; der Punkt unter dem Mund; die Punkte Niere 27 in den beiden Grübchen unterhalb der mittleren Enden der Schlüsselbeine; die Punkte unter den Armen; die Karatepunkte auf den beiden Handkanten und die Punkte um den Scheitel.

Wenn Sie diese Punkte noch nicht kennen, sehen Sie sich am besten entsprechende Abbildungen an, die Sie im Netz finden. Manche meinen, bei paarig angelegten Punkten reiche es, einen der beiden zu klopfen. Aber mein für alleingeborene HSP typischer Wunsch nach Symmetrie lässt dies nicht zu ☺; daher klopfe ich immer beide gleichzeitig. Wie Sie das halten, ist natürlich Ihre Entscheidung.

Ehe Sie beginnen, ordnen Sie den Stress, den Sie mit dem jeweiligen Thema haben, auf einer Skala von 1 (wenig) bis 10 (viel) ein. Das ist vor allem deshalb sehr motivierend, weil Sie damit sehr rasch einen positiven Effekt erkennen.

Geklopft wird zart mit den zusammen gelegten Fingerspitzen; die Punkte unter den Armen klopfe ich mit den ganzen Handflächen und für die Aktivierung der Karatepunkte schlage ich die beiden Handkanten leicht zusammen. Jene, die kein Problem mit dem einseitigen Klopfen haben, können diese auch mit zusammen gelegten Fingerspitzen der anderen Hand klopfen.

Vor allem die Punkte um den Scheitel klopfen Sie bitte nicht allzu fest, sonst brummt Ihnen nach einer längeren `EFT´-Sitzung der Schädel ☺. Diese schmerzhafte Erfahrung habe ich gemacht, als ich vor lauter Begeisterung für dieses Spiel allzu intensiv geklopft habe.

Prinzip dieser Technik ist, uns mit dem dreimal wiederholten ersten Satz so anzunehmen, wie wir jetzt sind!
„Obwohl ich ... , liebe und akzeptiere ich mich aus tiefstem Herzen!“

Die drei Punkte stehen für das, was Sie nicht mehr wollen, was Sie stört, ängstigt, ärgert oder anders stresst. Beschreiben Sie das Unerwünschte genau so, wie Sie es erleben und sprechen Sie diesen Einführungssatz laut, deutlich, mit Emotion und Nachdruck! Anerkennen Sie das Negative und lieben Sie sich selbst trotz dieses Problems; damit bringen Sie sich psychisch und energetisch in jene Empfänglichkeit, die Veränderung erlaubt. Obwohl sich die für Ihre destruktiven Glaubenssätze oder Verhaltensmuster verantwortlichen

Persönlichkeitsanteile in Ihnen mit aller Kraft dagegen wehren und Ihre Bemühungen hintertreiben werden.

Die weitere Klopfsequenz dient dazu, wieder einen optimalen Energiefluss entlang der Energiebahnen des Körpers herzustellen. Da unsere Meridiane untereinander verbunden sind, reicht das Stimulieren einer bestimmten Auswahl an Punkten. Sprechen Sie laut und deutlich die Kurzfassung Ihrer ursprünglichen Sentenz, während Sie jeweils einen Punkt oder ein Punktepaar klopfen. Gehen Sie einmal die ganzen Punkte durch und überprüfen Sie dann, ob sich auf Ihrer Skala etwas geändert hat. Wenn Sie mit der Änderung noch nicht zufrieden sind, dann klopfen Sie eine zweite Runde.

Im Klopfen komplexerer Themen können Sie während des Klopfens im ersten Teil durchaus auch alle negativen Aspekte ansprechen, gegen Ende sollten Sie jedoch vor allem die verschiedenen Aspekte Ihrer Wunschrealität formulieren.

Der Einstimmungssatz beginnt natürlich nur dann mit „Obwohl ich...“, wenn Sie eine Blockade lösen wollen. Geht es darum, ein Ziel zu erreichen, einen Wunsch zu erfüllen oder eine Vision zu verwirklichen, reicht natürlich überhaupt die positive Formulierung – die Versicherung der Selbstliebe würde ich Ihnen jedoch immer empfehlen.

Die Sätze bis zu den drei Sternen klopfen Sie am Karatepunkt; dann geht es weiter mit der ganzen Sequenz (vom Augenbrauenpunkt bis zum Scheitel), wobei Sie jeden Punkt (jedes Punktepaar) jeweils mit einer Zeile verbinden können.

Hier nun einige Anregungen zum besseren Verständnis – gestalten Sie mit deren Hilfe bitte Ihre ganz persönlichen Texte!

Eines unserer Hauptthemen als HSP (besonders als alleingeborene) ist unser geringes Selbstwertgefühl! Wollen Sie gleich einmal den folgenden Text (oder Ihre individuelle Abwandlung dessen) klopfen?

Selbstwertgefühl heilen

Obwohl ich zu wenig Selbstwertgefühl habe,
liebe ich mich aus tiefstem Herzen!
Obwohl mein Selbstwertgefühl mir eine gute Entschuldigung bietet,
meine Ziele nicht zu erreichen, meine Wünsche nicht zu erfüllen
und mein Potenzial nicht zu verwirklichen,
liebe und akzeptiere ich mich aus tiefstem Herzen!

Obwohl mein Selbstwertgefühl sehr zu wünschen übrig lässt,
liebe, achte und ehre ich mich!

***

Vielleicht habe ich es gar nicht verdient,
mein mangelndes Selbstwertgefühl loszuwerden?
Vielleicht steht mir das gar nicht zu?
Vielleicht bietet mir dieses mangelnde Selbstwertgefühl
ein gutes Alibi für mein Scheitern?
Vielleicht verliere ich meine Identität,
wenn ich ein gesundes Selbstwertgefühl entwickle?
Vielleicht fühle ich mich ohne Selbstwertgefühl sicherer?
Aber es macht keinen Sinn,
in meinem geringen Selbstwertgefühl gefangen zu sein!
Das hindert mich an so vielem!
Sklave meines mangelnden Selbstwertgefühls zu sein,
macht mich wütend!
Warum kann ich mich dann nicht einfach davon befreien?
Vielleicht möchte ich mich damit für irgendetwas bestrafen?
Wenn es so ist, sehe ich mir das jetzt nach!
Ich bin jetzt bereit, mein Selbstwertgefühl zu heilen!
Ich will mein Licht nicht mehr unter den Scheffel stellen!
Es ist nicht egoistisch, ein gesundes Selbstwertgefühl zu haben!
Und es muss auch nicht überheblich wirken!
Ich habe keine Angst mehr, zu viel für mich zu verlangen!
Ich vergebe allen, die mein Selbstwertgefühl untergraben haben,
und mir selbst, dass ich ihnen das erlaubt habe!
Mein inneres Kind leidet unter meinem geringen Selbstwertgefühl!
Und ich bin nun bereit, mein Selbstwertgefühl zu heilen!
Ich erlaube mir, mich wertzuschätzen,
und erlaube mir, meinen Wert zu fühlen!
Ich schenke mir meine tiefe Wertschätzung,
ich fühle mich wertvoll,
ich weiß, dass ich wertvoll bin,
ich bin ein Geschenk für diese Welt,
und es ist gut, dass es mich gibt!
Ja, ich schenke mir die Wertschätzung, die ich verdiene!
Ich heile mein Selbstwertgefühl und damit auch mein inneres Kind!
Und ich liebe und akzeptiere mich aus tiefstem Herzen!

Etwas, womit wir HSP uns generell schwer tun, ist auch unsere Selbstliebe!

Wollen Sie `EFT´ mit diesem oder einem auf Sie persönlich zugeschnittenen Text nützen, um diese Blockade zu lösen?

Selbstliebe

*Obwohl ich mich noch nicht so lieben kann, wie ich es verdiene,
liebe und akzeptiere ich mich aus tiefstem Herzen!
Obwohl meine Selbstliebe immer noch zu wünschen übrig lässt,
liebe, achte und ehre ich mich!
Obwohl meine Selbstliebe durchaus einer Auffrischung bedarf,
liebe und wertschätze ich mich und mein inneres Kind!*

***

*Ich habe die Absicht, mich zu lieben und zu achten,
ich erlaube mir, mich wert zu schätzen und zu ehren,
ich entscheide, mich so anzunehmen, wie ich bin,
ich erkenne, dass ich es wert bin, aus tiefstem Herzen
geliebt, anerkannt, geachtet und wertgeschätzt zu werden!
Und ich sehe mir nach, dass ich mich bisher zu wenig geliebt habe.
Ich bin bereit, alles an mir zu lieben und zu achten.
Ich akzeptiere meine Gedanken,
auch wenn sie nicht immer konstruktiv und lebensbejahend sind.
Ich akzeptiere meine Gefühle,
auch wenn darin oft Angst, Ärger oder Scham mitschwingen.
Ich akzeptiere meinen Körper,
auch wenn mir nicht alles an ihm gefällt,
und obwohl er sich zuweilen mit Krankheit zu Wort meldet.
Ist es falsch, mich selbst zu lieben?
Wirkt das arrogant, überheblich oder narzisstisch?
Nein, mich selbst zu lieben, heißt nicht, dass ich besser bin!
Und ich kann andere umso mehr lieben und wertschätzen,
je mehr ich mich selbst liebe und wertschätze!
Also beschließe ich, mich zu lieben und wertzuschätzen.
Ich löse all das auf, was mich an meiner Selbstliebe hindert!
Und ich liebe, achte und ehre mich aus tiefstem Herzen!*

Ein weiteres wichtiges Thema sind auch unser Perfektionismus und unsere extrem hohen Erwartungen an uns selbst – auch dazu meine Anregung:

Hart und schwer...

*Obwohl ich glaube, dass ich mir alles hart erarbeiten muss,
liebe und akzeptiere ich mich aus ganzem Herzen.
Obwohl ich glaube, dass ich mich erst als wert erweisen muss,
erlaube ich mir, mich aus tiefstem Herzen zu lieben.
Obwohl ich glaube, ein leichtes Leben nicht verdient zu haben,*

liebe, achte und ehre ich mich voll und ganz!

***

Ich muss so hart arbeiten und so viel leisten!
Ich muss immer mehr als andere leisten, um liebenswert zu sein.
Aber auch wenn ich noch so viel arbeite, bringt es doch nichts!
Ich will nicht mehr so hart arbeiten müssen!
Ich möchte nicht mehr kämpfen!
Ich möchte, dass es leicht geht!
Ja, ich wünsche mir endlich Leichtigkeit in meinem Leben!
Aber ist das möglich?
Es gibt Menschen, die sich leichter tun in ihrem Leben,
aber geht das auch bei mir?
Darf ich es wirklich leicht haben in meinem Leben?
Vielleicht muss ich nur meine Überzeugung ändern,
dass es schwer gehen, lang dauern und hart sein muss?
Kann ich mir mehr Leichtigkeit in meinem Leben erlauben?
Ja, ich erlaube mir mehr Leichtigkeit in meinem Leben!
Ich arbeite gern und erbringe gern meine Leistung,
aber ich muss nicht immer das Doppelte von anderen leisten!
Ich darf mich entspannen und es leicht haben!
Ja, ich habe mehr Leichtigkeit im Leben verdient
Und ich darf es mir leichter machen!
Und ich liebe und akzeptiere mich aus ganzem Herzen!

Sie sehen, wenn es um Blockadenlösung geht, beginnen Sie mit einigen Negativsätzen; fokussieren sich dann aber mehr und mehr auf die positive Version. Und in diese fühlen Sie sich bitte intensiv ein, damit die begleitenden Worte und die Aktivierung der Energiepunkte noch wirksamer werden. Füüüühlen Sie all das Positive!

Auch die folgende Sequenz mag Ihnen wohl tun – vor allem dann, wenn Sie zu Selbstsabotage neigen.

Meine wahre Größe

Ich erlaube mir, bereit zu sein für Erfolg,
und ich liebe und akzeptiere mich aus ganzem Herzen!
Ich erlaube mir, bereit zu sein für Größe,
und ich liebe, achte und ehre mich aus ganzem Herzen!
Ich erlaube mir, bereit zu sein für Zufriedenheit,
und ich liebe und wertschätze mich!

***

Ich erlaube mir Erfolg und Wohlstand auf allen Ebenen,
ich erlaube mir erfüllte Beziehungen,

ich erlaube mir Gesundheit,
ich erlaube mir, mich selbst zu lieben,
ich bin bereit, meine wahre Größe einzunehmen,
und mein Potenzial frei zu entfalten!
Bisher habe ich all dem Widerstand geleistet.
Wenn es um meine Ziele ging,
hatte ich die Tendenz, mich zurückzuhalten.
Vielleicht hat es sich nicht sicher angefühlt,
all das zu sein und zu haben.
Ich habe mich immer kleiner gemacht, als ich in Wahrheit bin.
Ich wollte so sein, dass ich stets die Erwartungen anderer erfülle,
ich wollte andere ja nicht enttäuschen.
Aber das ist nicht mein Weg!
Nicht der Weg eines hell strahlenden göttlichen Wesens!
Ich lasse jetzt all die Ängste und Zweifel los,
die mich daran gehindert haben,
meine wahre Größe zu leben!
Und ich vergebe mir und allen anderen,
die mir meinen Erfolg nicht gegönnt und mich sabotiert haben!
Vergebe allen, die meine wahre Größe nicht sehen wollten,
einschließlich mir selbst!
Ich lösche alles aus meinem System,
was mich an meiner wahren Größe zweifeln ließ!
Vergebe mir, dass ich mich bisher zurückgenommen habe,
anstatt mein wahres Potenzial zu entfalten!
Ich bin ein großartiges Geschöpf des Universums.
Entfaltung in Fülle ist meine wahre Natur.
Zufriedenheit ist mein Ziel!
Erfolg ist mein wahres Wesen!
Ich liebe, achte und ehre mich aus tiefstem Herzen!

An dieser Stelle möchte ich noch einmal betonen, dass ich die als Behauptung formulierten Bestätigungen im Spiel mit `EFT´ ausnahmsweise als wertvoll und hilfreich empfinde, weil wir sie hier mit einer energetischen Aktivierung verbinden. Ansonsten ziehe ich die Frageform der klassischen Affirmation vor, was ich Ihnen im Kapitel über die `Affragen´ argumentiere.

Den folgenden Text – er ist übrigens mein absoluter Favorit ☺ – möchte ich Ihnen vor allem dann ans Herz legen, wenn Sie die Tendenz haben, Ihr Licht immer unter den Scheffel zu stellen; wenn Sie immer andere vorlassen; wenn Sie sich selbst viel zu wenig wichtig nehmen und nicht erkennen, was für ein wertvolles Geschenk Sie für die Welt sind.

Fügen Sie bei dieser Version bitte all Ihre individuellen Charaktermerkmale ein, oder schreiben Sie Ihren ganz individuellen Text, sodass Ihre Worte sehr persönlich und auf Sie zugeschnitten sind! In der Gestaltung Ihres eigenen Textes setzen Sie bereits ein Zeichen Ihrer Wertschätzung für sich selbst und Ihr wunderbares Wesen.

Und dann gönnen Sie sich Ihre Sequenz immer wieder – beim Sport, während Ihrer Wartezeiten, vor dem Einschlafen, nach dem Aufwachen... – das wird Ihnen garantiert wohl tun!

Ich bin ein Geschenk für diese Welt

Ich bin ein Geschenk für diese Welt!
Ich bin ein Geschenk für meine Familie.
Ich bin ein Geschenk für meine Freunde und Freundinnen.
Ich bin ein Geschenk für meine Kolleginnen und Kollegen.
Ich bin ein Geschenk für meine Kunden und Klienten.
Ich bin ein Geschenk für meine Stadt.
Ich bin ein Geschenk für mein Land.
Ich bin ein Geschenk für diese Welt!
Ich bin ein ganz besonderes Geschenk!
Ich bin ein einzigartiges Geschenk!
Ich bin ein kostbares Geschenk für diese Welt!
Als ich auf die Welt gekommen bin, hat Gott gelächelt!
Ich bin ein Geschenk für mich,
ich bin ein Geschenk für mein inneres Kind,
und mein inneres Kind ist ein Geschenk für mich.
Wir beide sind ein Geschenk für die Welt
Ich bin ein sehr kostbares Geschenk für diese Welt,
Ich bin liebevoll!
Ich bin aufmerksam!
Ich bin humorvoll!
Ich bin intuitiv!
Ich bin kreativ!
Ich bin einfühlsam!
Ich bin fürsorglich!
Ich bin wertvoll!
Ich bin ... !
Und ich bin stets bereit, mich weiter zu entwickeln
und meinen Horizont zu erweitern!!
Ich bin ein Geschenk für diese Welt,
und ich liebe und akzeptiere mich aus tiefstem Herzen!

Wenn Sie sich in meiner Beschreibung als alleingeborener Zwilling identifiziert haben, dann könnte vor allem auch die folgende Sequenz hilfreich sein für Sie.

Alleingeborener Zwilling

Obwohl ich meinen Zwilling verloren habe,
liebe und akzeptiere ich mich aus ganzem Herzen.
Obwohl ich allein geboren wurde,
liebe, achte und ehre ich mich aus tiefstem Herzen.
Obwohl ich mich grundlos schuldig fühle,
liebe und akzeptiere ich mich voll und ganz!

***

Ich habe meinen Zwilling verloren,
und ich habe das Gefühl, es lag an mir,
dass mein Zwilling gestorben ist;
und deshalb fühle ich mich schuldig.
Ich war mein Leben lang auf der Suche,
obwohl ich gar nicht wusste, was ich suche.
Ich habe mein ganzes Leben gewartet
und wusste nicht worauf!
War es mein verlorener Zwilling,
den ich gesucht und auf den ich gewartet habe?
Warum hat mein Zwilling mich verlassen?
Warum hat er mich allein zurückgelassen?
Bin ich nicht liebenswert?
Lag es an mir?
Was habe ich falsch gemacht?
Aber wer weiß,
vielleicht lag es gar nicht an mir?
Vielleicht war es gar nicht meine Schuld,
dass meine zweite Hälfte gestorben ist?
Vielleicht waren all meine Schuldgefühle grundlos?
Vielleicht war es in unserem Seelen-Plan vorgesehen,
dass mein Zwilling mir vorausgegangen ist;
aber dennoch immer bei mir war?
Vielleicht hat mein Zwilling mich gar nicht verlassen?
Vielleicht hat er mich mein ganzes Leben begleitet,
ohne dass mir dies bewusst war?
Vielleicht ist mein Zwilling wirklich für mich da,
und wollte mir immer schon helfen?
Vielleicht hat er mir öfter geholfen, als mir bewusst ist?
Vielleicht hat er mich in meiner Einsamkeit begleitet,
ohne dass ich das gespürt habe?

Vielleicht wünscht sich mein Zwilling,
dass ich jetzt den Kontakt mit ihm aufnehme?
Vielleicht hat er sich das immer schon gewünscht,
aber ich habe ihn bisher nicht wahrgenommen?
Kann ich meinen Zwilling wahrnehmen,
wenn ich mich für diesen Eindruck öffne?
Kann ich seine Gegenwart spüren,
wenn ich empfänglich werde für seine Energie?
Vielleicht ist es in unserem Seelen-Plan,
dass wir einander heute endlich wieder finden?
Vielleicht kann ich mich nun für die Tatsache öffnen,
dass ich ein alleingeborener Halbzwilling bin
und vieles in meinem Leben darauf zurückzuführen ist?
Vielleicht macht mich dies empfänglich
für die Liebe meiner anderen Hälfte?
Vielleicht hilft mir diese neue Klarheit,
die Liebe meines Zwillings zu fühlen?
Und vielleicht hilft mir mein Zwilling jetzt von drüben,
die alte Wunde zu heilen,
die durch seinen Verlust entstanden ist?
Vielleicht brauche ich nur mein Herz zu öffnen
und meinen Zwilling wahrzunehmen,
um seine Liebe zu empfangen
und ihm meine Liebe zu schenken?
Ich öffne jetzt mein Herz und meine Arme weit
und heiße meinen Zwilling willkommen!
Ich schenke meinem Zwilling all meine Liebe
und nehme seine Liebe an!
Und liebe und akzeptiere mich aus tiefstem Herzen!

Ist es mir gelungen, Sie vom großen Wert dieser Technik zu überzeugen und den Funken meiner Begeisterung auf Sie überspringen zu lassen? Oder durfte ich Sie an eine Technik erinnern, die Sie schon eine Weile kennen und schätzen; aber wieder vergessen haben?

`EFT´ ist aus meinem Leben nicht mehr wegzudenken, und alleine beim Schreiben und mehrmaligen Lektorieren dieses Kapitels hat mein Herz voller Freude gelacht ☺!

Hochsensible `AFFRAGEN´

Dieser Begriff stammt aus meiner Kreativ-Wertstatt und bezeichnet die weit hirngerechtere Variante von Affirmationen; die daher meiner Erfahrung nach weit besser funktioniert. `Affragen´ sind prozessorientierte Fragen, bei denen es weniger auf die verbale Antwort ankommt, als auf die mentalen und emotionalen Prozesse, die sie in uns auslösen. Ich habe den Begriff `Affragen´ dafür geprägt, weil wir sie ähnlich verwenden können wie Affirmationen.

Mit klassischen Affirmationen behaupten wir etwas als gegeben, was wir noch nicht haben oder sind; was wir aber gerne hätten oder wären. Behaupten genommen also die Unwahrheit! Welche Erfahrungen haben Sie damit gesammelt? Meine Versuche, mein Leben damit zum Besseren zu verändern, waren jedenfalls alle vergebens; was mir übrigens viele andere bestätigt haben!

Wenn es Ihnen ähnlich geht, dann empfehle ich Ihnen, mit `Affragen´ zu spielen. Jenen, die ich Ihnen hier anbiete, vor allem aber mit Ihren eigenen; zu denen meine Beispiele Sie hoffentlich inspirieren werden.

Wenn Sie den Eindruck haben, klassische Affirmationen würden für Sie funktionieren, dann können Sie natürlich dabei bleiben. Dennoch spricht aus meiner Sicht nichts dagegen, mein Angebot anzunehmen und auch einmal eine Weile mit `Affragen´ zu spielen – wer weiß, vielleicht bewirken diese ja auch für Sie weit mehr ☺? Erklärlich wäre es jedenfalls, wenn Sie sich von meiner Argumentation überzeugen lassen.

Seit ich mich erinnern kann, suche ich nach Erklärungen für das, was vor allem auf Hirnebene in und mit mir passiert – oder auch nicht passiert. Das scheint an meiner medizinischen Vergangenheit und meinem nach wie vor starken Interesse an der Bewusstseinsforschung zu liegen. So habe ich mich oft gefragt, warum Affirmationen bei mir (trotz phasenweise wirklich konsequenter Anwendung!) keinen bleibenden Effekt haben.

Unser emotionales Gehirn reagiert mit Ablehnung auf alles Neue, weil dieses ihm Angst macht – mit Affirmationen wollen wir aber Neues erreichen, nicht wahr? Und weil Angst das wichtigste Kriterium für das ist, was unbedingt vermieden werden muss, wehrt sich unser System dagegen. Daraus erklärt sich für mich eigentlich recht logisch, warum klassische Affirmationen – zumindest für sehr viele Menschen – gar nicht funktionieren können!

`Affragen´ hingegen funktionieren, weil unser Überlebenszentrum Fragen nicht als bedrohlich empfindet; und daher keine Veranlassung sieht, uns panisch auf Kampf oder Flucht vorzubereiten. Vor allem unser entwicklungsgeschichtlich jüngster Hirnteil, unsere Gehirnrinde, spricht sehr positiv auf `Affragen´ an. Sie reagiert darauf wie ein junger Hund, dem man einen Ball hinwirft: sie stürzt sich darauf, um damit zu `spielen´, `sich Gedanken zu machen´, zu `reflektieren´, sich also lebhaft in entsprechenden Gedankenassoziationen zu ergehen.

Auf diese Weise setzen `Affragen´ einen intensiven Denkprozess in Gang, bei dem wir uns – teils bewusst, teils aber auch gar nicht mehr bewusst – genau mit dem befassen, was unsere konstruktiv formulierte Frage anspricht.

Bei Behauptungen wie den klassischen Affirmationen hingegen erkennt unser Überlebenszentrum die Unwahrheit, wittert aufgrund der inneren Diskrepanz sofort Gefahr und versetzt uns in eine gespannte Abwehrhaltung. In dieser ist unsere Gehirnrinde durch mangelnde Durchblutung nicht mehr funktionsfähig. Damit haben wir genau jene geistigen Ressourcen nicht mehr zugänglich, die wir bräuchten, um das zu verwirklichen, was wir uns wünschen!

Sie können übrigens den Stress, den das Aussprechen einer Unwahrheit in Ihrem System auslöst, ganz leicht auch mithilfe der kinesiologischen Muskeltestung erkennen. Welchen Muskel auch immer Sie wählen, er wird ehrlich reagieren und aufgrund der inneren Ambivalenz schwach testen, während Sie lügen; auch wenn Ihnen gar nicht bewusst ist, dass Sie gerade unter Stress stehen.

Haben Sie auch schon einmal die stressbedingte Ausschaltung Ihrer Gehirnrinde bei einem Black Out erfahren?
Als Sie bei einer Prüfung den Stoff, den Sie eigentlich gelernt haben, plötzlich nicht mehr zugänglich hatten?

All unser angesammeltes Wissen ist in der Gehirnrinde gespeichert, die uns in einer stressigen Situation (etwa einer Prüfung) nicht zugänglich ist. Pointiert formuliert könnten wir sagen: Stress macht blöd! Und das gilt leider ganz besonders für HSP, die rascher in

Stress geraten und länger darin gefangen bleiben; weil sie die Stresshormone rascher ausschütten und langsamer abbauen!

So achte ich tunlichst darauf, Stress vor allem in anspruchsvollen Lebenssituationen zu vermeiden! Und habe die immer wieder erfolglos versuchten Affirmationen, die mein emotionales Gehirn offenbar ganz und gar nicht schätzt, durch die für mich viel wirksameren `Affragen´ ersetzt.

Probieren Sie es einfach aus! Stellen Sie sich vor den Spiegel (was ja meist empfohlen wird) und versichern Sie sich Auge in Auge, wie erfolgreich Sie sind; obwohl Sie sich dabei gekonnt selbst im Weg stehen. Meldet sich da nicht prompt eine Stimme in Ihrem Inneren und belehrt Sie mit mehr oder weniger drastischen Worten eines Besseren?

Fragen Sie sich hingegen: „Warum bin ich so erfolgreich?“, dann kümmert sich Ihr Überlebenszentrum nicht weiter darum. Es scheint Sie bei einer solchen Frage nicht ernst zu nehmen – weil Fragen offenbar nicht zum bedrohlichen Stressrepertoire der Höhlenmenschen gehört haben ☺. Daher sieht es auch keine Veranlassung, Stresshormone auszuschütten. So bleibt Ihre Hirnrinde voll funktionsfähig und widmet sich mit Begeisterung all den Antworten, die sie auf Ihre `Affrage´ finden kann. Was Sie unwillkürlich schmunzeln lässt! Versuchen Sie es einfach einmal.

Offene Fragen lassen Sie nicht nur entspannt bleiben, sondern rufen darüber hinaus auch noch Ihr inneres Kind auf den Plan. Sie werden sehen, mit welch kindlichem Eifer dieses auf das `Affragen´-Spiel anspricht! Ihr inneres Kind liebt Fragen, ebenso wie es Rätsel liebt!

Das gilt übrigens nicht für negativ formulierte Fragen; mit denen gerade HSP die Tendenz haben, sich in ihren inneren Dialogen zu bombardieren.

☹ *Warum schaffe ich das nicht?*
☹ *Warum bin ich ständig krank?*
☹ *Warum habe ich so viel Angst?*
☹ *Warum bin ich so ein Versager?*
☹ *Warum war ich schon wieder so eifersüchtig?*
☹ *Warum habe ich schon wieder so dumm reagiert?*
☹ *Warum habe ich das schon wieder falsch gemacht?*
☹ *Und so weiter und so fort…*

Horchen Sie einmal tief in sich hinein und finden Sie die Abwertungen, Zurückweisungen und Maßregelungen, mit denen Sie sich `verwöhnen´ – die Sie anderen nie zukommen lassen würden!

Wundert es Sie, wenn dabei Ihr Überlebenszentrum anspringt und in Panik gerät?

Das Spiel mit `Affragen´ vor einem Spiegel lässt Sie unwillkürlich lächeln – Sie werden sehen! Und es wird ein anderes Lächeln sein als in der Anwendung klassischer Affirmationen. Diese entlocken Ihnen bestenfalls ein peinlich berührtes Lächeln; sicher kein wirklich amüsiertes und entspanntes! Das ist jedenfalls meine Erfahrung.

Und weil Ihr Lachen und Lächeln ansteckend sind – natürlich auch im Spiel! – wird Ihre Spiegelung Ihr Lächeln oder gar Lachen noch weiter verstärken. Damit schütten Sie über einen physiologischen Regelkreis weitere Glückshormone aus. Diese aktivieren Ihre Hirnrinde, was Sie noch mehr wertvolle Antworten finden lässt. Was natürlich Ihr Lächeln oder Lachen unweigerlich weiter verstärkt...

Damit haben Sie einen Engelskreis in Gang gesetzt, der nicht nur Ihre Gesundheit und Ihr Wohlbefinden fördert, sondern darüber hinaus Ihre Produktivität, Ihre Kreativität und damit die Entfaltung Ihres Potenzials! Das können Sie im entsprechenden Kapitel ebenso nachlesen wie in diversen Büchern zum Thema `Gelotologie´.

Abgesehen davon lösen all die aufbauenden Gedankenassoziationen zu Ihrer `Affrage´ positive Emotionen in Ihnen aus. Und diese positive Gestimmtheit strahlen Sie über Ihr Herzfeld auch nach außen hin aus. Dann werden Sie nach dem Gesetz der Anziehung magnetisch für genau das Positive, Beglückende, Erfreuliche, was in Resonanz mit diesen aufbauenden Gedanken und positiven Emotionen schwingt.

So fährt beispielsweise alles, was Ihnen mit einem breiten Lächeln auf die Frage „Warum bin ich so erfolgreich?“ einfällt (und seien dies auch bloß scheinbar ganz kleine Erfolge) Ihr Gefühl, erfolgreich zu sein, immer weiter hoch. Und je intensiver dieses Gefühl wird (und damit über Ihr Herzfeld weithin wahrnehmbar positiv ausstrahlt!), umso mehr weitere Erfolge werden Ihnen einfallen! Und umso mehr Bestätigung werden Sie auch von außen bekommen! Was Sie noch mehr erfolgreich fühlen lässt und Sie darin bestätigt, tatsächlich ein höchst erfolgreicher Mensch zu sein ☺.

Auf diese Weise kommt ein sich selbst immer weiter verstärkender und höchst förderlicher Prozess in Gang, der Ihnen letztlich auch helfen wird, tatsächlich erfolgreicher zu werden. Und vor allem Ihre Erfolge, die Sie bisher vermutlich eher übersehen hätten, auch bewusst zur Kenntnis zu nehmen.

Daher funktionieren `Affragen´! Und sie funktionieren auch dann, wenn es momentan anders zu sein scheint; wenn Sie bedenken, wie mächtig Ihre Vorstellungskraft ist – auch und gerade als HSP!

Welche (zumindest fünf) kleinen Erfolge, die Sie nützen könnten, um sich gut zu fühlen, fallen Ihnen an dieser Stelle ein?

Und ist nicht alles eine Frage der Einstellung? Ich kann eine nobelpreisverdächtige Tat brauchen, um mich erfolgreich zu fühlen; aber ich kann mir dieses Gefühl auch holen, wenn es mir zum Beispiel gelungen ist, mich an mein Atemritual zu erinnern.

Wenn in diesem Begriff das Wort `Affe´ mitschwingt, ist dies kein Zufall! Sie kennen vermutlich den Begriff `Monkey Mind´, den Yogis unserem nicht enden wollenden Denken zuordnen. In Analogie zu einem Baum voller schnatternder Affen, die hektisch hin und her, auf und ab springen und niemals Ruhe geben. Gerade als HSP (und ganz besonders wenn Sie auch noch eine Scanner Persönlichkeit sind!) wissen Sie, wie ungemein schwer es Ihnen fällt, mit ihren hoch komplexen Hirnverschaltungen dieses „hektische Affentheater" zum Schweigen zu bringen, um zu meditieren.

Wenn Sie mit `Affragen´ spielen, bekommt Ihr quirliger `Affengeist´ hingegen genau das Futter, auf das er so gierig ist; allerdings in positiver, heilsamer, konstruktiver, wertvoller, aufbauender und Ihr Bewusstsein erweiternder Ausprägung. Damit ergeht sich Ihr `Denkeln´ (wie ich das gerne bezeichne) nicht wie sonst die meiste Zeit in negativen Assoziationen, sondern bleibt auf Heilsames, Aufbauendes und Nährendes fokussiert.

Hier möchte ich Ihnen einige speziell auf HSP zugeschnittene Beispiele zeigen. Dabei wird Ihnen auffallen, dass ich auch die Antworten als Frage formuliere – ich bezeichne diese als `Frantworten´ –, um meinem Überlebenszentrum nicht wieder Grund zu geben, in Panik zu geraten, weil es eine Unwahrheit wittert. Wie gesagt: mit positiven Fragen hat es keine Probleme!

Behaupten Sie nicht: *„Ich bin wertvoll!"*.

Wenn sich das nicht stimmig anfühlt, fragen Sie sich lieber:

„Warum fühle ich mich so wertvoll?“

Glauben Sie mir, selbst wenn Ihr Selbstwertgefühl eine kleine Politur vertragen könnte, wird Ihr Homo Sapiens Sapiens Gehirn Ihnen auf diese Frage Antworten bieten; über die Sie sich in ihrer ungewohnten Selbstwertschätzung vielleicht wundern werden.

„Vielleicht weil ich endlich erkannt habe, welch kostbares Geschenk ich für die Welt bin?“

Behaupten Sie nicht: *„Ich bin ein Geschenk für diese Welt!“*.

Außer während einer EFT-Sequenz! In einer solchen sind auch derzeit als falsch empfundene Behauptungen erlaubt, während Sie Ihre energetischen Punkte klopfen.
Fragen Sie sich lieber, am besten angesichts Ihres Spiegelbildes, damit Sie sich an Ihrem Lächeln erfreuen können:

„Warum bin ich ein Geschenk für diese Welt?“

Als `Frantworten´ kommt vielleicht etwas wie:

„Vielleicht weil ich so einfühlsam bin?“
„Vielleicht weil ich so vielseitig bin?“
„Vielleicht weil ich so aufmerksam und fürsorglich bin?“
„Vielleicht weil ich stets bereit bin, meine Persönlichkeit weiterzuentwickeln?“
„Vielleicht weil ich sehr vieles zu geben habe?“
„Vielleicht weil es Menschen gibt, die mich als Geschenk empfinden? Die können doch nicht alle Unrecht haben!“

Es mag auch ein schönes Gute-Nacht-Spiel sein, sich diese Frage vor dem Einschlafen zu stellen und dann mit allerlei aufbauenden Gedanken ins Land der Träume hinüber zu schwingen ☺!

Behaupten Sie nicht: *„Ich bin reich!“*.

Wenn das nicht stimmt (weil Sie derzeit vielleicht gerade eine finanzielle Ebbe erleben), fragen Sie sich lieber:

„Warum fühle ich mich reich?“

Und erlauben Sie sich `Frantworten´ wie:

„Vielleicht weil ich gerade lerne, mich wertvoll zu fühlen?“
„Vielleicht weil meine Geldblockaden sich langsam lösen?“
„Vielleicht weil ich neuerdings all die Zeichen für meinen Reichtum erkenne und bewusst wahrnehme?“
„Vielleicht weil mein Leben reich an Erfahrungen ist?“
„Vielleicht weil andere sich durch mich bereichert fühlen?“
„Vielleicht weil ich so eine reiche Phantasie habe?“
„Vielleicht weil ich auf einem guten Weg bin, mein mangelndes Selbstwertgefühl zu heilen?“

Behaupten Sie nicht: *„Ich bin liebenswert!“*.

Wenn Sie sich nicht so fühlen, fragen Sie sich lieber:

„Warum fühle ich mich liebenswert?“

Und dann horchen Sie in sich hinein…

„Vielleicht weil es Menschen gibt, die mir Liebe schenken?“
„Vielleicht weil ich langsam lerne, mich selbst zu lieben?“
„Vielleicht weil mein Zwilling im Jenseits mich liebt?“
„Vielleicht weil mein inneres Kind ein wunderbares Wesen ist?“

Ich hoffe, diese Beispiele inspirieren Sie zu Ihren eigenen `Affragen´ und `Frantworten´! Und wünsche Ihnen damit viel Freude und Erfolg!

Wenn meine Ausführungen Sie ansprechen, können Sie sich übrigens auch mit meinem „Affragen Orakel“ und dem dazu gehörigen gleichnamige E-Book verwöhnen; das Ihnen gerne ein treuer Begleiter auf Ihrem Weg in die Persönlichkeitsentwicklung ist!

Hochsensibler ENERGETISCHER SCHUTZ

Auch zu diesem Thema gehen die Meinungen auseinander; sodass Sie am besten in sich hinein fühlen, um beurteilen zu können, ob Sie sich mit einem energetischen Schutz besser fühlen oder nicht. Manche meinen, besonders als HSP sollte man sich schützen; andere glauben, dass wir mit einem solchen Schutz und der Aufmerksamkeit auf die potenziellen Gefahren diese erst recht anziehen…

Ich kenne Menschen, die auch im Winter mit kurzen Ärmeln in die Kälte hinausgehen oder sich gar das Eis aufhacken, um im eiskalten Wasser zu baden. Ich sage ehrlich, dass ich kein gesteigertes Verlangen habe, das zu tun ☺. Ich achte darauf, meinen Körper vor all dem zu schützen, was sich für mich nicht gut anfühlt. Und das ist sicher mehr als bei vielen anderen, weil meine Hochsensibilität und Hochsensitivität ziemlich ausgeprägt sind.

Daher bin ich nicht nur besonders kälteempfindlich, sondern auch sehr empfindlich gegen belastende Schwingungen in einem Raum! Ich spüre oft genau, wenn jemand seine negative Stimmung (und damit Schwingung) zu mir bringt und meine Räumlichkeiten damit \`infiziert´. Und besonders spüre ich die vielen sehr heterogenen Schwingungen in einem öffentlichen Verkehrsmittel, wenn ich mich energetisch nicht ausreichend schütze – weil mein innerer Saboteur gerade wieder die Kontrolle über mein Leben in die Hand genommen hat ☺. Und das mache ich (wenn mein innerer Saboteur mich nicht daran hindert und ich daran denke!) genauso, wie ich mich im Winter warm anziehe.

Interessanterweise bin ich lange nicht so wärmeempfindlich und habe bei 100 Grad in der Sauna oft die besten Ideen. Das wäre für viele andere HSP undenkbar. Damit möchte ich betonen, dass jede HSP für sich erkennen muss, was sich für sie gut und angenehm anfühlt, und was nicht. Und sich dem entsprechend dann zu schützen – oder auch nicht. Dazu mag es sinnvoll sein, einmal beide Varianten zu probieren und wahrzunehmen, welche sich besser anfühlt.

Wenn ich von energetischem Schutz spreche, dann meine ich nicht, dass ich mir einen komplett undurchlässigen Panzer umlege. Ich möchte ja weiterhin positive Energien ausstrahlen können und auf mich zukommen lassen. Also habe ich für mich entschieden, mich mit einer Art selektiven Filter zu schützen, der nur das Positive durchlässt (und zwar in beiden Richtungen!), das Negative aber transformiert und in die Erde ableitet.

Die beiden Richtungen sind mir aus einer Phase meines Lebens geblieben, in der ich so in die Enge getrieben war, dass meine Gedanken und Wünsche teilweise oft nicht mehr salonfähig waren ☺. Und da ich daran glaube, dass wir das zurückbekommen, was wir aussenden; wollte ich diese panische Negativität aus Verzweiflung nicht ins Universum entlassen – und habe daher meinen `Energie-Austauscher´ eingebaut.

Wenn Sie einmal versuchen wollen, sich einen energetischen Schutz zuzulegen, dann könnte das folgende Spiel Ihnen gefallen. Es scheint mir generell wertvoll zu sein, aber vor allem noch nicht geheilten Alleingeborenen möchte ich es wärmstens ans Herz legen, weil ihre Aura ein mehr oder weniger großes Loch hat; sie energetisch also ziemlich schutzlos sind.

Es gibt allerlei Bilder, mit denen Sie in Ihrer Vorstellung spielen können: Sie können eine Lichtsäule um sich visualisieren, ähnlich wie beim `Beamen´ im `Raumschiff Enterprise´; oder Sie hüllen sich gedanklich in eine große Seifenblase ein; Sie können sich mit einer Tarnkappe unsichtbar und damit unangreifbar machen; oder Sie visualisieren eine gläserne Wand zwischen sich und den anderen; oder Sie erfinden Ihre eigene Version eines energetischen Schutzes. Aber vielleicht mögen Sie ja auch meine Empfehlung:

Energetische Schutzhülle

Ich stellen mir vor, dass während des Einatmens Licht (in meiner Wunschfarbe) durch meinen Solarplexus in mich herein und entlang meiner Wirbelsäule hoch fließt; und bei jedem Ausatmen wie ein Springbrunnen aus meinem Scheitel hoch schießt und sich über meinen ganzen Körper ergießt und mich nach und nach einhüllt.
Dabei achte ich (wie bei einer mit Glasur zu überziehenden Torte) aufmerksam darauf, dass ich wirklich ganz und gar von dieser Substanz eingehüllt bin; um nicht (wie einst Achilles an seiner Ferse) an einer Stelle meines Körpers schutzlos zu bleiben!
Dieser Substanz kann ich allerlei Funktionen und Eigenschaften zuordnen – je nach Vorliebe!

Ihr inneres Kind wird dieses Spiel vermutlich mögen und seine Kreativität gerne einbringen; während Ihr innerer Saboteur es wahrscheinlich als schwachsinnig empfinden mag ☺. Aber vielleicht können Sie ihn davon überzeugen, dass heute wissenschaftlich nachweisbar ist, dass unser Gehirn `tatsächlich Erlebtes´ nicht von `bloß Vorgestelltem´ unterscheiden kann. Und dass Energie der Aufmerksamkeit folgt, sodass dieses energetische Spiel in der regelmäßigen Anwendung tatsächlich immer wirksamer wird.

Probieren Sie es auch dann, wenn Sie höchst skeptisch sind – ich könnte mir vorstellen, dass der wohltuende Effekt Sie ebenso überzeugen wird wie viele andere, denen ich diese Energiehülle gezeigt habe.

Wenn auch Sie sich als `energetisches Schmetterlingskind´ (Sie erinnern sich: das war eine Bezeichnung, die ich mir bereits lange vor meiner Diagnose als HSP zugeordnet habe) fühlen, sollten Sie sich meiner Ansicht nach wirklich die wenigen Augenblicke gönnen, die es braucht, um sich in Ihren Lichtkokon (oder Ihre energetische Schutzvariante) einzuhüllen, ehe Sie Ihre vertraute Umgebung verlassen; um sich beschützt zu fühlen. Vor allem dann, wenn Sie sich mit Menschen konfrontieren müssen, von denen Sie wissen, dass sie Ihnen nicht allzu wohl gesonnen sind.

Der wohltuende Effekt mag sie erstaunen.

Hochsensible STRESS-LÖSUNG

Auch zu diesem Thema gibt es für jene unter Ihnen, die tiefer in diese Materie einsteigen wollen, den Band 4 in der Reihe „Hochsensibel das Leben meistern…“. Diesen Ratgeber habe ich HSP und Alleingeborenen gewidmet, werde daher die Stress-Lösung hier nur kurz streifen.

Stress ist für uns besonders fatal, weil wir rascher unter Stress geraten – wie bereits erwähnt schütten wir rascher Stresshormone aus und gelangen daher weit öfter in den Höhlenmenschen-Modus als andere. Und in diesem sind wir zwar perfekt auf Kampf oder Flucht vorbereitet (was in unserem Leben kaum je sinnvoll ist), aber wir sind außerstande, unser geistiges Potenzial als Homo Sapiens Sapiens einzusetzen. Allerdings bräuchten wir gerade dieses (mit allen damit verbundenen mentalen Fähigkeiten), um die Herausforderungen unseres Lebens zu meistern!

Aber wir schütten nicht nur rascher Stresshormone aus, sondern wir bauen diese auch noch langsamer ab als andere. Das heißt, Stress wirkt bei uns viel länger nach; während andere längst wieder zur Ruhe gekommen sind.

Daher scheint es mir für HSP überlebenswichtig zu sein, einen Werkzeugkoffer mit allerlei alltagstauglichen Spielen zur Stress-Lösung bereit zu haben; um sich vor den schädlichen (in Wahrheit sogar tödlichen!) Folgen von chronischem Stress schützen zu können.

Aus didaktischen Gründen teile ich in meiner Arbeit Stress in drei Phasen ein, deren uns jede Gelegenheit bietet, einzugreifen – allerdings nur wenn wir Stress rechtzeitig als solchen erkennen. Daher gilt es zuerst, seine charakteristischen Stressmuster zu erkennen; sich also zu fragen: „Wie reagiere ich unter Stress?“

Hier sind einige recht verbreitete Stressmuster, die Sie als Früherkennungszeichen nützen können, wenn Sie davon betroffen sind:

Aggression / Bluthochdruck / Depression / Gedächtnisverlust / Gereiztheit / Herzrasen / negative innere Dialoge / Kopfschmerzen / Logorrhoe (unkontrollierter Redeschwall) / mentale Blockade / Resignation / sexuelle Störungen / erhöhte Schweißneigung /

Schwindel / Sodbrennen / Stimmungsschwankungen / Stottern / Süchte (Rauchen, Alkohol) / Tinnitus (Hörsturz) / Verwirrung / Verdauungsstörungen / Verlust der Selbstkontrolle / Verspannungen / Verkrampfungen / Wortfindungsstörungen / Zittern

Welches sind Ihre wichtigsten Stressmuster?
Was könnte Ihnen als Früherkennungszeichen dienen?

Wichtig ist es aber auch, Ihre Hauptauslöser für Stress zu kennen – hier sind wieder einige weit verbreitete Beispiele:

Angst vor Misserfolgen / Arbeitslosigkeit / Burnout / Einsamkeit / fehlende Anerkennung / finanzielle Enge / Fremdbestimmtheit / Frustration im Beruf / Intrigen / Konkurrenz / Krankheit /Kritik / Leistungsdruck / Mobbing / Perfektionismus / Probleme mit Kindern / Schmerzen / Verspannungen / Schwäche / mangelnde Kondition / Sexuelle Unzufriedenheit / Spannungen in der Beziehung / Süchte / Überlastung (Pflichten) / übertriebener Ehrgeiz / Ungerechtigkeit / Zeitdruck / zu hohe Erwartungen / zu hohe Verantwortung

Stressauslöser gelten als erste Phase – in dieser können wir Stress vermeiden. Überlegen Sie angesichts Ihrer persönlichen Auslöserliste, welche Ihrer Stressoren Sie vermeiden könnten.

In der zweiten Phase können wir unsere Einstellung verändern. Manche Stressoren werden Sie zukünftig vielleicht vermeiden können; andere hingegen nicht. Gelingt es Ihnen, diesen gegenüber eine neue, konstruktivere Sichtweise zu gewinnen, haben Sie ein sehr wirksames Instrument zur Stress-Lösung in der Hand.

Vielleicht kennen Sie das kluge Gebet, das ich gern Franz von Assisi zuordne, wenngleich es verschiedene `Quellen´ hat ☺:
„Gib mir die Gelassenheit, Dinge hinzunehmen, die ich nicht ändern kann; den Mut, Dinge zu ändern, die ich ändern kann; und die Weisheit, eines vom anderen zu unterscheiden!"

Wie finden Sie am besten eine neue Einschätzung? Das mag in der Situation selbst nicht so einfach sein, weil Sie dafür Ihre Hirnrinde brauchen, die unter Stress ja ausgeschaltet ist. Bei Stressoren, die Ihnen immer wieder in die Quere kommen, kann es Ihnen aber sehr wohl gelingen; auf diese können Sie sich mental vorbereiten.

Wenn Sie beispielsweise unter massiver Prüfungsangst leiden, aber gern ein Studium oder eine Ausbildung absolvieren wollen, dann sollten Sie sich eine neue Einstellung zu Prüfungen aneignen. Etwa dass eine Prüfung eine willkommene Gelegenheit ist, um Ihren Wissensstand zu überprüfen und sich ein erfreuliches Erfolgserlebnis zu holen ☺.

Hilfreich kann auch ein Perspektivenwechsel sein wie die Frage: „Wie würde der augenblickliche Stressor aus der Perspektive `ein Jahr später´ aussehen?“ Oder Sie fragen sich, wie ein Wesen von einem anderen Stern diesen Stressor empfinden würde. Und glauben Sie mir, die Vorstellung, wie dieser Alien dann – heimgekehrt auf seinen Heimatplaneten – seinen Kameraden mimisch darstellt, wie Sie unter Stress reagieren, kann höchst amüsant sein.

Sie können sich auch fragen, welche Stärken diese Stress-Situation Ihnen abverlangt und damit fördert. Oder auch welche Schwächen sie Ihnen hilft, zu meistern. Weil Ungeduld eine meiner `großen Stärken´ ist, konfrontiere ich mich beispielsweise immer wieder mit Situationen, die meine Geduld herausfordern ☺.

Welches sind Ihre Hauptstressoren?
Und welche neue Einstellung könnten Sie sich dazu aneignen?

In der dritten Phase geht es um die physiologischen Reaktionen, also die Vorbereitung des gesamten Organismus auf Kampf oder Flucht – und deren rückgängig Machen. Hier lösen Sie Ihren Stress, indem Sie Ihre Stresshormone möglichst rasch wieder abbauen**;** also der Verzögerung, die bei HSP meist wirksam ist, entgegenwirken.

Dazu können Sie die Vorbereitung auf Kampf oder Flucht durch körperliche Bewegung rückgängig machen. Das wäre an sich die logische Konsequenz, ist aber nicht immer möglich. Wenn Ihr Vorgesetzter Sie kritisiert und ungerecht behandelt, können Sie vermutlich nicht sofort eine Runde um den Häuserblock drehen oder Ihre Wut an einem Punching Ball (oder gar an ihm) abreagieren; obwohl das durchaus hilfreich wäre. Aber Sie können irgendein körperliches Bewegungsmuster regelmäßig in Ihren Alltag einbauen, sodass Sie zumindest einmal täglich Ihre Stresshormone weitgehend abbauen.

Sie können sich aber auch mit isometrischen Körperübungen helfen, die Sie ohne nach außen sichtbare Bewegung praktisch überall durchführen können; und die Ihnen auch helfen, Ihre Stresshormone und den (für den erhöhten Muskelbedarf auf der Flucht oder bei einem Kampf) vermehrt zur Verfügung gestellten Zucker abzubauen.

Das wird nicht denselben Effekt bringen wie regelmäßiges Gehen oder Laufen, ist aber allemal besser als nichts.

Sie können sich aber auch bloß eine intensive körperliche Tätigkeit wie beispielsweise Holz Hacken vorstellen – wenn Sie das unter Miteinbeziehung aller Sinne tun, macht das durchaus Sinn.

Weiters gibt es verschiedene energetische Techniken wie die bereits erwähnte Wechsel-Atmung aus der Yoga-Tradition, mit der Sie vor allem Ihre Hirnrinde wieder einschalten und aus dem Höhlenmenschen-Modus in den Homo Sapiens Sapiens Modus wechseln.

Auch das Stirn-Hinterkopf-Halten ist eine sehr hilfreiche Methode, um einerseits Ihr Hirn einzuschalten und andererseits wieder in Ihre Mitte zurückzukehren. Sie hat nur einen einzigen Nachteil: sie wirkt nur, wenn Sie sie anwenden ☺. Und dazu müssen Sie im Akutfall natürlich daran denken! Das wird Ihnen natürlich umso eher gelingen, je öfter Sie die positive Wirkung erfahren.

Ich lege eine Handfläche (welche ist gleichgültig!) auf meine Stirn – etwas, was ich ohnehin oft ganz unwillkürlich mache, wenn ich angestrengt nachdenke – und die andere auf meinen Hinterkopf! Dabei atme ich ruhig und regelmäßig, senke meine Schultern nach hinten unten, richte mich auf und stelle mir vor, wie mir ein Licht aufgeht, es in meinem Stirnhirn also hell wird; und ich lächle ☺!

Eine weitere sehr ausgleichende energetische Technik ist die Massage der Akupunkturpunkte Niere 27. Sie verbessert die Versorgung des Gehirns mit frischem, sauerstoffangereicherten Blut, indem sie den Blutfluss in den Halsschlagadern anregt. Damit fördert sie sämtliche Gehirnfunktionen – wie auch den Überkreuz-Informationsfluss des Gehirns, der Grundbedingung ist für praktisch alle höheren geistigen Leistungen. Und führt zu einer generellen Aktivierung der Hauptfunktionskreise des Körpers und zum Ausgleich der Energieflüsse durch das gesamte Meridiansystem.

Ich massiere einige Minuten lang (so lange es mir angenehm ist) jeweils mit Daumen- und Mittelfingerspitze der linken Hand sanft die Akupunktur-Punkte Niere 27 im Grübchen unter und etwas seitlich

des Gelenkes zwischen Brustbein und Schlüsselbein (zwischen 1. und 2. Rippe), währenddessen liegt meine rechte Hand zur Erdung auf meinem Nabel.
Dabei atme ich tief, ruhig und regelmäßig und erlaube meinem Lächeln, sich zu entfalten.
Nun lasse ich meine Augen erst im Uhrzeigersinn und dann dagegen im Kreis wandern, ohne dabei aufs Atmen zu vergessen!
Dann schüttle ich meine Arme aus, wechsle die Position meiner Hände – die rechte Hand massiert nun mit Daumen- und Mittelfingerspitze meine beiden Niere 27 Punkte und die linke liegt zur Erdung über meinem Nabel – und wiederhole die Übung.
Auch dabei darf ich lächeln ☺!

Auch die Massage der Akupunkturpunkte an Ihren Ohrmuschelrändern, die Ohr-Akupressur ist sehr wirksam. Sie balanciert die beiden Gehirnhälften, erhöht Konzentration und akustische Aufnahmefähigkeit, verbessert das Kurzzeitgedächtnis und die Fähigkeiten abstrakten Denkens. Außerdem regt sie über zahllose Energiepunkte (aus der Ohrakupunktur), die mit wichtigen Körperfunktionen zusammenhängen, den Stoffwechsel im gesamten Organismus an.

Ich nehme die Ränder meiner beiden Ohrmuscheln zwischen Daumen (hinten) und Zeigefinger (vorne) und entrollen sie leicht, während ich sie sanft nach außen ziehe. Das wiederhole ich mehrmals von oben beginnend und langsam nach unten gehend bis zu den Ohrläppchen, die ich zart nach unten ziehe.
Das mache ich so lange, bis meine Ohren angenehm warm werden und sich wohlig prickelnd anfühlen.
Dabei atme ich ruhig und regelmäßig, lege beim Einatmen die Zunge hinter die oberen Schneidezähne an den Gaumen und löse sie beim Ausatmen wieder – und ich lächle ☺!

Wenn Sie all das umsetzen, sind Sie bereits gut für den Alltagsstress gewappnet!

Hochsensibles `Abheben und darüber Stehen´

Neben den im letzten Kapitel beschriebenen Wegen zur Bewältigung von Stress ist auch die Einnahme der Beobachter-Position ein wertvolles Spiel; und ich kenne kaum eine Situation, in der es Ihnen nicht helfen könnte, eine neue, entspanntere und produktivere Perspektive einzunehmen! Allerdings wird es Ihnen meiner Erfahrung nach erst dann gelingen, spontan aus sich selbst heraus zu steigen und die Position eines abgehobenen Beobachters einzunehmen, wenn Sie bestimmte physiologische Faktoren berücksichtigen.

Und wie bei allem wird auch hier Übung die Ergebnisse verbessern. Daher möchte ich Ihnen empfehlen, immer wieder auch in nicht allzu stressigen Situationen damit zu spielen, damit Ihnen das Procedere immer geläufiger wird. Dann haben Sie es eines Tages auch in herausfordernden Situationen parat.

Beim `Abheben und darüber Stehen´ geht es im Wesentlichen darum, uns aus dem Bann unseres Überlebenszentrums zu befreien. Dazu bedienen wir uns einiger noch recht junger Einsichten aus der Bewusstseinsforschung, um in unserer Vorstellung abzuheben und in den Homo Sapiens Sapiens Modus zu gelangen. Wir nützen also die Energie unserer Aufmerksamkeit, um uns auf eine höhere Schwingungsebene zu heben.

Auf dieser finden wir Zugang zu einer konstruktiveren, das Leben bejahenderen und liebevolleren Einstellung – anderen, unserem Leben, vor allem aber uns selbst gegenüber. Dabei lösen wir destruktive Koppelungen aus unserem emotionalen Gedächtnis. Das mag fürs Erste etwas kompliziert klingen, ist es aber nicht, wie Sie gleich sehen werden.

Für jene unter Ihnen, die wie ich alles verstehen wollen, ehe Sie es anwenden, habe ich hier wieder ein wenig Theorie, die Ihnen einige Aha-Erlebnisse vermitteln mag – für mich wirken diese immer sehr motivierend.

<u>Emotionales Gedächtnis</u>

Zu den wesentlichen Funktionen unseres Gehirns gehört unser emotionales Gedächtnis, das zu bestimmten Reizen spezifische Emotion assoziiert – was sich positiv äußern kann oder auch nicht. Gut fühlt sich etwa die Betrachtung von Fotos an, die wir mit schönen Erinnerungen verbinden; denn dann spüren wir diese Emotionen aufs Neue. Fotos von Szenen, die schmerzhafte Erinnerungen hervorrufen, erwecken bei der Betrachtung hingegen ebenso schmerzhafte Emotionen. Dazu gehören bei Alleingeborenen alle Situationen und Erlebnisse, die unser Verlust-Trauma triggern.

Allerdings können wir diese Verbindungen in beiden Richtungen umkonditionieren. So löst beispielsweise die Betrachtung eines an sich beglückenden Bildes mit einem Expartner Schmerz aus, weil die Beziehung vorbei ist. Was jedoch viel wesentlicher und für uns besonders interessant ist, ist die Tatsache, dass wir auch negative Konditionierungen in positive umprogrammieren können.

Dabei muss interessanterweise der mit einer bestimmten Erfahrung verbundene Reiz gar nicht tatsächlich damit verbunden sein, sondern es reicht die simultane Speicherung von Reiz und Erfahrung um als Kombination wirksam zu werden. Erinnern Sie sich an die `Pawlow´schen Hunde´? Wenn diese simultan mit der Fütterung eine Glocke hören, löst deren Klang in weiterer Folge auch dann Speichelfluss aus, wenn sie gar nicht gefüttert werden. Die Psychologie spricht hier von einem Trigger.

Ein Beispiel für einen Trigger in unserem Leben wäre etwa die Furchtkonditionierung, aufgrund derer das Geräusch einer elektrischen Säge unsere Angst vor dem Zahnarzt triggert, ja sogar Zahnschmerzen erzeugen kann. Dabei zählt das subjektive Erleben mehr als die objektive Bewertung der Tatsache.

Wir sind längst nicht so unabhängig von unseren Gefühlen und der Funktion unseres emotionalen Gehirns, wie wir oft annehmen. Das ist auf die Funktionsweise unseres Gehirns zurückzuführen, das im Laufe der Evolution verschiedene Überlebensstrategien entwickelt hat, die nach wie vor in uns wirken.

Und ebenso abhängig sind wir von unserem unbewussten Gedächtnis. So belasten uns bestimmte stressige Erlebnisse, die wir längst bearbeitet zu haben glauben, nach wie vor unbewusst; weil sie in unserem emotionalen Gehirn gespeichert sind und von dort aus nachwirken – wofür die Lebensgestaltung alleingeborener Zwillinge ein typisches Beispiel ist. Wir speichern sehr unangenehme Erlebnisse (etwa wenn unser Geschwister neben uns stirbt) immer in Kombination mit den begleitenden Sinneseindrücken in unserem limbischen System.

Ursprünglich dienen solche abgespeicherten Informationen dazu, uns zukünftig vor einer neuerlichen entsprechenden Erfahrung zu bewahren. Daher bleiben Ereignisse, die mit stark negativen Emotionen verbunden waren, länger im Gedächtnis haften, auch wenn unser Bewusstsein diese Erinnerung verdrängt. Unbewusst reagieren wir immer noch mit einem Vermeidungsverhalten.

Nun zeigen neueste Forschungen, dass Erinnerungen jedes Mal, wenn sie abgerufen werden, erneut abgespeichert werden. Dafür sind Proteine nötig; deren Produktion ein Zeitfenster öffnet, in dem die Erinnerung vorübergehend instabil ist und umprogrammiert werden kann. Wir können also – wie in einer Art Updateprozess bei einem Computer – destruktive emotionale Koppelungen lösen und durch neue, konstruktivere ersetzen!

Wollen Sie für einen Moment innehalten, um sich der Tragweite dieser Entdeckung bewusst zu werden?

Ihr Gehirn kann (wie bereits erwähnt) nicht unterscheiden, ob Sie etwas `tatsächlich erleben´ oder `sich nur vorstellen´, daher reicht für eine solche Umprogrammierung auch Ihre Vorstellungskraft.

Allerdings hat Ihr Verstand weder Zugriff auf Ihr emotionale Gedächtnis noch auf die Koppelungen, die durch solche Konditionierungen zustande gekommen sind. Daher müssen Sie den `Sprachcode Ihres emotionalen Gedächtnisse´ kennen und einsetzen, um diese Koppelungen zu lösen! Und dazu dient das `Abheben und darüber Stehen´.

Finnische Wissenschaftler haben diesen `emotionalen Sprach-Code unseres Gehirns´ herausgefunden. Dieser korreliert (unabhängig von Kultur, Geschlecht und anderen Unterschieden) bestimmte Emotionen mit bestimmten Körperempfindungen an bestimmten Stellen innerhalb des Körpers.

Gedanken (Hoffnungen, Wünsche, Zweifel, Ängste, hinderliche aber auch förderliche Glaubenssätze, Annahmen) werden hingegen außerhalb unseres materiellen Körpers in unserem feinstofflichen Mentalkörper repräsentiert. Dabei befinden sich jene, die positive Gefühle auslösen, im oberen Bereich unseres Energiekörpers; solche, die negative Gefühle auslösen, hingegen eher unten. Daher haben wir entsprechende Gedanken – und damit Gefühle – zugänglich, je nachdem wo wir unsere Aufmerksamkeit hinrichten.

Ist Ihnen schon einmal aufgefallen, dass es Menschen, Situationen und Erlebnisse gibt, die Sie gefühlsmäßig hinaufziehen; und solche, die Sie niederdrücken, ja gar erniedrigen?

Wenn nicht, habe ich hier ein interessantes Spiel für Sie! Vergegenwärtigen Sie sich zuerst eine Situation, die Sie eher als negativ empfunden haben (wie eine schwere Enttäuschung); und dann eine beglückende (wie ein Erfolgserlebnis). Versetzen Sie sich wirklich in das damit verbundene Gefühl hinein und achten Sie bewusst darauf, was diese beiden Erfahrungen jeweils mit Ihnen machen und welche Sinneswahrnehmungen sie Ihnen vermitteln.

Antworten Sie möglichst spontan und intuitiv auf die folgenden Fragen – zu beiden Situationen:

Vermittelt mir diese Situation eher eine leichte oder eher eine schwere Körperempfindung?
Vermittelt sie mir eher eine Empfindung von Helligkeit oder eher von Dunkelheit?
Vermittelt sie mir eher ein Gefühl von entspannter Weite oder eher von zusammen ziehender Einengung?
Vermittelt sie mir eher eine belebende, aufbauende und Kraft spendende Körperempfindung oder eher eine lähmende, Kraft raubende und auslaugende?

Wie sieht dieser Vergleich bei Ihnen aus?
Erstaunt er Sie?

An sich nehme ich an, dass Sie all das unzählige Male erlebt haben – nur sind Sie sich dessen vermutlich nicht bewusst geworden.

Das Schöne ist, dass Sie diese Erfahrung nützen können, um spielerisch Einfluss zu nehmen. Das mag fürs Erste inmitten einer extrem stressigen Situation nicht sofort funktionieren; aber mit etwas Übung können Sie das durchaus lernen. Und genau das möchte ich Ihnen ans Herz legen! Damit haben Sie ein ungemein wirksames Werkzeug in der Hand, das Ihnen auch in schweren Krisensituationen helfen kann, über der Situation zu stehen.

Vielleicht haben Sie sich oder andere schon sagen gehört:

„Ich bewundere, wie ... darüber steht und so klug reagiert!“
„Warum kann ich nicht auch so darüber stehen?“
„Wie gerne würde ich in dieser Situation einfach darüber stehen!“
„Sag, kannst du nicht einfach darüber stehen?“
„Steh doch einfach darüber!“

Wäre es nicht schön, wenn wir zukünftig Krisen als willkommene Chance nützen könnten, abzuheben und darüber zu stehen; indem wir uns selbst wie einst Baron Münchhausen am eigenen Zopf aus dem Sumpf ziehen – allerdings ohne Lügenmärchen ☺.

Ich vergegenwärtige mir eine belastende Situation mit den damit verbundenen Wahrnehmungen der Dunkelheit, der Schwere, der Enge und der Lähmung.
Dann richte ich meinen Blick, der vermutlich nach unten gerichtet ist, nach oben…
Lasse mir im Bereich der Stirn „ein Licht aufgehen“, sodass ich Helligkeit empfinde…
Atme tief ein und damit zugleich mich selbst aus meiner Enge frei und erlaube mir beim Einatmen wohltuende Weite in meiner Brust – bei jedem Atemzug mehr und immer mehr! So als würde ich eine viel zu enge Haut um meine Brust sprengen…
Dabei lasse ich mich dabei von belebender Energie erfüllen – fühle mich wie eine ausgetrocknete Pflanze, die Wasser und Sonne bekommt und sich dankbar wieder aufrichtet!
Und ich hebe ab...

Ich weiß nicht, welches Bild Ihnen am besten gefällt:

☺ *Sie könnten sich beispielsweise von Scotty hoch beamen lassen.*

☺ *Oder wollen Sie sich in Ihrer Vorstellung lieber in einen Fesselballon setzen und abheben, nachdem Sie Ihren Blick nach oben in die Helligkeit gewandt, sich in die vitale Weite geatmet und die schweren Gewichte, die Ihren Ballon am Boden gehalten haben, abgeworfen haben.*

☺ *Sie können sich als Adler aus eigener Kraft aus der stressigen Situation lösen und sich mit Leichtigkeit in die hellen, weiten und erfrischenden Lüfte erheben.*

☺ *Oder Sie steigen in einen (vielleicht gläsernen, wenn Sie das möchten, um den Überblick zu wahren) Aufzug ein und lassen sich hoch tragen. Und je höher Sie kommen, umso heller wird es, umso leichter fühlen Sie sich, umso mehr Kraft fühlen Sie in sich und umso mehr Weite können Sie wahrnehmen; vielleicht weil die Wände Ihres Aufzuges sich auflösen – natürlich ohne Ihnen Angst zu machen.*

☺ *Aber vielleicht gefällt Ihnen ja auch das Bild eines Sonnenstrahls besser, der Sie magnetisch in die helle, leicht Weite hoch zieht.*

Spielen Sie mit Ihrer eigenen Kreativität und erfinden Sie Ihr ganz persönliches Bild, mit dem Sie sich in Zukunft immer wieder aus belastenden und schmerzhaften Erlebnissen, Begegnungen, Ereignissen und Situationen heraus ziehen und abheben können; um ganz und gar darüber zu stehen.

Je öfter Sie dieses Spiel zelebrieren, umso fester verankert sich diese Vorstellung in Ihren Hirnbahnen; umso leichter haben Sie sie zukünftig zur Verfügung, wenn es wieder einmal eng und dunkel und schwer und ermüdend wird.

Von der Spitze eines Berges oder einem höheren Stockwerk haben Sie einen weiteren Ausblick als vom Fuß des Berges oder dem Erdgeschoss; genauso gewinnen Sie aus Ihrem neuen geistigen Zustand automatisch eine neue Einstellung. Dabei ist interessant, dass Sie aus Ihrer neuen Perspektive sogar plausibel begründen können, warum Ihnen das, was Sie vorhin noch so belastet hat, nun gar nicht mehr so schlimm erscheint! Probieren Sie es aus und fragen Sie sich, wieso das zuvor noch Negative Sie nun nicht mehr tangiert.

Ihr Abheben schenkt Ihnen also nicht nur positivere Gefühle zu etwas zuvor noch Belastendem; sondern darüber hinaus eine neue, wohltuende Einstellung, die Sie sogar argumentieren können. Und die umso wahrer und objektiver sein wird, je höher Sie in Ihrer Vorstellung kommen, weil die Informationen im höheren Bereich Ihrer Matrix qualitativ hochwertiger sind.

Spielen Sie immer wieder mit Ihrer Gedankenenergie: erhellen Sie die Dunkelheit, erweitern Sie die Enge, erleichtern Sie die Schwere, wandeln Sie den Zustand der Lähmung in einen voller Vitalität um und heben Sie ab – damit ändern Sie nicht nur Ihr Energiefeld, sondern Ihr ganzes Leben nachhaltig. Und je öfter Sie das tun, umso rascher und bleibender.

Zur Verdeutlichung möchte ich Ihnen dieses Spiel anhand einer sehr typischen Belastung zeigen: unsere Schuldgefühle! Wenn Sie sich als alleingeboren Zwilling identifiziert haben, dann erinnern Sie sich daran, dass Ihre Schuldgefühle und die damit verbundene aktuelle emotionale Energie nicht aus bewusstem Denken resultieren, sondern auf einem unbewussten Irrtum beruhen – dem Irrtum, Sie trügen Schuld am Verlust Ihres Zwillings.

Ich vergegenwärtige mir mein Schuldgefühl und frage mich, wie sich die damit verbundene emotionale Energie anfühlt:

„Fühle ich mich eher leicht oder eher schwer?
Fühlt sich das Schuldgefühl eher hell an oder eher dunkel?
Vermittelt es mir eher ein Gefühl von bedrückender Enge oder eher von entspannter Weite?
Nehme ich es eher als belebend, aufrichtend und Kraft spendend wahr oder eher als schwächend, lähmend und Kraft raubend?“

Dann richte ich meinen Blick, der im Fühlen meines Schuldgefühls unwillkürlich nach unten gewandert war, nach oben; atme Weite ein, wodurch mir automatisch auch leichter zumute wird.

Ich lasse es in meinem Stirnhirn hell werden und fühle wohltuende Belebung.

Dann versetze ich mich in meinen Adler und hebe kraftvoll und doch leicht ab.

Aus dieser neuen Perspektive wird mir klar, dass ich nicht am frühen Tod meines Zwillings schuld bin.

Und ich kann dankbar lächeln, weil ich erkenne, dass ich meine zweite Hälfte gar nicht wirklich verloren habe, sondern energetisch nach wie vor mit ihr verbunden bin!

Dies zeigt mir erfreulicherweise auch, dass ich mein Stirnhirn eingeschaltet habe.

Hochsensibel „Nein“ sagen lernen

Da es zu diesem Thema bereits einen ausführlichen Ratgeber in der Reihe „Quanten-Bewusstheit“ gibt (und demnächst auch in der Reihe „Hochsensibel das Leben meistern“ ein Buch herauskommen wird), möchte ich hier nur kurz auf diese bei HSP weit verbreitete Abwehr-Schwäche eingehen. Jene unter Ihnen, die von diesem `Sprachfehler´ betroffen sind und sich tiefere Einsichten wünschen, darf ich auf diese beiden Bücher verweisen.

Aus meiner Sicht gibt es verschiedene Gründe, warum HSP nicht gut „nein“ sagen können. Einerseits fühlen sie in ihrer starken Empathie, wie es der anderen Person mit dem zurückweisenden Nein geht und wollen ihr das nicht antun. Andererseits sind sie es sich oft gar nicht wert, sich selbst vorzulassen; wenn es darum geht, Ansprüche und Bedürfnisse anderer gegen die eigenen abzuwägen. Hinzu kommt aber noch die Angst, den anderen zu enttäuschen und damit seine Zuneigung, ja sogar ihn als ganzen zu verlieren. Diese Angst triggert bei Alleingeborenen immer wieder den frühen Verlust des Zwillings.

Ist Ihnen klar, dass Sie im „ja“ oder „nein“ Sagen immer nur einen der zwei Pole abdecken; die einander meist ausschließen, zugleich aber auch bedingen?

Wenn Sie einer Person ein Ja geben – ob Sie dieses im Moment nun ehrlich meinen oder nicht –, dann geben Sie automatisch allen anderen ein Nein, die zur gleichen Zeit etwas von Ihnen wollen. Aber natürlich auch sich selbst und Ihren eigenen Ansprüchen. Es geht also praktisch immer um ein Abwägen verschiedener einander ausschließender Ansprüche.

Und das ist eine Entscheidung, die wir bewusst nur mit eingeschalteter Hirnrinde treffen können! Im Modus des Höhlenmenschen, in den uns der Stress einer solchen Ambivalenz meist versetzt, reagieren wir bloß automatisch aufgrund uralter Muster. Und empfinden die Ansprüche anderer meist als wichtiger, berechtigter, vordringlicher – und lassen ihnen den Vortritt.

Die Tendenz, uns selbst zurückzunehmen, geht oft so weit, dass es gar keine direkten Ansprüche von außen braucht, um unsere eigenen hinten anzustellen. Genau das meint doch der Ausspruch:

„Erst die Arbeit, dann das Vergnügen“.

Im Zuge meiner Tätigkeit als Persönlichkeitstrainerin habe ich allzu viele Menschen kennen gelernt, die es sich beispielsweise nie erlauben würden, ein Buch zu lesen, ehe sie nicht Staub gesaugt, die Fenster geputzt oder das Geschirr gewaschen haben.

Gehören Sie auch dazu? Entscheiden Sie sich bei dieser Alternative auch eher für das angebliche Muss und stehen selbst in dem, was Sie lieber tun würden, zurück?

Bedenken Sie, dass Sie vor allem Ihr inneres Kind zurückweisen, wenn Sie der Pflicht den Vorrang vor Ihrem Vergnügen einräumen; um Ihren inneren Kritiker oder den inneren Antreiber oder einen anderen internalisierten Eltern-Ich-Anteil zufrieden zu stellen.

Haben Sie sich schon einmal gefragt, was Sie – im hohen Alter auf Ihr Leben zurückblickend – beim nächsten Mal sicher anders machen würden?
Glauben Sie nicht auch, dass die meisten von uns etwas weniger vernünftig wären?

Mir persönlich sind bei meiner Lebensbilanz all die gelesenen und geschriebenen Bücher sicher weit wertvoller als die kaum je zu erreichende Staubfreiheit meiner Bibliothek ☺.

Bei all dem gilt es natürlich, ein gesundes Augenmaß einzuhalten und nicht nur egoistisch zu handeln! Aber gehört es nicht auch zu diesem Augenmaß, Gerechtigkeit walten zu lassen? Muss das Nein tatsächlich immer oder zumindest meist uns selbst gelten? Finden Sie nicht auch, dass wir es uns auch einmal wert sein dürfen, etwas „nur" zu unserem Vergnügen zu machen? Auch wenn noch irgendwo Staub liegt und die Fenster sich über einen Frühjahrsputz freuen würden?

Ich möchte Ihnen hier drei zu bedenkende Argumente anbieten:
Erstens: wünschen Sie sich nicht auch Ehrlichkeit von den Menschen in Ihrem Umfeld? Und ist es nicht eigentlich unehrlich, wenn Sie einer anderen Person „ja" sagen, obwohl Sie eigentlich „nein" meinen; und daher innerlich nicht wirklich dazu stehen können?

Ist Ihnen klar, dass Sie diese innere Inkongruenz über Ihr Herzfeld ausstrahlen? Und dass dies vom Unterbewusstsein der anderen Person wahrgenommen wird? Und unbewusst Misstrauen verursacht, obwohl Sie das eigentlich gar nicht bezwecken?

Das führt mich zu meinem zweiten Argument: Sie sind in ein mächtiges Energiefeld eingehüllt, über das Sie ununterbrochen Ihre Befindlichkeit weit über Ihre körperlichen Grenzen hin ausstrahlen. Dieses Feld geht von Ihrem Herzen aus und spiegelt untrüglich wider, wie es Ihnen geht, was Sie fühlen und welche Emotionen Sie gerade erleben. Aber Ihre Ausstrahlung verrät auch Ihre Einstellung anderen, der Welt und sich selbst gegenüber.

Ist Ihnen schon einmal aufgefallen, wie angenehm sich die Ausstrahlung einer in sich ruhenden, entspannten und glücklichen Person anfühlt?
Wie unangenehm und irritierend hingegen die Nähe einer massiv gestressten Person ist, die unglücklich, ärgerlich, eifersüchtig, zornig oder ängstlich ist – und sich auch so anfühlt?
Ist es daher wirklich nur egoistisch, wenn Sie wollen, dass es Ihnen gut geht?

Ich würde es sogar als gelebten Altruismus und eine Art `energetischen Umweltschutz´ ☺ bezeichnen. Wie wäre es, wenn wir alle mehr darauf achten würden, unsere Ausstrahlung positiv zu halten, indem wir zwar auch auf die Wünsche und Bedürfnisse anderer eingingen; parallel dazu aber auch unseren eigenen Ansprüchen und Vorlieben nachkommen würden?

Aber es gibt noch ein drittes Argument! Ich fände es nicht sinnvoll, nur mehr auf uns selbst zu achten; aber im Sinne der Gerechtigkeit halte ich auch nichts vom gegenteiligen Weg. Trachten wir doch nach einem gesunden Mittelweg mit einer gerechteren Aufteilung! Sagen wir dort, wo es sich nicht richtig anfühlt, „ja“ zu sagen, auch ehrlich „nein“!

Damit vermitteln wir anderen die Sicherheit, dass sie sich auch tatsächlich auf unser Ja verlassen können. Dass ein Ja aus unserem Mund wirklich ehrlich gemeint ist; und sie darauf vertrauen können, dass wir dort, wo es stimmig ist, auch tatsächlich „nein“ sagen.

Allerdings denke ich, dass wir dafür in unser `Ja zu mir´ finden und dieses möglichst weitgehend durchhalten müssen. Denn erst in wertschätzender Selbstannahme können wir uns aus dem Stress, den dieses `entweder die anderen oder ich´ immer bis zu einem gewissen Grad in uns auslöst, befreien. Und erst aus ehrlicher Selbstannahme können wir anderen dort, wo es angemessen ist, ein ehrliches, authentisches Nein geben.

Hochsensible AUSSÖHNUNG

Erlauben Sie mir, es hier noch einmal zu wiederholen, weil mir das so ungemein wichtig erscheint. Ich wüsste nicht, was wir uns als alleingeborener Zwilling zu vergeben hätten – einfach weil wir keine Schuld auf uns geladen haben. Wenn wir Schuldgefühle haben, weil unsere zweite Hälfte gestorben ist, dann beruht das auf einem Irrtum, den wir schleunigst aufklären sollten – am besten mit Hilfe unseres jenseitigen Geschwisters im „Dialog der Hände". Dieses wird uns gerne helfen, uns von unseren Schuldgefühlen zu verabschieden.

Und ich denke, das gilt für vieles, das wir uns nachtragen. Natürlich haben wir alle Fehler gemacht, keine Frage. Aber ich glaube nicht, dass irgendjemand von uns je etwas absichtlich falsch gemacht oder bewusst einem anderen geschadet oder wehgetan hat! All das ist passiert – in beiden Richtungen, denn auch uns wurde wehgetan oder geschadet –; einfach weil wir Menschen sind. Und ich denke, wir alle haben danach getrachtet, diese Dinge wieder gut zu machen und die Geschädigten zu entschädigen; und sei es auch `bloß´ in der Vorstellung oder im `Dialog der Hände´. Zumindest nehme ich das von Menschen an, die ein Buch wie dieses lesen, also vermutlich sehr bewusst leben.

Daher braucht es meiner Ansicht nach keine Vergebung, sondern eher Aussöhnung, ein Konzept mit dem ich eher in Resonanz schwinge. Sehen wir uns also das, was aus heutiger Sicht nicht so ideal gelaufen ist, nach und versöhnen wir uns mit unserem Gegenüber – entweder real, wenn das möglich ist, oder in der Vorstellung. Und wieder in beiden Richtungen.

Aber ganz besonders wichtig scheint es mir, uns mit uns selbst auszusöhnen und uns all das nachzusehen, was wir uns selbst angetan und von anderen antun haben lassen.

Dazu mag auch der bereits besprochene Lebensrückblick dienen, im Zuge dessen Ihnen zahlreiche frühe Indizien auffallen mögen, die schon damals Ihre HSP und vielleicht auch den Halbzwilling vorherahnen ließen. Schenken Sie sich dafür bitte all das Verständnis, das Sie und Ihr inneres Kind brauchen.

Einiges mögen Sie dabei finden, was Sie heute anders machen würden – einfach weil Sie reifer und weiser sind und nun Zugang zu einer neuen Klarheit haben. Sehen Sie sich all das nach und söhnen Sie sich mit sich selbst und Ihrem inneren Kind aus. Dazu können Sie sich solche oder ähnliche Sätze versichern, während Sie sich im Spiegel betrachten. Das wirkt heilsam, auch wenn Sie sich dabei höchst merkwürdig vorkommen. Erlauben Sie sich ruhig, dabei zu schmunzeln ☺.

Ich sehe es mir nach, wenn ich allzu oft nicht auf meine innere Stimme gehört habe!
Ich sehe es mir nach, wenn ich mich selbst wenig oder gar nicht geliebt, angenommen und wertgeschätzt habe!
Ich sehe es mir nach, wenn ich immer mehr gegeben als genommen habe!
Ich sehe es mir nach, wenn ich mich immer wieder zugunsten anderer zurückgenommen habe!
Ich sehe es mir nach, wenn ich mein wahres Wesen immer wieder versteckt und mich verstellt habe, um die Erwartungen anderer zu erfüllen!
Ich sehe es mir nach, wenn ich mich vor meinem Du immer wieder klein gemacht habe – und ihm erlaubt habe, mich klein zu machen!
Ich sehe es mir nach, wenn ich mich immer wieder verleugnet habe, um andere vorzulassen!
Ich sehe es mir nach, wenn ich meine eigenen Ansprüche viel zu oft zurückgestellt und mich zu wenig um mich selbst gekümmert habe!
Ich sehe es mir nach, wenn ich oft achtlos mit mir umgegangen bin und mir die Fürsorge, die ich anderen selbstverständlich zukommen ließ, selbst versagt habe!
Ich sehe es mir nach, wenn ich mein inneres Kind vernachlässigt habe!
Ich sehe mir alles nach, was mir noch zu diesem Thema einfällt, und schenke mir all die Selbstliebe, die ich aufbringen kann!

Was fällt Ihnen noch alles dazu ein?
Und fühlen Sie den tiefen Frieden in Ihrem Inneren, wenn Sie sich all das nachsehen, was Sie damals gar nicht anders machen konnten?

Hochsensibles INNERES KIND

Der Begriff `inneres Kind´ ist heute schon so verbreitet, dass ich glaube, ihn nicht eigens erklären zu müssen. Er bezeichnet einen unserer verschiedenen Persönlichkeitsanteile, die uns in ihrem Zusammenspiel erst zu der Person machen, die wir sind. Diese können motivierend und Vertrauen fördernd wirken, oder auch streng und unseren Elan bremsend. Sie können expansiv wirken und unsere Begeisterung beleben, oder sie fordern Disziplin und Konzentration und streben eher nach der Konsolidierung des Status Quo. Sie alle sind wertvoll und meinen es prinzipiell gut mit uns; nur agieren sie aus ihrer beschränkten Sicht und daher nicht immer hilfreich.

Als besonders wertvolle Teilpersönlichkeit liegt mir unser inneres Kind sehr am Herzen. Im geheilten Zustand schenkt es uns Zugang zu unserem Urvertrauen, zu unserer ursprünglichen Kreativität, zu Begeisterung und Lebensfreude. Ähnlich wie Kinder lebt es ganz und gar im Hier und Jetzt, freut sich am Leben und ist neugierig und offen für neues Unbekanntes.

Wenngleich ich mich jahrelang mit verschiedenen Methoden zur Heilung meines inneren Kindes beschäftigt habe, bin ich heute der Ansicht, dass das Spiel mit der Quanten-Welle mir den wirksamsten Weg dazu bietet; ohne dafür in alten Wunden bohren zu müssen. Ich glaube, unser inneres Kind entwickelt ähnlich phantastische Selbstheilungskräfte wie unser Körper; wenn wir es mit unserer (möglichst bedingungslosen!) Liebe nähren.

Schenken wir unserem inneren Kind jene Liebe, Aufmerksamkeit, Fürsorge, Wertschätzung und Anerkennung, die es sich wünscht, und die es in unserer Kindheit vermutlich nicht ausreichend bekommen hat! Nicht weil unsere Eltern schlecht waren, sondern weil niemand mehr geben kann, als er hat. Dann heilt es in seiner Weisheit ganz von selbst.

Wie auch immer Ihre Kindheit war, ob Sie als kleines Menschlein in diesem Leben willkommen waren oder nicht, ich bin überzeugt, dass Ihnen die folgende Meditation wohl tun wird. Stöbern Sie zuvor in alten Kinderfotos, schwingen Sie sich in Resonanz mit dem kleinen Wesen, das Sie einst waren und öffnen Sie ihm Ihr Herz.

Zelebrieren Sie diese oder eine ähnliche Meditation. Sprechen Sie am besten Ihre persönliche Version auf Band oder lassen Sie eine andere Person Ihnen diese vorlesen – mit immer wieder Pausen bei den drei Punkten; um Ihren inneren Bildern Zeit zu geben, sich zu entfalten. Bei der längeren Punktereihe empfehle ich Ihnen, Ihre eigenen Worte zu finden!

Welches Willkommen würden Sie als Neugeborenes gern hören?

<u>Ich heiße mein inneres Kind willkommen</u>

Während ich bequem sitze oder liege, atme ich eine Weile bewusst durch mein Herz … lege dabei den Fokus vor allem auf die Ausatmung und atme jeweils fünf Herzschläge lang aus und nur drei Herzschläge lang ein … dabei kann ich wahrnehmen, wie mein Puls beim Einatmen rascher wird und sich beim Ausatmen wieder verlangsamt … es fühlt sich gut an, das vertraute Pochen in meiner Brust wahrzunehmen … so danke ich meinem Herzen, dass es tagein und tagaus meinen Körper mit frischem Blut versorgt … mehr und mehr entspannen sich Körper, Geist und Seele …

Nun vergegenwärtige ich mir meine Herzblume, die sich Blütenblatt für Blütenblatt aus der Knospe zur Blüte öffnet und ihre Liebe verströmt … Liebe für mein inneres Kind … für dieses kleine Wesen, das ich einmal war … ich kann spüren, wie meine Liebe zu meinem inneren Kind fließt und es in einen strahlenden Liebeskokon einhüllt …

Mein inneres Kind lächelt mir entgegen und zeigt mir, dass es meine Liebe annimmt und erwidert … und ich nehme diese Liebe an … spür die Liebe meines inneren Kindes sich wohltuend in mir ausbreiten … kann nun beide Phasen meiner Liebe wahrnehmen: die Phase des Ausströmens im Liebe-Schenken und die Phase des Einströmens im Liebe-Annehmen … und erlaube mir, dieses Aus- und Einströmen meiner Liebe zu genießen …

Ich kann in dieser Meditation mit meiner Aufmerksamkeit hin und her pendeln vom Erwachsenen von heute, der mein kleines Selbst betrachtet … hin zu diesem kleinen Wesen, das mich als irgendwie vertrauten Erwachsenen vor sich sieht … und dessen liebevollen Blick ich wie ein Streicheln wahrnehmen kann … ich kann als mein inneres Kind die Liebe meines erwachsenen Selbst richtiggehend spüren … die mich wie ein weicher, warmer Strom einhüllt …

Dann versetze ich mich wieder in mein heutiges Selbst und stelle mir

vor, mein liebes kleines Selbst behutsam in den Arme zu halten und sanft an mich zu drücken ... spür die warme, weiche Haut an meiner Wange ... spür das regelmäßige Atmen und den Herzschlag, der etwas rascher ist als meiner ...
Und wenn ich mich mit meiner Aufmerksamkeit wieder in mein kleines Selbst hineinversetze, fühle ich mich in den Armen meines erwachsenen Ich sicher und wunderbar geborgen ... es tut wohl, mich ganz und gar dieser Person anzuvertrauen, deren Liebe ich intensiv in mir spüren kann ... ich betrachte als das kleine Wesen von damals den Erwachsenen, der ich heute bin ... sehe und spüre zugleich dieses so liebevolle Lächeln ... und erlaube mir, mich an dieser Brust wohl und geborgen zu fühlen und zu hören, was mein erwachsenes Ich zärtlich und liebevoll zu mir sagt ... und ich kann deutlich die Resonanz zu diesen Worten in mir fühlen ...

„Willkommen auf der Welt, mein Kleines ....“

Dann versetze ich mich wieder in mein erwachsenes Selbst und betrachte mein kindliches Selbst liebevoll ... und kann fühlen, wie hier ganz sanft Heilung stattfindet! Spür dieses Heilwerden wohltuend in beiden Seiten meines Selbst und bin mir der Verantwortung bewusst, die ich für mein inneres Kind trage!
Ja, von nun an werde ich voll und ganz zu meinem inneren Kind stehen, stets liebevoll darauf achten, ihm meine Fürsorge und Aufmerksamkeit schenken und alles in meiner Macht Stehende tun, um dieses liebe kleine Wesen mit all meiner Liebe und Wertschätzung in seiner Entwicklung zu begleiten!
Dann löse ich mich behutsam aus meiner Verzauberung und kehre langsam wieder ins Hier und Jetzt zurück ... wenn Tränen da sind, dann erlaube ich mir, diese fließen zu lassen! Wenn ich das Bedürfnis habe, zu lachen, dann erlaube ich mir auch dieses!
Und vielleicht möchte ich sogar tanzen...

Meiner Ansicht nach spricht übrigens nichts dagegen, sich diese kleine Meditation – in meiner hier angebotenen oder in Ihrer eigenen Fassung – immer wieder einmal zu gönnen.

Kennen Sie die Geschichte von den Experten, die Kinder im Alter von vier bis acht Jahren befragt haben, was aus ihrer Sicht Liebe bedeutet? Das ist einer dieser Endorphin-Ausschütter, die Sie im Netz finden, und die Sie sich immer wieder gönnen sollten.

Die kindlichen Antworten waren weiser und tiefgründiger, als alle erwartet hatten – und bewegen mich immer wieder tief, wenn ich sie wieder lese. Aber eine Antwort hat mich ganz besonders berührt, daher möchte ich sie hier mit Ihnen teilen. Sie stammt von einer Achtjährigen:

„Man sollte `Ich liebe dich´ wirklich nur sagen, wenn man es auch wirklich meint. Aber wenn man es wirklich meint, sollte man es ganz oft sagen; Leute sind vergesslich!“

Ich weiß nicht, wie vergesslich Ihr inneres Kind tatsächlich ist, aber glauben Sie mir: es freut sich über die Wiederholung solcher Zusicherungen ☺!

Und wenn Ihr inneres Kind sich freut und es ihm gut geht, geht es auch Ihnen gut!

Hochsensible `LIEBES-BRÜCKE´

Dieses Ritual ist eine Anregung meines verstorbenen Vaters aus seinem Buch „Seelen jenseits der Regenbogenbrücke". Die `Liebes-Brücke´ kann Sie mit jeglichem Gegenüber verbinden.

Erinnern Sie sich an meine Sichtweise zum Thema `alleingeborener Zwilling´? Ich gehe davon aus, dass unsere während der Schwangerschaft verstorbenen Geschwister gar nicht wirklich verloren gegangen sind, sondern uns von jenseits der Regenbogenbrücke begleiten wollen. Und um diese bidimensionale Verbindung immer wieder zu intensivieren, aber auch um Liebe zwischen den beiden Realitätsebenen auszutauschen, dient die `Liebes-Brücke´.

Natürlich können Sie sich damit mit jeglicher anderen verstorbenen Person zu einem Liebes-Austausch verbinden; aber ebenso mit jedem noch lebenden Menschen. Sei es, dass Sie Sehnsucht haben, weil dieser gerade nicht in Ihrer Nähe ist; sei es auch, weil Sie auf Ego-Ebene gerade ein Missverständnis haben. Darüber hinaus kann die `Liebes-Brücke´ Sie mit jedem Wunsch, mit jedem Ziel, mit jeder Vision, die Ihnen vorschwebt, verbinden. Sie können aber auch Klienten oder Kunden, die mit Ihnen in Resonanz schwingen, mit einer solchen energetischen Brücke andocken.

`Liebes-Brücke´

Ich vergegenwärtige mir ein Gegenüber, mit dem ich mich liebevoll verbinden möchte, und stelle mir vor, wie mein Herz sich ganz weit öffnet. Dabei lasse ich meine Liebe ganz stark und intensiv werden und sende meinen Liebes-Bogen in Richtung eines geliebten Menschen, einer Zielerreichung oder Wunscherfüllung.
Dieser Licht-Strahl kann jede Farbe haben, die ich möchte, oder auch aus weißem Licht bestehen. Vielleicht wähle ich einen Regenbogen in allen Spektralfarben, der aus meinem Herzen entspringt und den ich zu meinem jeweiligen Gegenüber aussende.
Nun kommt diesem ein ähnlicher Liebes-Licht-Bogen entgegen. Wenn sich diese beiden Bögen zu einer Liebes-Brücke vereinigen, nehme ich aufmerksam wahr, wie sich das anfühlt!

Für mich ist die Wirkung dieses Rituals meist so stark spürbar, dass ich das schwer in Worten beschreiben kann. Und Sie werden sehen: je sensitiver Sie sind, umso mehr werden auch Sie die Wirkung der \`Liebes-Brücke´ wahrnehmen können.

Zelebrieren Sie sie vor allem auch mit ihrer scheinbar verlorenen anderen Hälfte, wenn Sie den Eindruck gewonnen haben, auch Sie seien ein alleingeborener Zwilling. Wann immer Sie sich einsam oder müde fühlen, wann immer jemand oder etwas Sie enttäuscht hat oder Sie traurig sind, schließen Sie eine \`Liebes-Brücke´ mit einer Person, von der Sie sich emotional genährt fühlen.

Seit mein Vater mir dieses Bild geschenkt hat, kann ich viel besser mit seinem Verlust umgehen. Mich baut meine \`Liebes-Brücke´ energetisch spürbar auf; und ich finde, sie bietet auch ein schönes Einschlaf- und Aufwach-Ritual. Sie kann Sie mit all Ihren Geliebten auf der anderen Seite des Schleiers verbinden und wird Sie energetisch nähren. Liebe ist meinem Gefühl nach eine starke, aufrichtende und emotional heilsame Energie!

Aber glauben Sie nicht bloß an die Wirkung dieses Rituals, sondern probieren Sie es selbst aus!

Hochsensible SELBSTLIEBE

Mit Selbstliebe tun sich viele Menschen schwer, meiner Erfahrung nach aber vor allem HSP. Woran genau das liegt, überlasse ich Ihnen zu erforschen. Ich hoffe nur, ich brauche Sie nicht davon zu überzeugen, wie wesentlich es ist, sich mit sich selbst anzufreunden. Immerhin sind Sie der einzige Mensch, der ein Leben lang mit Ihnen zusammen ist; also sind Sie in Wahrheit der wesentlichste Mensch in Ihrem Leben. Auch wenn viele das anders sehen. Was spricht also dagegen, sich selbst all das zu geben, was Sie sich wünschen - eben auch Ihre Liebe? Damit gehen Sie als gutes Beispiel voran!

Ich habe unzählige Male die Erfahrung gemacht, dass es für die meisten Menschen – auch wenn sie sich vom Wert gesunder Selbstliebe überzeugen ließen – schwer ist, dies dann auch umzusetzen. In diesen Fällen empfehle ich, die eigene Liebe zuerst mithilfe eines geliebten Menschen ins Fließen zu bringen; und sie dann auf sich selbst umzulenken. Wenn Selbstliebe für Sie noch nicht zur Selbstverständlichkeit geworden ist, können Sie diese Anregung einmal versuchen; vielleicht hilft sie ja auch Ihnen.

Kristallisationspunkt für meine Liebe

Ich visualisiere eine Person, die zu lieben mir ganz leicht fällt, und stelle mir vor, wie in meiner Brust meine Herzblume erblüht. Ähnlich einer Blume, die sich aus der Knospe zur Blüte entfaltet, öffnet sich mein Herz ganz weit für diese geliebte Person. Und so wie eine Blume ihren Duft verströmt, so strömt aus meinem Herzen Liebe zu diesem geliebten Menschen! Dabei lasse ich meine Liebe so intensiv werden, wie es mir im Augenblick möglich ist; und erlaube ihr, mich ganz und gar zu erfüllen. So lange, bis ich das Gefühl habe, nur mehr aus Liebe zu bestehen.
Und dann setze ich mich selbst anstelle dieser geliebten Person und schenke nun mir selbst all meine Liebe!
Wenn es mir anfangs noch nicht ganz gelingt, mich selbst in der erwachsenen Form zu lieben, dann visualisiere ich mein inneres Kind und schenken dem kleinen Buben oder dem kleinen Mädchen in mir meine Liebe. Ich lasse mir Zeit für diese Vorstellung und genieße alle damit verbundenen Emotionen!
Dabei fühle ich beide Phasen der Liebe: fühle sowohl das Liebe

Geben als auch das Liebe Empfangen. Spür das Ausströmen meiner Liebe; erlaube mir aber auch, das Einströmen meiner Liebe wahrzunehmen! Zumindest so weit mir dies im Augenblick möglich ist. Liebevoll schenke ich mir selbst meine Liebe und nehme offenen Herzens meine eigene Liebe an!

Haben Sie bei diesem Ritual Geduld mit sich selbst. Es ist noch kein Meister vom Himmel gefallen; und die wenigsten von uns lernen, sich selbst so anzunehmen und ins Herz zu schließen, wie wir sind. Meist sind Bedingungen an das Geliebt-Werden geknüpft, und wir gewinnen den Eindruck, wir müssten liebenswert sein, uns der Liebe erst als wert erweisen, ja, Liebe erst verdienen. Aber mit etwas Geduld und Nachsicht, wenn es nicht gleich funktioniert, wird es Ihnen nach und nach immer besser gelingen. Bis Sie sich eines Tages angesichts Ihres Spiegelbildes sogar freuen, sich zu wiedersehen ☺!

Und vielleicht wollen Sie sich dazu folgende Fragen stellen:

Wenn ich mich selbst liebe, wo spüre ich meine Selbstliebe?
An einer bestimmten Stelle meines Körpers oder überall?
Und wie genau fühlt sie sich an?
Welche Farbe assoziiere ich mit meiner Selbstliebe?
Welchen Geruch? Und welchen Geschmack?
Welchen Klang? Musik oder Naturgeräusche? Oder Worte?
Welche Form oder welches Bild passt zu meiner Selbstliebe?
Welches Symbol, welche Metapher assoziiere ich damit?
Reicht die Ausstrahlung meiner Selbstliebe gar über meinen physischen Körper hinaus?
Gibt es eine Szene, die ich erlebt habe, die meine bedingungslose Liebe zu mir selbst gut darstellt?

Beschreiben Sie Ihre Wahrnehmungen möglichst genau und unter Miteinbeziehung aller Sinnessysteme. Fühlen Sie Ihre Selbstliebe und lassen Sie sie ganz stark werden! Vielleicht wollen Sie sich so etwas wie ein Mischpult vorstellen, auf dem Sie die Regler für die Intensität Ihrer Selbstliebe bis auf 100% hochfahren können.

Je besser Sie Ihre Selbstliebe kennen lernen, und je besser Sie die Intensität steuern können, umso leichter wird es Ihnen fallen, auch in

Zeiten, in denen Sie sich nicht liebenswert finden, Zugang zu dieser Schwingung zu finden – gerade dann werden Sie Ihre Selbstliebe nötig haben!

Und weil Sie vielleicht auch gern Abwechslung haben, möchte ich Ihnen hier noch ein weiteres schönes Selbstliebe-Ritual empfehlen.

Streichelnder Liebesblick

Ich nehme einen Spiegel zur Hand und setze mich möglichst entspannt an einen ungestörten Ort. Dann atme ich eine Weile ruhig und regelmäßig, während ich mein Spiegelbild betrachte. Dabei achte ich auf Unterschiede zwischen meiner rechten und meiner linken Gesichtshälfte: wie sehr unterscheiden sich diese beiden? Ich vergleiche meine beiden Augen und meine beiden Wangen und frage mich, welche meiner beiden Gesichtsseiten mir vertrauter ist. Welche ich lieber mag und warum. Vielleicht weil sie mich an jemand erinnert?
Als nächstes stelle ich mir vor, mein Blick wäre wie ein ganz weicher Pinsel und würde liebevoll meine Gesichtszüge streicheln. Dazu folge ich mit meinem Blick den Konturen meines Gesichtes, umkreise meine Augen und meine Lippen, meine Nasenflügel. Ich streichle mit meinem weichen Blick meine Wangen, mein Kinn, meine Nase, meine Stirn. Und ich erlaube meinem Blickpinsel, jedes Detail meines Gesichtes zu liebkosen und sanft zu streicheln! Dabei kann ich die Zärtlichkeit meines Blickes spüren und genieße es, so verwöhnt zu werden!

Erinnern Sie sich an die gestreichelten Ratten?
Und erinnern Sie sich, dass Ihr Gehirn nicht unterscheiden kann, ob Sie etwas tatsächlich erleben oder sich nur vorstellen?

Dieses Spiel hat Suchtpotenzial, weil es Sie Glückshormone ausschütten lässt, die Ihnen in jeder Beziehung wohl tun ☺!

Hochsensibler LIEBESBRIEF

Wann haben Sie, geschätzter Leser, geschätzte Leserin, Ihren letzten Brief bekommen – so richtig handschriftlich mit Kuvert und selbst geklebter Briefmarke?
Und wann haben Sie den letzten Liebesbrief geschrieben?
Haben Sie das überhaupt je getan?

Ich gebe zu, dieses Ansinnen mag in Zeiten von E-mails, SMS und WhatsApp merkwürdig klingen. Aber haben Sie schon einmal einen handgeschriebenen Liebesbrief bekommen? Wenn ja, dann wissen Sie wohl, was ich meine; auch wenn das vermutlich lange her ist. Wenn nicht, dann gönnen Sie sich diese Erfahrung zum ersten Mal in Ihrem Leben; in welchem Alter auch immer Sie dieses Buch lesen.

Wenn ich das Spiel \`Liebesbrief an mich selbst´ in meinen Seminaren angeboten habe, gab es ganz verschiedene Reaktionen. Jene, die schon einmal einen solchen Brief geschrieben oder gar bekommen hatten, sahen mich etwas amüsiert, dennoch aber mit leuchtenden Augen an. Die anderen reagierten teils erstaunt, teils irritiert, teils auch peinlich berührt. Aber letztlich machten alle mit. Da ich ihnen empfahl, diesen Brief mit ihrer linken Hand zu schreiben, empfanden die meisten das als Möglichkeit, gleich einmal den \`Dialog der Hände´ zu probieren; was die Verlegenheit erleichterte.

Ein besonders berührender Bericht kam von einer Teilnehmerin, die beim zweiten Seminar, an dem sie teilnahm, erzählte, ihr Liebesbrief vom letzten Seminar wäre eine ganze Weile ungeöffnet auf ihrem Schreibtisch gelegen. Möglicherweise hatte sie damals den ganz speziellen Moment vorhergeahnt, in dem dieser Brief wertvoll sein würde. Dieser kam tatsächlich mit dem Tod ihres geliebten Vaters, der sie psychisch in ein tiefes Loch stürzte. Da erinnerte sie sich an ihren eigenen Liebesbrief und las ihn unter Tränen; weil sie darin genau das wieder fand, was ihr Vater ihr immer wieder gegeben hatte: Liebe, Wertschätzung, Achtung und Anerkennung.

Meinem Gefühl nach ist Selbstliebe ein ganz wichtiger Faktor für ein erfülltes Leben! Und dies ganz besonders für hochsensible Alleingeborene, die sie aufgrund ihres mangelnden Selbstwertgefühls als große Herausforderung empfinden.

Daher möchte ich Ihnen empfehlen, sich selbst einen Liebesbrief zu schreiben! Schreiben Sie sich all das, was Sie schon immer von einem geliebten Menschen lesen hätten wollen. Und tun Sie während des Schreibens so, als wäre Selbstliebe für Sie die selbstverständlichste Sache der Welt ☺.

Schreiben Sie diesen Brief in der Art des `Dialoges der Hände´ zuerst mit Ihrer rechten und dann weiter mit Ihrer linken Hand. Oder schreiben Sie gleich mit Ihrer linken Hand. Das, was aus dieser – von Ihrem Herzen kommenden – Hand fließt, wird vermutlich herzlicher und liebevoller sein als das, was Sie mir Ihrer rechten Hand geschrieben haben oder hätten.

Liebesbrief an mich selbst

Ich atme eine Weile durch mein Herz und stelle mir vor, dass es sich während des Einatmens weitet und beim Ausatmen wieder in seine normale Größe zurückkehrt.
Dabei versetze ich mich ganz und gar in mein atmendes Herz hinein und erlaube ihm dann, mir über meine linke Hand einen Brief voller Liebe und Wertschätzung und Selbstachtung zu schreiben!
Das kann zu meinem Geburtstag oder zu irgendeinem anderen besonderen Anlass wie Weihnachten, Ostern oder zu Neujahr sein. Aber ich kann mir natürlich auch aus dem Urlaub schreiben.

Entscheiden Sie selbst, ob Sie diesen Brief gleich lesen oder aber ungelesen in ein Kuvert geben, sich per Post selbst schicken und erst dann lesen, wenn er ankommt!

Öffnen Sie sich dieser Erfahrung! Sie werden sehen, welch enormen Unterschied es macht, ob Sie eine Liebes-SMS, eine Liebes-Mail oder eine liebevolle WhatsApp bekommen; oder aber einen handgeschriebenen Brief mit einer gültigen Briefmarke – und gar einen mit der linken, von Herzen kommenden, Hand geschriebenen!

Niemand außer Ihnen muss diesen Brief je lesen, aber natürlich können Sie eine Person Ihres Vertrauens bitten, Ihnen diesen Brief irgendwann zu schicken. Dann bekommen Sie ihn, wenn Sie längst nicht mehr daran denken – und meiner Erfahrung nach erreicht er Sie genau zum richtigen Zeitpunkt. Das steigert den positiven Überraschungseffekt. Ich weiß natürlich, dass besonders die Alleingeborenen unter den HSP Überraschungen nicht schätzen, dennoch wird dieser unerwartete Liebesbrief Sie beglücken!

Übrigens wird der Inhalt Sie vermutlich einigermaßen wundern. Denn auch wenn Sie denken, Sie wüssten genau, was darin steht, wird es anders sein – und Sie berühren! Sie können mir die Wirkung dieser Erfahrung glauben; aber ich hoffe sehr, dass Sie sich dieses Erlebnis auch tatsächlich gönnen! Vor allem Ihr inneres Kind wird es Ihnen danken!

Das bestätigt auch die Leserin meines Alleingeborenen-Buches. Sie berichtet, wie zögerlich sie anfangs an diese Empfehlung herangegangen sei; weil sie ihr mehr als merkwürdig vorgekommen war. Wie kann man sich selbst einen Liebesbrief schreiben? Ist das nicht abartig? So hat sie sich gefragt. Aber dann hätte sie doch ihre Vorbehalte überwunden; und eben sei das Ergebnis mit der Post angekommen. Und sie hätte Tränen in den Augen, weil dieser Brief so wunderschön und berührend sei; dass sie mir das unbedingt sofort berichten wollte.

Was glauben Sie, liebe Leserin, lieber Leser, wie dankbar ich für solche Erlebnisse bin?

Hochsensibles Nachwort ☺

Liebe Leserin, lieber Leser, ich hoffe, Sie haben in diesem Buch gefunden, was Sie gesucht und sich gewünscht haben. Vielleicht war es auch anders, als Sie erwartet hatten. Aber haben Sie nicht auch schon die Erfahrung gemacht, dass das, was Sie bekommen, genau das ist, was Sie in der entsprechenden Lebensphase brauchen; auch wenn es nicht genau das ist, was Sie eigentlich wollten?

Mir lag es am Herzen, jene unter Ihnen, die erstmals ein Buch zum Thema HSP in die Hände bekommen haben, möglichst behutsam in diese Materie einzuführen – in der Hoffnung, dass Sie nun dran bleiben und vielleicht in anderen Büchern weiter lesen; jedenfalls sich aber in Ihrem neu erkannten So-Sein annehmen und lieb haben.

Ich weiß aus Erfahrung, dass die Eröffnung unserer Hochsensibilität und Hochsensitivität einiges an Turbulenzen in uns auslöst – große Erleichterung wechselt da mit Episoden von Selbstmitleid; die auch wieder vorüber gehen. Zweifel wandeln sich in Gewissheit; die wir dann aber wieder anzweifeln. Aber wenn wir konsequent dran bleiben und uns selbst und unserem inneren Kind all die Liebe geben, die wir bisher vor allem anderen zukommen haben lassen; dann beginnt unser Leben, sich langsam zu ändern. Dann gewinnen wir mehr und mehr Zugang zu einem neuen Vertrauen; das sich sehr gut anfühlt.

Jenen unter Ihnen, denen ihre HSP bereits bekannt war, und die bereits ein Buch zu diesem Thema gelesen oder Videos dazu gesehen – ja vielleicht sogar ein Seminar dazu gemacht – haben, hoffe ich, dennoch einiges Neues geboten zu haben. Wie anfangs erwähnt, sehe ich meine Aufgabe vor allem in der Ergänzung, Erweiterung und hoffentlich Bereicherung.

Und wenn einige von Ihnen sich auch für die Möglichkeit erwärmen können, nach dem Verlust ihrer zweiten Hälfte als alleingeborener Zwilling zur Welt gekommen zu sein; und sich nun auch für dieses Thema öffnen, dann bin ich überglücklich. Dann ist vielleicht auch bei Ihnen die Offenbarung Ihrer HSP nur der erste Schritt zur nächsten Offenbarung: der Ihrer Alleingeburt.

Ihnen allen wünsche ich von HERZEN eine spannende, freudvolle und glückliche Reise in die eigenen Seelen-Landschaften!

Kontakt zur Autorin

Dr. Michelle HAINTZ

dr.michelle.haintz@aon.at

www.michellehaintz.at

Als ursprünglich ausgebildete Ärztin ist die Autorin heute vorwiegend als Schriftstellerin und bildende Künstlerin tätig: sie schreibt Romane, Sachbücher und Gedichte; im Frühjahr 2014 erschien ihr erstes Kartendeck. Darüber hinaus kreiert sie Reliefbilder und Wandobjekte in der neuen und von ihr selbst entwickelten Laminage-Technik.
Weiters ist sie Trainerin in der Persönlichkeits-Bildung: in Seminaren, Gruppen und in der Einzelberatung. Schwerpunkt in ihrer Arbeit ist für sie immer die freudige und lustvolle Entfaltung des in uns allen angelegten menschlichen Potenzials auf allen Ebenen unseres Seins!
Wichtigstes Credo ist ihr: „Wir brauchen nicht über uns selbst hinaus zu wachsen, wir sind groß genug – wenn wir damit aufhören, uns selbst kleiner zu machen, als wir sind; aber auch anderen nicht mehr erlauben, uns klein zu machen! Es gilt also letztlich, unsere wahre Größe einzunehmen, indem wir in uns selbst hineinwachsen!“

Weitere Produkte der Autorin:

Bücher als Ratgeber

HSP - bin ich hochsensibel? Hochsensibilität im neuen Licht
HSP Test - hochsensibel authentisch und glücklich sein

Seelen jenseits der Regenbogenbrücke
Sterben ins Glück – aus der Demenz in das Leben nach dem Tod

Bewusstseinserweiterung IN LIEBE SEIN
Die LIEBE in mir als Heilmittel, Lösung, Antwort und Weg

Hochsensibel das Leben meistern Band 1
Alleingeborener Zwilling in Liebe und Partnerschaft

Hochsensibel das Leben meistern Band 2
Alleingeborener Zwilling in Fülle und Wohlstand

Hochsensibel das Leben meistern Band 3
Alleingeborener Zwilling in Glück und Freude

Hochsensibel das Leben meistern Band 4
Alleingeborener Zwilling frei von Stress

Hochsensibel das Leben meistern Band 5
Alleingeborener Zwilling – Heilung im „Dialog der Hände"

Selbstwertgefühl heilen
für alleingeborene Zwillinge und Hochsensible

Quanten-Bewusstheit / Selbst-Befreiung durch die Kraft der Welle
Lösung aus der Selbstsabotage

Quanten-Bewusstheit / Ganzheitliche Entscheidungen und kreative Problemlösungen mit der 2-Punkte-Methode

Quanten-Bewusstheit / Beziehungen heilen mit der Quanten-Welle.
Quanten-Liebe mit den 2 Punkten

Masken – unsere wahren Gesichter?
Masken-Spiele zur Persönlichkeits-Entwicklung 348

Lebensfreude als Produktivitätsfaktor

Wach-Laufen - Bewusstes Laufen für Körper, Geist und Seele

Körper-Briefe - Dialog mit unserem Körper im Links-Schreiben

Bücher als Ratgeber / Romane - Mix

JA zur LIEBE, JA zum HIER und JETZT
Blockaden lösen dank der Inneren Stimme

Auf Zeitlinien surfen ... um die ideale Zukunft zu finden
Kartendeck:

Michelles AFFRAGEN ORAKEL: Prozessorientierte Fragen zur Bewusstseinserweiterung und Persönlichkeitsentwicklung

Vorankündigung für 2017

Hochsensibel das Leben meistern und authentisch Nein sagen lernen
Band 1: Als HSP leben und sich selbst akzeptieren und das Selbstbewusstsein stärken

Hochsensibel das Leben meistern und eine Entscheidung fällen
Band 2: Als HSP leben und statt ich kann mich nicht entscheiden, endlich authentisch in Entscheidungen

Hochsensibel das Leben meistern und Mutter Tochter / Mutter Sohn Beziehung heilen
Band 3: Als HSP leben und der Aufbau einer gesunden, nährenden und heilsamen Beziehung zur Mutter

Hochsensibel das Leben meistern und die Leichtigkeit im Loslassen
Band 4: Als HSP leben mit Verantwortung + Vertrauen + Verzeihen = Loslassen